A COZINHA DA SAÚDE

Hábitos e receitas para uma vida saudável

Dados Internacionais de Catalogação na Publicação (CIP)
(Câmara Brasileira do Livro, SP, Brasil)

Adrià, Ferran
  A cozinha da saúde : hábitos e receitas para uma vida saudável
/ Ferran Adrià, Valentín Fuster, Josep Corbella ; tradução Silvia
Cobelo. – São Paulo : Editora Senac São Paulo, 2012.

  Bibliografia.
  ISBN 978-85-396-0192-9

  1. Alimentos 2. Gastronomia 3. Hábitos alimentares
4. Nutrição 5. Receitas 6. Saúde – Aspectos nutricionais
I. Fuster, Valentín. II. Corbella, Josep. III. Título.

12-03497   CDD-641.5

Índice para catálogo sistemático:

1. Nutrição : Receitas : Gastronomia   641.5

Ferran Adrià
Valentín Fuster
Josep Corbella

A COZINHA DA SAÚDE

Hábitos e receitas para
uma vida saudável

Tradução
Silvia Cobelo

ADMINISTRAÇÃO REGIONAL DO SENAC NO ESTADO DE SÃO PAULO

Presidente do Conselho Regional: Abram Szajman
Diretor do Departamento Regional: Luiz Francisco de A. Salgado
Superintendente Universitário e de Desenvolvimento: Luiz Carlos Dourado

EDITORA SENAC SÃO PAULO

Conselho Editorial: Luiz Francisco de A. Salgado
Luiz Carlos Dourado
Darcio Sayad Maia
Lucila Mara Sbrana Sciotti
Jeane Passos Santana

Gerente/Publisher: Jeane Passos Santana (jpassos@sp.senac.br)
Coordenação Editorial: Márcia Cavalheiro Rodrigues de Almeida (mcavalhe@sp.senac.br)
Thaís Carvalho Lisboa (thais.clisboa@sp.senac.br)
Comercial: Jeane Passos Santana (jpassos@sp.senac.br)
Administrativo: Luís Américo Tousi Botelho (luis.tbotelho@sp.senac.br)

Edição de Texto: Maísa Kawata
Revisão Técnica: Felipe Ribenboim
Preparação de Texto: Gislaine Maria da Silva
Revisão de Texto: Isaura Kimie Imai Rozner, Juliana Crochiquia Muscovick,
Luiza Elena Luchini (coord.), Silvana Gouveia (índice)
Editoração Eletrônica: SFSantana Serviços Editoriais Ltda.
Capa: Fabiana Fernandes
Foto capa: Silk Word, © stock.xchng
Impressão e Acabamento: Intergraf Indústria Gráfica Ltda.

Traduzido de *La cocina de la salud: el manual para disfrutar de una vida sana*
© Ferran Adrià, 2010
© Valentín Fuster, 2010
© Josep Corbella, 2010
© Editorial Planeta, S.A.
Avenida Diagonal 662-664, Barcelona 08034, Espanha

Todos os direitos desta edição reservados à
Editora Senac São Paulo
Rua Rui Barbosa, 377 – 1º andar – Bela Vista – CEP 01326-010
Caixa Postal 1120 – CEP 01032-970 – São Paulo – SP
Tel. (11) 2187-4450 – Fax (11) 2187-4486
E-mail: editora@sp.senac.br
Home page: http://www.editorasenacsp.com.br

© Edição brasileira: Editora Senac São Paulo, 2012

SUMÁRIO

Nota do editor 11

1. Bom dia! 13
Introdução 13

2. Café da manhã completo 19
O mito do café da manhã ideal 19
O café da manhã alimenta o cérebro:
flash forward às 11 horas da manhã 22
Um bom desjejum previne o excesso de peso 24
Prevenção desde a infância 26
Sem fome e com pressa 30
O que devemos saber sobre os carboidratos 33
O que devemos saber sobre as fibras 36
Prós e contras do leite 37
O café, hoje reabilitado 41
A lista de compras 42

3. Compra inteligente 43
Exercício para aprender a escolher 44
Os truques do supermercado 45
Aprendendo a ler rótulos de informação nutricional 47

O que devemos saber sobre as gorduras 49
Quando escolher o produto mais caro 53
A qualidade dos congelados 54
Mercados em perigo de extinção 57
Como reconhecer se um peixe está fresco 59
Benefícios e perigos do peixe 61
Peixe e meio ambiente: atum hoje, fome amanhã 64
Benefícios e perigos da carne 65
Carne e meio ambiente: o custo real da carne 67

4. Como guardar os alimentos 69

Como reconhecer um ovo fresco 69
Por que os alimentos estragam (e como evitar) 73
Carne moída, um produto delicado 74
A arte de congelar e descongelar 76
O perigo de anisakis: precauções com o sushi feito em casa 81
Como guardar frutas, legumes e verduras 82
Por que a banana amadurece em casa e a laranja não 86
O pão fora da geladeira 87
Como guardar os queijos 88
Onde guardar as guloseimas 90

5. Na cozinha 93

Crianças na cozinha 95
Melhor cozido em água ou no vapor? 100
Vantagens e inconvenientes da fritura 104
Forno convencional ou micro-ondas? 108
Brasas e grelhas 113
Diga-me como você cozinha (e eu direi como come sua família) 116

6. Pôr a mesa 121

O tamanho (do prato) importa sim 122
O formato (do copo) também importa 124
Os mitos da água: quanto se deve beber? 127
Mais água, menos calorias 129

Água da torneira ou engarrafada? 130
Sal na mesa, não. Seu lugar é na cozinha 132
Pão engorda? 137
Servir os pratos na cozinha 141
Comer com os olhos 142

7. Refeições em família 145

A que horas comer? 145
A refeição, um ato social 147
Comer sem televisão 148
Como regular o apetite e a saciedade 149
Comer com consciência 151
Quanto tempo dedicar às refeições? 153
Quanto comer? 155
O que uma refeição equilibrada deve ter? 157
O que devemos saber sobre as proteínas? 159
É mais saudável ser vegetariano? 160
Como conseguir que as crianças comam de tudo 163

8. Sesta: como o corpo humano processa os alimentos 169

9. Papinha de frutas 177

Um seguro de saúde para a vida toda 178
Alimentos importantes durante a gravidez 179
Alimentos que convêm evitar na gravidez 183
"Bebedores passivos" de álcool 186
Quanto comer durante a gravidez 188
Mitos e verdades sobre a amamentação 189
Primeiras papinhas 192

10. O espelho e a balança 197

Bom hálito 198
Chocolate não causa acne 199
Transtornos alimentares 201
Como saber se a criança está com peso adequado 205
Como tratar o excesso de peso em crianças 207

Como saber se o adulto está com peso adequado 211

Por que algumas dietas funcionam e outras falham? 215

11. Quilômetros contra calorias 219

Qual atividade física escolher 220

Exercício oculto 223

Quantos dias por semana 224

Benefícios cardiovasculares 226

Prevenção de câncer 227

Como queimar calorias 228

Mais bem-estar psicológico 230

Maior rendimento intelectual 232

Ossos robustos 235

Antienvelhecimento celular 236

12. Lanche antioxidante 239

Antioxidantes e radicais livres 240

Uma dieta contra o câncer 244

Chocolate amargo, castanhas, sementes e frutas secas 249

O *boom* dos alimentos funcionais 253

Uma dieta contra infecções? 255

Alimentos para o cérebro 259

13. Pipocas e refrigerantes 263

Pipocas: cheias de calorias 263

Refrigerantes: calorias vazias 266

O efeito tela 269

Pressão de grupo 270

A maconha não é mais uma droga leve 273

Álcool, tabaco e cocaína 276

Educação sexual 278

Pressão de grupo para uma dieta saudável 281

14. Comer bem fora de casa 283

Qual restaurante escolher? 284

Manual de sobrevivência para as tentações do cardápio 286

A culinária tradicional sobrevive em restaurantes 288
Prós e contras do cardápio infantil 289
Afrodisíacos, mito ou realidade? 291
O sabor, experiência multissensorial 294
Comer à noite engorda mais? 298

15. O álcool e seus mal-entendidos 301
Antes das escrituras sagradas, já existia o álcool 302
Virtudes do álcool na culinária 303
O limite entre o consumo saudável e o consumo excessivo 305
Benefícios do consumo moderado 307
Resveratrol, antioxidante da moda 308
Usuários de bebidas alcoólicas na zona de risco: sinais de alerta 310
Riscos do consumo excessivo 313
Quando é melhor se abster 316
Regras para uma administração correta 317

16. Boa noite! 319

Bibliografia comentada 325

Índice remissivo 349

NOTA DO EDITOR

A cozinha da saúde combina dois assuntos que se completam, a saúde e a culinária. Apesar de não ser uma simples junção de receitas ou um tratado médico, este livro apresenta pratos, elaborados pelo *chef* Ferrán Adrià, e várias dicas, fornecidas por Valentín Fuster, para se conseguir uma alimentação gostosa, variada e saudável.

Dividido em dezesseis capítulos, os autores narram diferentes momentos de um dia de uma família, desde o café da manhã até o jantar, passando pelas compras no mercado, o armazenamento de comida, a melhor forma de cozinhar alimentos, hábitos, etc.

Comidas surpreendentes e com diferentes texturas, como as espumas, e dicas de como deixar uma refeição ainda mais gostosa acrescentam um toque de sofisticação às receitas de Ferrán Adrià. As informações médicas são baseadas em recentes pesquisas da área e nos esclarecem a verdadeira função de proteínas, gordura, vitaminas, entre outros assuntos, para o bem-estar de uma pessoa.

A cozinha da saúde é uma publicação do Senac São Paulo essencial para os que desejam melhorar sua qualidade de vida de maneira equilibrada, prazerosa e saborosa.

1 BOM DIA!
8h00

Introdução

Sábado, 8 horas da manhã. Imaginem uma família comum. Um casal com filhos. Ela é médica ginecologista, 43 anos; cuida de sua saúde e da saúde da família. Ela é bastante ativa. Em sua dieta predominam os alimentos de origem vegetal sobre os de origem animal. É o tipo de pessoa que, sem ser vegetariana, costuma pedir salada em restaurantes e prefere comidas leves a refeições pesadas. A ela, daremos o nome de Rosa.

Ele é arquiteto, também tem 43 anos; o chamaremos de Juan. Juan tem tendência a sobrepeso; pesa 88 quilos e mede 1,80 metro. Sua pressão arterial está mais para alta, herdou de família: o pai morreu jovem, de infarto, e o avô provavelmente também. Claro que naquela época não se falava "infarto", mas "ataque do coração", e Juan nunca soube se seu avô mediu a pressão alguma vez na vida. Provavelmente não. Juan se preocupa em seguir sua dieta e em fazer atividades físicas. Ele é um bom paciente, embora prefira mais as calorias de uns canelones do que as de uma salada, diferente de Rosa. Ele gosta mais de carne que de peixe e de bolos em vez de frutas.

O casal tem três filhos. Cris, com 13 anos, é a filha mais velha. Essa é a idade em que as garotas começam a se preocupar mais com a aparência física do que com uma dieta equilibrada. Para Cris, parece ser mais importante o que pensam seus amigos do que o que é dito em casa. Pablo, de 8 anos, acha que o tempo livre ideal é aquele que passa com seus pais. Nos fins de semana, ele gosta de ir com Juan fazer as compras e também de ajudar Rosa na cozinha. E, por último, vem Carla, que acaba de fazer 1 ano. Ela acaba de acordar, às 8 horas, querendo sua primeira papinha do dia.

A família vive com a avó, que é mãe de Juan, dona Maria, como é conhecida no bairro. Ela é uma grande cozinheira de caldos, ensopados e outros pratos tradicionais e uma pessoa especialmente preocupada com a segurança alimentar, desde a morte prematura do marido.

Pode ser que para vocês esta não pareça uma família comum. Hoje em dia não é frequente que três gerações vivam na mesma casa. Nem uma família com três filhos de idades tão diferentes. Mas tomamos essa liberdade para mostrar como pessoas com gostos e necessidades alimentares diferentes podem compartilhar de uma refeição, comendo de maneira equilibrada e agradável.

Além disso, vamos tentar mostrar que ter alimentação e estilo de vida saudáveis, um objetivo que Valentín Fuster defende há muitos anos, não contradiz o conceito de comer com prazer, objetivo ao qual Ferran Adrià dedicou sua carreira. Na verdade, a melhor garantia para manter uma alimentação saudável é que a mesma seja prazerosa.

Se nós, como autores, conseguirmos isso, esperamos que, durante a leitura deste livro, vocês, leitores, aprendam a melhorar a maneira de se alimentar e também a de suas famílias. Não esperem encontrar dados exaustivos sobre composição de alimentos, quantidades de calorias ou tipos de vitaminas. Citaremos apenas o imprescindível. Atualmente todos esses dados estão ao alcance de um clique. Ocorre hoje um paradoxo: nunca tivemos tanta informação sobre alimentos, ao mesmo tempo que nunca comemos tão mal.

Se chegarmos à conclusão de que não comemos bem e de que não cuidamos melhor da saúde, certamente não é por falta de informação. É que em muitas ocasiões esses cuidados não são levados em conta. E isso acontece porque na hora de decidir o que e quanto comer as emoções costumam influenciar mais do que a razão. Como ocorre com todas aquelas pessoas que comem de maneira compulsiva em situações de estresse. Ou aquelas que perdem o apetite diante de uma decepção ou desgosto. Ou ainda as pessoas que comem cada vez de um jeito, dependendo de quem as estão acompanhando. Na verdade, pessoas como todos nós.

De fato, muitas das decisões sobre nossa alimentação são feitas quase inconscientemente. E, se depois alguém perguntar por que fizemos tal escolha, por que comer a última batata frita e não a seguinte, temos dificuldade em explicar o motivo. Este livro, *A cozinha da saúde*, ajudará você a ter consciência sobre essas decisões muitas vezes impensadas, a entender melhor como nos relacionamos com os alimentos e, finalmente, a encarar a alimentação de maneira mais saudável e agradável.

Este livro é fruto do trabalho em equipe dos três coautores e todo seu conteúdo foi elaborado em conjunto. Obviamente nas páginas em que se fala mais de culinária predominam os pontos de vista de Ferran Adrià e naquelas que tratam de saúde, os pontos de vista de Valentín Fuster. Mas, como será visto desde os primeiros capítulos, culinária e saúde estão tão intimamente relacionadas que seria impossível traçar uma linha de separação entre as colaborações de Ferran Adrià e as de Valentín Fuster. Josep Corbella escreveu o texto unindo esses dois modos de ver a alimentação. As contribuições dos três coautores foram conjuntas e retroalimentadas durante os três anos de duração do projeto deste livro.

Optamos por estruturá-lo em cenas protagonizadas por uma família. O intuito foi ilustrar as múltiplas decisões que tomamos sobre nossa alimentação e nossa saúde no decorrer de um dia comum. Um sábado, 8 horas da manhã, por exemplo. Carla acaba de acordar e Juan levanta para preparar o desjejum dela, antes que a caçula acorde toda a família. Ele pega a filhinha nos braços e troca a fralda, falando naquele dialeto peculiar que os pais usam para se comunicar com os filhos pequenos. Depois Juan leva Carla para a cozinha.

Ela ainda não pode falar, sua estrutura vocal não está desenvolvida para articular sons complexos, mas Juan não deixa de conversar com ela: "Vem, vamos para a cozinha, agora mesmo vou preparar uma papinha para você".

Ela observa Juan com curiosidade, aprendendo os sons, as palavras e a gramática, que usará mais tarde. Assim que seu sistema fonético estiver mais maduro ela começará a repetir tudo.

Juan prepara uma papinha de leite e cereais e corta três pequenos pedaços de frutas. Um cubinho de melancia, um triângulo de maçã e uma rodela de banana. É fácil decidir o que preparar para uma criança de 13 meses comer. O difícil é saber quem tem de controlar a situação em cada momento. Quem deve segurar a colher, se ela ou os pais, quem deve decidir em qual ritmo se come e quando dizer basta.

É uma idade em que a maioria dos bebês já aprenderam a fazer uma pinça usando os dedos indicador e polegar e se divertem explorando seu pequeno mundo com essa nova habilidade. Deixar que a criança pegue um pedaço de fruta e o coloque na boca – ou na bochecha, quando erram o alvo –, ou que o deixe cair no chão, ou que despedace a comida entre os dedos, pois ainda não sabe pegar com delicadeza, é uma maneira de ajudá-la a ser mais autônoma, de estimular que faça as coisas por si mesma.

Não é uma maneira rápida, claro. Carla pode passar um bom tempo manipulando uma rodela de banana, intrigada com sua textura, arrastando a rodela sobre a mesa, e acabar nem comendo. Dar a comida na boca da bebezinha é mais cômodo e faz menos sujeira. Mas não é tão divertido. Nem para ela nem para os pais, quando eles levam a bagunça na esportiva. E também não é tão educativo.

O mesmo acontece em relação à colher. Carla aprendeu a segurar a colher com a mão e mergulhá-la na papinha. Mas, quando a colher sai da papinha – e nunca se sabe quanto vai demorar em sair, porque para Carla a colher mais parece um submarino do que um talher –, a comida volta a cair antes de chegar à boca. Ou senão, em um ataque de alegria, Carla levanta a colher como uma bandeira e a agita jogando papinha para todos os lados. Muito educativo e muito pouco nutritivo.

O que fazer neste caso? Tirar a colher dando a entender que ela não tem autonomia ao comer papinha? Ou deixar que ela fique com a colher e arriscar que todo seu desjejum acabe pelas quatro paredes da cozinha? Juan optou por dar a papinha com duas colheres. Uma ele deixa com Carla para que ela faça o que quiser – ou quase o que quiser: pois Juan não deixa Carla usar a colher como um martelo em sua cabeça –, a outra fica com ele e, de colher em colher, falando naquele dialeto peculiar, Juan ajuda Carla a comer.

Depois, ao terminar, ele limpa o rosto da filha, que, entre a melancia, a banana e a chuva de papinha, parece uma pintura abstrata, e então ele começa a preparar o café da manhã para o restante da família. Hoje é sábado e todos poderão comer juntos e sem pressa. Juan liga a cafeteira e a torradeira, espreme laranjas para o suco e arruma a mesa do café para todos, com geleia, manteiga, cereais, iogurte e frutas.

2 CAFÉ DA MANHÃ COMPLETO
9h00

Rosa e Pablo são os primeiros a se levantarem. Pouco depois, dona Maria entra na cozinha. Cris, que durante toda a semana madrugou para chegar às 8 na escola, acordará mais tarde. As manhãs de sábado, ela diz, são feitas para ficar fazendo hora na cama.

Rosa escolhe começar com um suco de laranja, depois coloca iogurte em uma tigela e completa com granola, adicionando a banana amassada que Carla não comeu. Finaliza com uma xícara de café com leite.

Pablo também toma suco e prepara um copo de leite com chocolate em pó e duas torradas com manteiga e geleia, uma de morango e outra de pêssego. Dona Maria começa pelo café com leite, um costume antigo, acompanhado de três bolachas e, no final, come uma maçã.

Três pessoas diferentes, três desjejuns diferentes. Qual é o melhor?

O mito do café da manhã ideal

Se observarem bem, não são desjejuns tão diferentes. A primeira impressão é de que a única coincidência é o café com leite, bebido por Rosa e dona Maria.

Mas, além das aparências, todos têm mais ou menos os mesmos nutrientes. Nos três desjejuns, predominam os carboidratos: abundantes na granola de Rosa, nas torradas com geleia de Pablo, nas bolachas de dona Maria, na frutose das frutas e na lactose do leite, nas colheres de açúcar do iogurte ou do café com leite... Os lácteos estão presentes nos três cafés da manhã. Em todos eles, há uma pequena quantidade de gorduras, que são contraindicadas quando se abusa delas, mas que são imprescindíveis para o bom funcionamento do organismo. E, nos três casos, temos frutas. Do ponto de vista nutricional, com exceção da cafeína que Pablo não toma, são desjejuns semelhantes.

A diferença mais relevante entre eles não está nos tipos de alimentos escolhidos, mas em suas quantidades. O desjejum de dona Maria é menos farto. Isso não está nem certo nem errado. Nem Rosa e Pablo comem demais nem dona Maria come pouco. Cada um deles toma um desjejum equilibrado, na quantidade de que precisam. Pablo, que está em idade de crescimento e tem muita atividade física, não poupa geleia em suas torradas. Rosa, consciente de que o café da manhã é a refeição mais importante do dia, coloca iogurte até a borda da tigela. E dona Maria, que, com seus 65 anos, come como um passarinho, pois já não é tão ativa como quando era jovem, conforma-se com pequenas quantidades.

Tais desjejuns, mesmo sendo diferentes, cumprem os princípios básicos de um café da manhã adequado. O princípio da qualidade: oferece uma variedade apropriada de nutrientes para começar bem o dia, com mais carboidratos do que gorduras e proteínas e com minerais e vitaminas, como o cálcio, presente nos produtos lácteos e os antioxidantes das frutas. E o princípio da quantidade: sem serem excessivos, os desjejuns são abundantes o suficiente para que eles não desmaiem de fome antes da próxima refeição. Desde que esses dois princípios sejam cumpridos, pode haver uma grande flexibilidade na hora de escolher o que comer no café da manhã. É correto comer um croissant uma vez por semana? Pode ser. E comer ovos com bacon? Por que não? No entanto, uma dieta à base de croissants e ovos com

Café da manhã completo

bacon não pode ser considerada equilibrada. Mas existe um erro corriqueiro quando se fala de dieta equilibrada: pensar que o ideal é que cada prato e cada comida estejam em equilíbrio. Isso é mais do que ideal, é utópico. É um objetivo impossível de cumprir. E, mesmo que fosse possível, uma dieta muito formatada acabaria sendo tão monótona que seria difícil seguir.

Se você quer ter uma dieta equilibrada, o equilíbrio deve ser buscado na dieta como um todo e não a cada porção. Uma pessoa pode não comer uma fruta no café da manhã, mas comer a quantidade de fruta de que seu corpo necessita em outro momento do dia. Desejar que o café da manhã ofereça todos os nutrientes de que o corpo humano necessita em proporções ideais seria esperar muito. Por mais variado que seja, sempre haverá um mineral ou uma vitamina que ficará de fora. Onde está o ferro no desjejum de Rosa, Pablo e dona Maria? Onde está a vitamina D? E o ácido fólico? Simplesmente estão lá e pronto.

Isso quer dizer que o café da manhã ideal, aquele que oferece todos os nutrientes de que o corpo humano necessita para funcionar corretamente, não existe. O que existe é uma grande variedade de possíveis desjejuns adequados, que são diferentes segundo as necessidades e os gostos de cada um.

Mesmo assim muitas pessoas não conseguem encontrar um café da manhã para suas necessidades e gostos. E só observar os resultados das pesquisas nutricionais. Na Espanha, 10% das crianças não tomam café da manhã. Entre os adultos, 17% da população, quando chega a fazer algum desjejum, o faz em pé mesmo. Estudos realizados em outros países da Europa, América e Ásia registram o mesmo fenômeno. Embora as porcentagens variem conforme o lugar, sempre há uma porcentagem significativa da população com desjejum insuficiente, uma parte com desjejum não equilibrado e outra de indivíduos que nem sequer faz essa refeição. Especialmente, entre crianças e adolescentes.

Esses dados mostram que temos um problema global de saúde pública em relação ao café da manhã. Pode parecer um problema ba-

21

nal, e ninguém receberá um prêmio Nobel por defender o desjejum, mas o impacto que provoca na saúde da população é enorme.

O café da manhã alimenta o cérebro: *flash forward* às 11 horas da manhã

– Mãe, estou sem fome, posso pular o café da manhã? – pergunta Cris ao se levantar.

Ela encontra a mesa do café ainda posta, com seu prato e seu copo esperando-a, mas a única coisa que ela quer é meio copo de suco de laranja. Cris tem mais sede do que fome. Ainda está de pijama e continua com sono.

– Coma mais alguma coisa, senão seu cérebro nem começa a funcionar direito – aconselha Rosa, que gosta de ensinar os filhos a compreender como funciona o organismo.

– Mas, mãe, como é que o cérebro não vai começar a funcionar se eu já estou acordada?

Hoje é sábado e não é um grande problema se ela comer pouco no café da manhã. Mas seria diferente se fosse um dia de escola. O cérebro é um ávido consumidor de glicose, o tipo de açúcar que o corpo humano produz com base nos alimentos e que proporciona energia a todos os nossos órgãos. O cérebro é tão ávido que consome cerca de 25% de toda a glicose do organismo, embora, em uma pessoa adulta, o peso do cérebro represente apenas 2% do peso total do seu corpo.

O que acontece quando não se toma café da manhã, ou se o desjejum é fraco, é que o cérebro fica privado do combustível de que precisa para funcionar com plena capacidade nesse período do dia. É como um motor de carro que não é abastecido o suficiente: por mais potente que seja, com pouco combustível não chegará muito longe.

Na Espanha, o maior estudo já realizado sobre a relação entre café da manhã e rendimento escolar detectou que a média das notas na escola é de 7,73 entre alunos de 12 e 13 anos que costumam ter um bom desjejum contra 5,63 entre alunos sem um bom desjejum. Uma diferença de 2,10 pontos que se associou ao fator café da manhã.

O café da manhã, naturalmente, pode não ser a única causa dessa diferença. Pode ocorrer, por exemplo, que, nas casas onde os pais têm nível educacional mais elevado, a educação tenha uma importância especial, favorecendo que os filhos obtenham boas notas, e que, de maneira independente, os pais considerem relevante o café da manhã.

Mas, quando são analisados em quais tipos de testes os alunos que comeram um bom desjejum tiveram melhores notas, as maiores diferenças se observam nas provas que requerem atenção e concentração. Por exemplo, provas de matemática e de fluência verbal. Isso indica que a diferença de rendimento se deve sim, pelo menos em parte, ao café da manhã.

A razão disso é que a capacidade de atenção e de concentração está diretamente relacionada a uma forma de atividade cerebral chamada memória de curto prazo. É um tipo de memória que permite manter vários dados no pensamento de forma simultânea para poder executar uma tarefa. É como fazer malabares mentais: assim como o malabarista precisa manter as bolas em movimento no ar para equilibrá-las, um aluno precisa ter os dados na memória de curto prazo para pensar com fluidez.

Por exemplo, ao escrever um parágrafo, o aluno necessita lembrar o que escreveu momentos antes e o que vai querer escrever momentos depois, para que o texto tenha coerência. Para resolver um problema de matemática, o aluno precisa ter vários números na cabeça, ao mesmo tempo, para chegar a uma solução correta. Tudo isso é memória de curto prazo.

Trata-se de uma memória diferente daquela usada para lembrar os nomes dos ossos do esqueleto ou as datas da segunda Guerra Mundial, decoradas para fazer uma prova. Essa é um tipo de memória de longo prazo na qual o desjejum não tem tanta influência. Para aumentar a capacidade dessa memória de longo prazo, mais do que comer bem no café da manhã, o que importa é dormir bem.

No entanto, a memória de curto prazo requer um cérebro bem alimentado. Quanto maior o rendimento do cérebro, maior será a capacidade da pessoa de malabarismo com os dados, mais fácil será escrever aquele parágrafo ou resolver aquele problema de matemática.

Portanto, quando Cris protesta dizendo que já está acordada e com o cérebro em funcionamento, Rosa diz:

– Não é bem assim... Se for fazer algum esporte de manhã sem ter comido nada, você acha que terá força nos músculos?

– Suponho que não.

– Então... A mesma coisa acontece com o cérebro. Para ter força, é preciso tomar café da manhã.

O equivalente da força muscular no cérebro é a memória de curto prazo. Ao tentar realizar um trabalho intelectual intenso, como se exige na escola, a memória a curto prazo falha se não se comer bem pela manhã. E, sem suficiente memória de curto prazo, diminui a atenção, a capacidade de concentração, o rendimento em matemática ou em inglês e até a criatividade.

Este é um efeito direto e imediato do desjejum. Outro efeito menos imediato, mas não menos importante, é que, quando se come pouco no café da manhã, se tende a engordar.

Um bom desjejum previne o excesso de peso

Isso parece um paradoxo. Qualquer um esperaria que o fato de comer pouco no desjejum ajudaria a perder peso e não a ganhar. Mas o corpo humano é uma máquina complexa que não se presta a explicações simples. O que acontece com o café da manhã é exatamente o contrário. Um desjejum escasso faz ganhar peso, um café da manhã adequado ajuda a continuar em forma.

Um dos estudos mais importantes sobre essa questão foi realizado por uma equipe de médicos especialistas em saúde pública, da Universidade de Minnesota, Estados Unidos. Eles fizeram uma pesquisa com mais de 2 mil garotos e garotas entre 13 e 16 anos. Fizeram perguntas do tipo: "Em quantos dias da semana passada você tomou café da manhã?" ou "Você tentou ganhar ou perder peso no último ano?". Foi uma pesquisa exaustiva, que não se limitou em perguntar sobre o café da manhã e a dieta, mas também sobre outras questões relacionadas com a saúde. Cinco anos mais tarde, os pesquisadores entraram em contato com as pessoas entrevistadas, que então tinham entre 18 e 21 anos, e repetiram a pesquisa.

Os resultados do estudo revelam que, no momento da primeira pesquisa, os adolescentes que não tomavam café da manhã já estavam com excesso de peso. Era uma relação linear: quanto menos desjejum, mais sobrepeso. Ou talvez, quanto mais sobrepeso, menos café da manhã, na tentativa de controlar a silhueta. Pouco podia ser concluído até então.

Os dados mais interessantes apareceram ao fazer a segunda pesquisa. Foi quando se viu que aquelas pessoas que tomavam menos café da manhã lá pelos seus 13 a 16 anos eram aquelas que mais haviam aumentado de peso mais tarde. De novo uma relação linear. E resultava igual se o motivo pelo qual não tomavam café da manhã era porque queriam emagrecer ou por qualquer outro motivo. O efeito era o mesmo: aumento de peso.

Os médicos analisaram para ver se havia alguma variável que pudesse explicar aquele fenômeno. Analisaram o nível socioeconômico das famílias. Ou se havia alguma relação com tabagismo. Ou com o consumo de álcool. Eles descobriram que, em geral, os adolescentes que tomavam um bom café da manhã eram os que tinham um estilo de vida mais saudável. Mais atividade física, menos tabaco, menos comportamentos de risco... Mas, ao completarem as análises estatísticas, confirmaram que a principal variável que explicava o aumento de peso era o fato de não tomar café da manhã.

É uma conclusão paradoxal, mas tem sua lógica. As pessoas que comem um bom desjejum costumam se alimentar com produtos baseados em cereais, como pão ou cereais, que contêm fibras e favorecem a sensação de saciedade. As pessoas sem um bom desjejum, ao contrário, logo se sentem mais famintas, costumam comer alimentos mais ricos em gorduras na refeição seguinte, beliscam mais ao longo do dia.

Essa pesquisa feita em Minnesota, ainda o mais amplo estudo sobre os hábitos do café da manhã e sua relação com o peso corporal em uma população de adolescentes, também revela que a porcentagem de jovens que pula o café da manhã aumenta com a idade, à medida que os jovens se preocupam mais com a imagem física. E as garotas são mais propensas a pular o desjejum do que os garotos. E aqui, se pararmos para refletir um pouco, é onde está o grande paradoxo: na tentativa de controlar o peso, há pessoas que adotam medidas pouco saudáveis que as induzem a engordar.

Prevenção desde a infância

Comer bem no café da manhã é recomendável em qualquer idade. Mais ainda na infância. E não apenas porque ajuda a criança a ter melhor desempenho na escola. Mas também, e sobretudo, porque ajuda a manter um peso adequado.

O sobrepeso e a obesidade na infância se converteram em um problema de magnitude colossal. Nos países ocidentais, a população de crianças e adolescentes com excesso de peso ou obesidade aumentou nas últimas duas décadas. Hoje, na Espanha,* de 1 em cada 5 meninos e de 1 em cada 7 meninas, todos de 6 a 10 anos, são obesos. E grande parte deles se transformarão em adolescentes obesos e, mais tarde, em adultos obesos. Com todas as consequências que isso acarreta para a saúde.

---

* De acordo com a Associação Brasileira para o Estudo da Obesidade e da Síndrome Metabólica, uma "pesquisa, realizada recentemente pela Universidade Estadual do Rio de Janeiro (UERJ), mostra que o índice de obesidade infantil dos brasileiros vem se aproximando dos níveis encontrados nos Estados Unidos, onde 15% dos adolescentes estão obesos. A prevalência encontrada foi de 11,7%. Ainda segundo o estudo, três em cada dez jovens, de 10 a 19 anos, já estão acima do peso". Disponível em www.abeso.org.br/lenoticia/88/obesidade-infantil-no-brasil-avanca-para-indice-dos-eua. shtml. Acesso em 30-4-2011. (N. T.)

Calcula-se que, para cada 11 quilos de excesso de peso em um adolescente de 13 anos, o risco de ter um infarto algumas décadas mais tarde se triplica. E se comprovou que as crianças e adolescentes com excesso de peso já apresentam muitos problemas de saúde típicos de doenças cardiovasculares, como pressão arterial alta, níveis de colesterol inadequados ou uma regulação deficiente da glicose no sangue. São problemas que essas crianças e adolescentes não percebem como doença, porque com essa idade os sintomas ainda não se mostram, e os pais raramente consultam um médico para verificar se seus filhos têm níveis apropriados de pressão arterial, colesterol e glicose.

Tampouco é habitual que se busque ajuda médica para os problemas psicológicos e sociais frequentemente derivados da obesidade, como pouca autoestima, ansiedade, sentimentos depressivos, transtornos alimentares ou isolamento social por serem vítimas de chacota e outros tipos de agressão. Mas não há outra idade melhor do que a infância para enfrentar a obesidade. Para prevenir ou tratá-la se já se iniciou. Uma das razões é que excesso de peso causa danos no organismo desde o início. Mas também porque, em pessoas adultas, as tentativas de melhorar a dieta, de fazer mais atividades físicas, de mudar o estilo de vida e de corrigir a obesidade, têm êxito limitado. O organismo de uma pessoa adulta obesa já está, de certo modo, programado para a obesidade. Sua maneira de regular o apetite e seu modo de queimar calorias fazem com que seja muito difícil uma pessoa obesa se transformar em uma pessoa magra. Ela pode conseguir, com esforço, emagrecer alguns quilos e não os ganhar de volta, o que será benéfico para sua saúde. Mas, se deixarmos que uma criança obesa vire um adulto obeso, provavelmente depois será tarde demais para que essa pessoa, algum dia, consiga manter um peso ideal. Na infância, ao contrário, ainda é possível evitar que a obesidade se instale.

Até que idade dá tempo? Esta é uma das perguntas que intrigavam Rosa quando Pablo era pequeno. Pequeno e roliço. Tinha uns

2 anos e o chamavam de Michelin.* Carinhosamente, mas Michelin. Suas coxas pareciam boias. Em fotos suas antigas dá para notar. Rosa se informou, consultou dois colegas pediatras, com os quais ela havia estudado na faculdade, uma amiga endocrinologista, fez um estudo bibliográfico dentro da literatura de medicina – é curioso como os adultos são capazes de se esforçar mais para cuidar da saúde de seus filhos do que da sua própria – e se tranquilizou.

Rosa descobriu que o peso de uma criança aos 2 anos diz muito pouco sobre se ela terá um peso adequado ao crescer. Salvo em casos extremos, os pediatras não costumam aconselhar uma intervenção nessa idade, sempre que a criança tiver uma dieta equilibrada. Aconselham, sim, que os pais não alimentem a criança em excesso, que lhe ofereçam uma dieta variada e que deixem a criança regular quanto quer comer, dependendo da fome que tiver. Recordamos que a escassez de alimento da época da Guerra Civil Espanhola acabou. A ideia de uma criança roliça como uma criança bem alimentada não faz mais sentido numa sociedade que entrou em uma fase de opulência alimentar. É uma idade em que os especialistas em nutrição infantil colocam mais ênfase na qualidade da dieta do que na quantidade.

É diferente aos 5 anos. Nessa idade, o peso da criança já condiciona sua propensão ao sobrepeso ou obesidade mais tarde. Possivelmente isso esteja relacionado com o aumento de células gordurosas, produzidas no organismo entre os 4 e 5 anos de idade. Em todos os casos, quando estudaram como o peso evolui ao longo da infância, observou-se que, se uma criança tem excesso de peso aos 5 anos, é provável que também tenha aos nove. E, se está com excesso de peso aos 9, é provável que o mantenha até a fase adulta.

Para não chegar a essa situação, o ideal é oferecer uma alimentação correta desde os primeiros anos de vida. Uma alimentação que seja equilibrada e não excessiva. Isso é tão óbvio que parece fácil; no entanto, é bem difícil para muitas famílias. Acontece que pessoas di-

---

* Aqui os autores fazem alusão ao boneco símbolo da marca de pneus Michelin, chamado Bib Michelin. (N. T.)

ferentes têm ideias diferentes sobre o que é uma alimentação correta. E, em algumas ocasiões, as ideias que uma pessoa acredita serem corretas na realidade são errôneas. Se a obesidade costuma passar de pais para filhos não é só por razões genéticas, mas porque, geralmente, as crianças aprendem a comer como seus pais comem. Em lares nos quais os pais têm uma alimentação hipercalórica, é difícil que uma criança seja magra.

Mesmo em casos assim, há uma oportunidade única para intervir entre a infância e o início da adolescência, entre os 4 e 11 anos, na etapa do ensino básico. É uma idade em que as crianças são especialmente receptivas ao que os pais e os professores ensinam. Nessa fase, já são capazes de raciocinar e de compreender ideias abstratas, relacionadas, por exemplo, com a alimentação, as drogas ou o sexo – ideias que não teriam entendido na fase pré-escolar, quando aprendiam essencialmente por imitação. As crianças menores costumam ter um grande interesse por conhecer e compreender a natureza, os animais, os planetas e também o corpo humano. É o momento perfeito para se começar a falar sobre saúde.

É algo que comprovou um projeto educativo, que utiliza os bonecos da série infantil Vila Sésamo, destinado a inculcar hábitos saudáveis na população infantojuvenil da Colômbia. A tentativa de ensinar os adultos a adotar um estilo de vida mais sadio, para eles e suas famílias, gerou resultados fracos. No entanto, quando se ensina as crianças a comer bem, a se cuidarem, os resultados são bem melhores. Há casos em que as crianças ensinam em casa o que aprenderam, e os pais começam a se alimentar de maneira mais saudável. É uma espécie de educação reversa. No lugar de ver como os pais educam os filhos, em questões de saúde, observou-se como os filhos educam os pais.

Entre os adolescentes é diferente. O grupo de amigos tem uma influência crescente, enquanto a influência dos pais e professores, ainda que importante, torna-se cada vez menor. Assim, os projetos de educação em saúde que melhor funcionam são aqueles em que o próprio grupo de amigos defende comportamentos saudáveis. Se os líderes do grupo colocam o capacete ao andar de moto, isso geralmente tem mais influência sobre os outros jovens do que qualquer coisa que digam seus pais. E se não usam capacete também. "Ninguém usa, mãe. E eu não vou ser o estranho que usa."

Sem fome e com pressa

Depois que uma pessoa se conscientiza de que deve ter um bom desjejum, o problema seguinte é como conseguir isso, especialmente se perdeu esse costume. Por exemplo, se está habituado a se levantar em cima da hora, tomar um banho rápido e sair de casa sem tomar café da manhã. Muita gente não tem fome quando acorda. Se comeu pouco então na noite anterior, o corpo vai precisar de mais tempo para começar a funcionar. É como acontece com computadores. Em algumas pessoas, o "sistema" liga rápido, em outras, demora mais. Terá que esperar um tempo, depois de apertar o botão de ligar, para que tudo esteja operando. E, no corpo humano, o programa "Apetite" não é um dos primeiros a se abrir pela manhã.

Para acelerar o processo e abrir o apetite, uma boa ideia pode ser começar o desjejum com um suco de frutas. O ideal é um suco natural que se acabou de fazer. Todo mundo sabe preparar um copo dé suco de laranja, é algo que não requer mais de três minutos, incluindo o tempo de limpar o espremedor. Se a opção for por suco industrializado, é preferível que sejam os chamados naturais e com o menor teor de açúcar adicionado.

Rosa e Juan optaram por uma solução alternativa para conseguir que Cris e Pablo tomassem o desjejum em casa. Foi uma recomendação do pediatra, ao final de uma consulta: "É melhor levantar quinze minutos antes do que não tomar café da manhã".

No início, eles nem acharam aquele conselho uma ótima ideia. Tinham a sensação de perder preciosos minutos de sono, e o que queriam, na verdade, era ganhar um tempinho a mais, como tantas outras pessoas que dormem menos do que precisam. Mas logo notaram que a sensação de sono varia muito pouco por dormir quinze minutos a menos. E que as insuficiências do café da manhã de Cris e Pablo eram completamente solucionadas com esse tempo.

O outro conselho do pediatra foi: tomar café da manhã junto com os filhos. Está comprovado que as crianças que se sentam à mesa com os adultos fazem um desjejum mais completo. Se os adultos não desejam comer naquela hora, porque já o fizeram antes ou porque pensam em fazê-lo depois, é aconselhável que pelo menos fiquem sentados à mesa com as crianças.

Nos lares em que as crianças não tomam café da manhã por falta de tempo, porque elas querem aproveitar até o último segundo de sono, a origem do problema é que elas estão dormindo menos do que necessitam. Nesses casos, não é demais recordar que o sono é uma necessidade do cérebro e que, enquanto o corpo descansa, o cérebro permanece ativo manejando informações. As lembranças do que foi aprendido durante o dia são consolidadas durante a noite. Privar as crianças do sono de que precisam não permite que desenvolvam todo seu potencial intelectual. Então, é melhor colocar as crianças para dormir mais cedo do que elas se alimentarem mal pela manhã.

Sempre existe o recurso de comer no caminho da escola. Não é como tomar o café da manhã em casa, não permite uma grande variedade de alimentos nem que a criança coma com tranquilidade, mas mesmo assim é melhor do que assistir as aulas de estômago vazio.

E, finalmente, há a possibilidade de dividir o café da manhã em duas partes. Na Espanha é com certeza a opção com mais adeptos, tanto entre adultos como entre crianças e jovens. Um cafezinho rápido ao acordar, e uma parada para encher o tanque no meio da manhã. Ou um copo de leite em casa e depois um sanduíche na hora do recreio.

Um último conselho do pediatra: ao preparar o lanche da escola, evite que seja sempre o mesmo. Se em alguns dias é sanduíche, trocar por uma fruta em outras vezes. Uma banana, uma maçã, um mamão ou um melão em pedaços, uma fruta da época... Ou também uma

31

barrinha de cereais e um iogurte líquido. Ou frutas secas. E fugir da monotonia no preparo dos sanduíches. Que não tenham todos os dias os mesmos ingredientes ou o mesmo queijo.

* Sanduíches originais

Baguete com abacate e anchovas
Massa de abacate + tomate picado + anchovas.

Xató (sanduíche catalão)
Escarola + tomate + atum + molho romanesco.

Sanduíche quente de mussarela e cogumelos
Pão de forma + mussarela + cogumelos fatiados.

Lanche de cavala
Cavala grelhada + pimentão piquillo + queijo fresco cremoso, tipo quark.

Chapizza
Colocar ingredientes de pizza (tomate, mussarela, etc.) dentro de um pão e esquentar no forninho.

Baguete de sardinha
Colocar algumas sardinhas em lata, de boa qualidade, e um pouco de seu próprio óleo, no pão.

Lanche de colher
Tirar o miolo de um pãozinho francês e recheá-lo com um refogado (carne moída ou verduras) para comer com colher.

Um dia por semana pode ser omelete (com cenoura ralada, ou queijo, ou alho-poró), ou iscas de peito de frango empanadinhas, ou um sanduíche de aliche ou de atum com azeitonas... Mesmo as crianças que preferem um recheio tradicional, como misto de presunto e queijo, gostarão das novidades. Claro que isso não evitará reclamações. "Atum? Que chato, eu gosto mais de presunto!"

Mas, se cada dia for diferente, no dia em que levarem o lanche com sanduíche de presunto vão gostar ainda mais.

Portanto, para aprender a apreciar o que se come, o melhor é não comer sempre as mesmas coisas, e conhecer diferentes sabores e texturas variadas. É descobrir que nem tudo tem o mesmo gosto. Aquilo que gostamos menos às vezes valoriza aquilo que mais gostamos. É aprender a distinguir os sabores que dão mais prazer ao paladar de cada um. E também é o fator surpresa, encontrar um sabor inesperado, como o de azeitona com atum, no sanduíche de quinta-feira.

O que devemos saber sobre os carboidratos

Voltemos agora para a cena anterior, a mesa em que Rosa, Pablo e dona Maria estão tomando o café da manhã. Dos três grandes grupos de macronutrientes, o que predomina nos três desjejuns são os carboidratos. As gorduras e proteínas estão em quantidades minoritárias. Isso se ajusta às recomendações nutricionais das sociedades médicas, que aconselham que pelo menos 55% das calorias consumidas na dieta venham dos carboidratos, máximo de 30% das gorduras e 15% das calorias pelas proteínas ingeridas.

Dos carboidratos, nos três desjejuns predominam os chamados carboidratos complexos. E isso também é algo recomendável. Esses carboidratos abundam em alimentos de origem vegetal, especialmente nos derivados de cereais e nos legumes, como, por exemplo, pão, massas, arroz, feijão, lentilhas ou batatas. Os carboidratos estão presentes na maçã e nas bolachas de dona Maria, na granola e na banana de Rosa e nas torradas de Pablo.

* Geleias enriquecidas

Misturar frutas frescas nas geleias. Por exemplo:
• Geleia de morango com morangos frescos. Amassar os morangos com um garfo e misturar com a geleia.
• Geleia de damasco com pedaços de damasco.
Pode-se também adicionar casca de limão ralada, ervas frescas (hortelã na geleia de maçã ou de abacaxi), especiarias (canela, cravo em pó)...

* Manteigas originais

Deixar a manteiga à temperatura ambiente até ficar mole e então misturá-la com outro ingrediente:
• Manteiga + semente de baunilha
• Manteiga + canela em pó
• Manteiga + doce de leite

* Ideias para sucos de frutas

O suco mais básico de todos
Um suco de laranja pode ser preparado em menos de 3 minutos, contando o tempo de limpar o espremedor. A falta de tempo não é motivo para deixar de prepará-lo.

Suco de laranja aromático
Bater as laranjas em pedaços, descascadas, sem peles e sementes no liquidificador. Para cada quatro laranjas, deixar uma com casca, sem sementes. Obtêm-se um suco espesso e muito aromático. Para realçar o gosto, podem-se adicionar umas gotas de água de flor de laranjeira.

Piña colada sem álcool
Misturar suco de abacaxi e coco, em quantidades iguais, para obter um coquetel refrescante.

Suco de fruta congelada
Hoje em dia, encontram-se polpa de frutas congeladas de alta qualidade nos supermercados. Basta diluir com água, se preciso, para beber como suco.

Suco de melão com hortelã
Podemos adicionar ervas frescas e especiarias aos sucos. Por exemplo: hortelã, noz-moscada, canela, gengibre, pimenta...

Esses carboidratos se diferenciam dos carboidratos simples (também chamados açúcares) por sua estrutura química. Mas não é preciso ser um doutor em química para compreender essa diferença. Os açúcares são moléculas pequenas. Os carboidratos complexos são moléculas grandes formadas por cadeias de pequenos açúcares.

Os dois tipos de carboidratos são formados por carbono, hidrogênio e oxigênio. É daí que vem seu nome: o hidrogênio e o oxigênio são os átomos que compõem a água (H_2O), e, na mitologia grega, Hydros era o nome do deus da água. Os carboidratos são a fonte de energia, tanto para os animais, que os ingerem, como para as plantas, que, em sua maioria, os produzem.

Porém há duas diferenças entre os tipos de carboidratos. A primeira é o sabor. Os açúcares são doces, enquanto os carboidratos complexos são mais insípidos. Essa é a razão pela qual pratos feitos com cereais e legumes costumam ser acompanhados de molhos ricos em gorduras, deixando-os mais apetitosos.

A segunda diferença é que os açúcares oferecem energia imediata. Apenas precisam ser processados no sistema digestivo para que o corpo possa utilizá-los. São calorias prontas para serem consumidas. Assim que ingeridas, passam rapidamente para o sangue, deslocando-se até o cérebro, aos músculos, ou para algum outro órgão que esteja precisando de energia. E, se não forem necessários, podem se acumular em forma de gordura.

Os carboidratos complexos, ao contrário, precisam ser processados. O sistema digestório tem que quebrar a longa cadeia da molécula em açúcares simples e assim poder extrair sua energia. É um processo que requer tempo, mas garante um fornecimento estável de energia. Durante várias horas, depois de comer apenas uma tigela de cereais no café da manhã ou um prato de arroz com lentilhas no almoço, o corpo ainda terá energia suficiente. De modo que, se queremos garantir um fornecimento adequado de glicose no cérebro e obter uma boa memória de curto prazo durante todo o período matinal, é preferível que o desjejum seja mais rico em carboidratos complexos que em açúcares simples.

O que devemos saber sobre as fibras

Existe um terceiro tipo de carboidrato que, no lugar de contribuir com calorias, tem efeito contrário: limita a quantidade de calorias ingeridas. São considerados carboidratos pela sua estrutura química, também formada por átomos de carbono, hidrogênio e oxigênio, mas o seu efeito no organismo é diferente. São as fibras.

As fibras têm demonstrado sua utilidade para prevenir ou controlar o sobrepeso, a diabetes, o colesterol ruim, as doenças cardiovasculares e o câncer de cólon, entre outras doenças, além de facilitar o funcionamento intestinal. Por esses motivos, uma das principais recomendações sobre nutrição feita pela Associação Americana do Coração (AHA, sigla em inglês) é "escolher alimentos com cereais integrais e ricos em fibras". No entanto esse é um dos conselhos menos seguido: apesar dos comprovados benefícios que as fibras trazem para a saúde, pouca gente consome a quantidade sugerida, 25 gramas por dia, como é recomendado pela Sociedade Espanhola de Nutrição Comunitária.[*]

Temos ao redor de 5 gramas de fibras na tigela de granola de Rosa, outros 2 gramas na banana, e uns 5 gramas na maçã de dona Maria. Mas não há nenhuma no café da manhã de Pablo. A granola oferece, sobretudo, fibras não solúveis, que proporcionam saciedade sem calorias – e por essa razão são recomendadas na luta contra o excesso de peso – e facilitam a rápida passagem dos alimentos pelo trato digestório. Tais fibras são encontradas em quantidade nos vegetais de folha verde, nas frutas secas, nas cascas das frutas e nos cereais integrais. Não é à toa que a AHA aconselha que, pelo menos, metade dos cereais consumidos seja integral. Outra recomendação pouco adotada pela população em geral.

Já a maçã contribui mais com um tipo específico de fibra. É uma fibra solúvel, chamada pectina, que interfere na passagem do açúcar e do colesterol contido nos alimentos para o sangue. Essa fibra é um

---

[*] No Brasil, o Ministério da Saúde também recomenda a ingestão de 25 gramas de fibra por dia. (N. E.)

dos principais motivos pelo qual a maçã é um símbolo de saúde. Daí o ditado inglês: "An apple a day, keeps the doctor away" (Uma maçã ao dia mantém o médico longe).

As fibras solúveis são abundantes em alguns vegetais, como a cenoura ou o brócolis, na polpa de inúmeras frutas e nos legumes. São fibras que em parte podem ser dissolvidas em água, e, na hora de cozinhar, dão aos alimentos uma textura suave, às vezes gelatinosa.

Prós e contras do leite

Além de carboidratos, os três desjejuns também incluem lácteos. Iogurte e café com leite para Rosa, café com leite para dona Maria e leite com chocolate para Pablo.

O leite é um caso curioso. Foi considerado sempre um alimento essencial e um símbolo de saúde até uns vinte anos atrás, mas ultimamente perdeu parte da sua boa imagem. Foi criticado por seu alto conteúdo de gorduras saturadas e até por ser um alimento criado pela natureza para recém-nascidos. Disseram que tomar leite depois de adulto não é natural, além de indigesto, porque os adultos não podem digerir a lactose do leite como fazem os bebês. Na Espanha, essas críticas causaram uma redução de 26% do consumo de leite em apenas doze anos. De 111 litros anuais por pessoa em 1994, o consumo se reduziu a 82 litros por pessoa, em 2006. Mas nos últimos anos, com a profusão de estudos acumulados sobre os efeitos do leite na saúde, voltou a surgir uma visão mais equilibrada sobre suas virtudes e seus defeitos.

Vamos começar pelas virtudes. A mais importante delas é o cálcio, o principal mineral dos ossos e dentes. Os lácteos são a melhor fonte de cálcio da dieta. O cálcio é também encontrado nos legumes, nas frutas secas, em algumas frutas como a laranja, determinadas verduras como brócolis ou espinafre... Mas esses alimentos não possuem tanto cálcio, nem costumam ser tão úteis ao organismo, como no caso do leite.

O cálcio contido no leite tem a vantagem de estar acompanhado de vitamina D, lactose e aminoácidos, e isso favorece a absorção do mineral. Em resumo, esses elementos facilitam a passagem do cálcio para o sangue e possibilitam sua utilização pelo organismo. Esse cálcio é um dos requisitos básicos na formação dos ossos durante a idade de crescimento, para a sua regeneração em idades posteriores, reduzindo o risco de fraturas. Não é o único requisito. Para ter um bom esqueleto, a atividade física é tão importante quanto o cálcio. E, ao escolher uma atividade física, é preferível um exercício em que as pernas devam sustentar o peso do corpo, como correr ou saltar. Os outros exercícios, como nadar ou andar de bicicleta, são igualmente benéficos para o coração, mas não tão úteis para aumentar a resistência dos ossos.

De qualquer maneira, sem uma quantidade suficiente de cálcio não é possível construir nem manter ossos saudáveis. No ser humano, entre os 11 e os 15 anos são acumulados 40% da massa óssea que uma pessoa terá durante toda sua vida. Para que isso ocorra normalmente, são necessários ao redor de 1.300 miligramas (1,3 grama) diários de cálcio, algo equivalente a 1 litro de leite, ou uns 6 iogurtes. Mas muitos adolescentes não ingerem essa quantidade, e isso pode causar um risco maior de fraturas na vida adulta. E não é uma carência que se limita aos adolescentes. Grande porcentagem da população entre 20 e 50 anos não chega a ingerir os 1.000 miligramas (1,0 grama) diários de cálcio recomendados, nem mesmo os que estão na faixa dos 50 a 70 anos ingerem os 1.200 miligramas (1,2 grama) diários.

A segunda grande virtude dos lácteos: as proteínas. No caso do leite, 1 copo de 200 mililitros contém 6,5 gramas de proteínas, representando 10% das necessidades proteicas diárias de um adulto. Porém, mais importante do que a quantidade é a qualidade dessas proteínas. Elas oferecem os aminoácidos essenciais (aqueles que o corpo humano não é capaz de sintetizar e que, portanto, devem ser ingeridos com os alimentos) em proporções adequadas.

De fato, o leite é um dos poucos alimentos de nossa dieta que a natureza criou precisamente para ser um alimento. E de maneira que suprisse todas as necessidades nutricionais de um mamífero durante seus primeiros meses de vida. Isso o torna um alimento muito completo. Contribui na dieta não só com cálcio e proteínas, mas também com outros nutrientes vitais, como a vitamina A, e minerais, como o fósforo e o potássio.

Vamos aos defeitos. Dizem que o leite de vaca é rico em gorduras saturadas. É verdade. Isso ocorre porque as bactérias do aparelho digestório dos ruminantes convertem as gorduras insaturadas das pastagens em gorduras saturadas, que depois são passadas para o leite. Mas isso pode ser contornado. Se um copo de leite integral contém 7 gramas de gorduras, a maioria delas saturadas, no leite semidesnatado a quantidade se reduz a 3,2 gramas e no leite desnatado, a 0,2 grama. Isso explica por que na Espanha os consumidores optam pelo leite semidesnatado, com menos gorduras do que o leite integral e mais sabor do que o leite completamente desnatado.

Segundo defeito. O leite contém lactose, substância indigesta para um grande número de pessoas. Isso também é verdadeiro. A lactose é o açúcar do leite e sua digestão é feita com a ajuda de uma enzima chamada lactase, que os filhotes de todos os mamíferos têm durante o período da lactação, produção esta interrompida quando crescem.

No norte da Europa, ocorreu um favorecimento adaptativo, decorrente de uma modificação genética, permitindo que os adultos continuassem digerindo a lactose. A pressão seletiva costuma ser atribuída ao surgimento da criação de gado e a outros animais como cabras e ovelhas. As pessoas capazes de beber leite teriam sobrevivido melhor aos rigorosos invernos europeus e acabaram tendo mais descendentes. Hoje em dia na Escandinávia 98% dos cidadãos toleram lactose. Na Alemanha e no norte da França, 90%. No sul da Europa, apenas 40% possuem essa vantagem.

Mas mesmo pessoas com insuficiente lactase consomem pequenas quantidades de leite e sem experimentar uma sensação de peso no estômago, flatulência ou diarreia, características da intolerância à lactose. Isso explica por que muitas pessoas podem beber um pingado (café com leite) sem problemas, mas se sentem mal ao beber um copo só de leite.

Essas pessoas, no entanto, podem obter cálcio por outros lácteos, como os queijos, que praticamente não contém lactose, ou como os iogurtes, que incorporam microrganismos benéficos, capazes de digerir a lactose.

* Ideias para tirar vantagem dos produtos lácteos

Iogurte para beber, feito em casa

Iogurte natural + morango + açúcar. Bater no liquidificador e servir.
(Pode ser feito com outros sabores, dependendo da época do ano, como banana, kiwi, frutas vermelhas...).

O iogurte como molho

Usar um iogurte cremoso, ligeiramente batido, para acompanhar sobremesas.

Sorvete de leite

Colocar leite e açúcar para ferver uns 20 minutos e congelar em formas de picolé ou de gelo, inserindo um palito.

Leite aromatizado

Como variação ao tradicional copo de leite, uma sugestão é aromatizá-lo com canela ou raspas de limão e um pouco de açúcar. Outros sabores podem ser obtidos como anis-estrelado, açafrão...

* Um bom chá gelado

Uma boa maneira de desfrutar um bom chá gelado é misturar o ingrediente com água fria, tampar e deixar na geladeira por uma noite. Esse procedimento fará surgir o frescor do aroma do chá.

* Formas de beber café

Café com gelo

Congelar cubos de café para refrescar o café, sem deixá-lo aguado.

Café cremoso

Colocar 4 xícaras de café em um recipiente fundo, adicionar 4 cubos de gelo e bater no liquidificador até formar uma espuma espessa. Pode ser usado para fazer um café com textura ou para acompanhar sobremesas.

O café, hoje reabilitado

O caso do café não é muito diferente do leite, mas ao contrário. Carregado de conotações negativas durante décadas, foi reabilitado com as pesquisas realizadas nos últimos anos.

O café foi acusado de agravar o estresse e temiam que pudesse contribuir para doenças crônicas. Essas acusações tinham certo fundamento: a cafeína tem um efeito estimulante no cérebro e um efeito vasoconstritor nas artérias. Foram monitoradas 128 mil pessoas nos Estados Unidos e verificaram que quem tomava muito café apresentava mais risco de sofrer doenças cardiovasculares, comparando com quem bebia pouco ou nada de café. Observou-se que não era bem assim. Pelo menos até 6 xícaras de café por dia não aumentam o risco de infarto. Nem tampouco reduz o mesmo risco.

O que parece reduzir com o consumo de café são as perdas de memória, por exemplo, em pessoas diagnosticadas com Alzheimer. Também reduz alguns sintomas de Parkinson, o risco de desenvolver diabetes tipo 2 (a diabetes mais frequente), os cálculos biliares (pedras na vesícula) e a cirrose hepática.

Esses efeitos foram observados em estudos epidemiológicos nos quais se relacionou estatisticamente o consumo de café à evolução de sintomas em amplos grupos de pacientes. Infelizmente esses estudos ainda não permitem deduzir o mecanismo pelo qual o café pode produzir esses efeitos protetores. A principal linha de investigação aponta para os chamados receptores de adenosina, que são estruturas químicas que se encontram na maioria dos órgãos e tecidos do organismo e com as quais a cafeína interage.

Mas nem tudo no café é benéfico. Há pessoas que não toleram a cafeína, por sua ação sobre esses mesmos receptores de adenosina. E, mesmo que muita gente tolere bem o café, quantidades altas de cafeína parecem acelerar a perda de cálcio nos ossos. E, se adicionarmos isso a uma dieta com insuficiente quantidade de cálcio e um estilo de vida com pouca atividade física, pode-se favorecer a osteoporose.

A lista de compras

Antes de se levantarem da mesa, como todos os sábados, Rosa e Pablo preparam juntos a lista de compras. Para Rosa, seria muito mais rápido fazer a lista sozinha. Mas ela aproveita para ajudar o filho a aprender a escrever, tanto pela ortografia ("Mamãe, como se escreve cenoura?") como pelas habilidades motoras, ou seja, para que adquira precisão e desenvoltura nas ações feitas com as mãos.

Rosa também aproveita para que Pablo comece a ajudar nas tarefas de casa de maneira natural, como se fosse um jogo. Ela faz com que ele se sinta participando na compra, porque depois será ele quem irá com Juan ao supermercado, não como acompanhante, mas, sim, como ajudante.

Não há nenhuma fórmula universal para fazer bem uma lista de compras. A maneira de fazer a lista é um reflexo da organização mental de cada pessoa. Algumas são metódicas, outras são caóticas. Umas muito detalhadas ("400 gramas de tomate cereja"), outras são mais gerais ("tomate"). Algumas começam pelos primeiros pratos, depois os segundos... Outras agrupam os alimentos da geladeira em uma coluna e em outra, os produtos da dispensa... Não há uma maneira melhor do que outra de fazer uma lista de compras. Conquanto se tenha tudo o que precisa ao voltar para casa, toda lista é boa.

As únicas recomendações a fazer diante de tanta diversidade de organizações mentais é que, se a pessoa vai ao supermercado uma vez por semana, pode ser útil planejar com antecedência o que será comido em casa durante a semana. Não é necessário que o planejamento seja detalhado a ponto de se determinar os pratos que serão servidos a cada dia. Mas é importante que, quando o prato for peixe, não seja sempre merluza; se a refeição for frango, que não seja sempre empanado; que não se comprem sempre as mesmas frutas... Enfim, que os pratos sejam variados, evitando-se a monotonia.

3 COMPRA INTELIGENTE
10h00

São quase 10:30 horas da manhã quando Juan e Pablo chegam ao supermercado, localizado em uma grande área comercial. São recepcionados por um enorme cartaz com cores alegres, convidando-os a provar uma nova marca de leite batido com chocolate. Logo depois, outro cartaz anuncia ofertas na seção de confeitaria, e, a seguir, longos corredores cheios de produtos com embalagens desenhadas para chamar a atenção... Um deleite visual. Um supermercado grande para as compras é o mesmo que o *fast-food* é para o ato de comer. É uma compra rápida, *fast*. Em grande escala, em pouco tempo e com um grande carrinho para encher. O estômago no caso do *fast-food*, o carrinho de supermercado, no outro. Tudo muito cômodo e apetitoso. E, assim como num restaurante de *fast-food*, comprar num supermercado é uma boa ocasião para educar um menino de 8 anos, como Pablo. Exceto pelo fato de que, a partir do momento em que encaramos o ato de fazer compras como uma oportunidade de educar, esta deixa de ser uma compra *fast*. E educar, como sabemos, não é alguma coisa que possa ser feito com pressa.

Exercício para aprender a escolher

– Pablo, entre esses dois iogurtes, qual deles você acha que devemos levar? – pergunta Juan ao passarem pela geladeira de lácteos.

Na embalagem de um dos iogurtes, vendido em conjuntos de quatro unidades, aparece um coelho cor-de-rosa sorridente. A outra marca tem um desenho mais sóbrio, não tão infantil. O primeiro impulso de Pablo é escolher o que tem o coelho rosa. Mas não é a primeira vez que fazem esse jogo, e ele já aprendeu que os cereais não têm gosto de urso panda, assim como o iogurte não terá gosto de coelho cor-de-rosa. O garoto reprime seu primeiro instinto de compra impulsiva e tenta descobrir qual é o melhor. Ele lê as letras grandes dos pacotes: os dois são iogurtes de morango. Mas ele ainda não sabe de qual vai gostar mais.

– Olha – diz Juan – esse vem com "pedaços de fruta". Esse outro só tem "sabor de morango". Você gosta de encontrar pedaços de fruta no seu iogurte?

– Não muito.

– Então, qual dos dois vamos comprar?

– Este – diz Pablo, apontando com o dedo.

– Então pode colocar esse no carrinho.

Certamente é um exercício arriscado. É preciso aprender a jogar e pode ser que não saia tudo muito bem logo no primeiro dia. Uma pessoa pode acabar levando para casa um caixa de bolachas que não pretendia comprar. Mas é construtivo. O principal estímulo do jogo, para Pablo, não é conseguir colocar no carrinho umas bolachas que seu pai não queria, mas aprender a escolher os alimentos corretos e continuar brincando. É como um jogo de videogame, no qual ele tem que passar por várias fases, ou etapas, mas em uma versão para supermercado. E Juan tem que ser coerente. Ele não pode deixar que Pablo faça a escolha do iogurte ou das bolachas e, se seu filho tomar uma decisão de que ele não goste, decepcioná-lo depois dizendo que não vai comprar. O melhor é limitar as opções dele para dois ou três tipos de iogurte, em vez de deixar que escolha entre dezenas de variedades, instruindo-o para que aprenda a tomar a melhor decisão.

Os truques do supermercado

Sabor de coelho cor-de-rosa... Que besteira, não é verdade? Provavelmente é o que terão pensado alguns leitores. Mas nós, adultos, caímos nas mesmas armadilhas. Talvez não com um coelho rosa, mas, sim, com um prado verde na embalagem de leite, sugerindo que a vaca pastou ao ar livre (falso, é leite de uma unidade industrial). Ou na cor vermelha de um tomate que parece indicar que está saboroso (falso, há tomates menos bonitos que têm um gosto muito melhor). Ou na palavra *light* estampada em uma embalagem de maionese (que tem menos calorias do que uma convencional, mas que continua sendo um produto rico em calorias). Ou na iluminação do supermercado e na disposição dos produtos, estudados para induzir à compra.

Mas isso não é nada escandalizante. A indústria alimentícia é um negócio e seria estranho que não utilizasse estratégias para nos fazer adquirir, inclusive, produtos de que não precisamos. E isso é feito de duas maneiras. A primeira delas consiste em apelar a mecanismos inconscientes, como nossa impulsividade na hora de decidir o que compramos e o que comemos, e se aproveitar que a cultura de consumo atual dá mais prioridade aos desejos do que às necessidades. Foi assim que se estabeleceu uma concorrência entre marcas para apresentar os produtos mais saborosos, com texturas agradáveis e combinações de gorduras e açúcares que apelam diretamente aos circuitos neurológicos do prazer. São os mesmos circuitos que, de fato, ativam os vícios e que explicam por que, às vezes, é tão difícil resistir a alimentos que, se nós pudéssemos decidir de maneira racional, não comeríamos.

É com essa lógica que os supermercados cuidam da iluminação e da música ambiente e estudam a separação perfeita entre as prateleiras. A localização dos produtos que mais interessam vender é pensada para coincidir com os lugares mais fáceis de serem alcançados, de maneira que baste um gesto rápido para colocar o produto no carrinho. É como reduzem o tempo para que nos perguntemos se realmente queremos ou não levar aquilo.

Ninguém está a salvo dessas estratégias que atuam por debaixo dos umbrais da consciência. Mas, para aquelas pessoas mais resistentes, há um segundo tipo de estratégia de venda, uma que apela para a racionalidade. Um exemplo típico: as ofertas de três por dois. A pessoa compra porque pensa que sai mais em conta pagar duas unidades e levar três. Mas, quando as organizações de consumidores analisaram essas ofertas, notaram que essas estratégias não são aplicadas a alimentos básicos como leite ou arroz, e sim a produtos que talvez nem comprássemos. Ou essas ofertas se aplicam a mercadorias perecíveis que talvez não possam ser totalmente consumidas antes de perderem a validade. Muitas vezes é apenas uma estratégia utilizada como isca para atrair mais clientes ao supermercado. Portanto, não é uma estratégia para ajudar a economizar, mas para induzir a gastar mais.

Outro exemplo de estratégia que apela para a racionalidade do consumidor: etiquetar um alimento como *light*, como orgânico, 100% natural, enriquecido, baixo teor de sal, sem colesterol... Em suma, dando a entender que é um alimento saudável. Pelo menos mais saudável do que alimentos similares da marca concorrente. E algumas vezes é verdade. Mas outras, não. Afinal, como poderia ter colesterol um refrigerante ou pão de fôrma?

Não há nada ilegal nisso tudo. Não são realmente informações errôneas. Poderíamos dizer que são estratégias de otimização de vendas.

A melhor defesa que têm os consumidores diante dessas pressões comerciais é a informação. Se uma pessoa está bem informada e procura comprar os alimentos de maneira racional, é pouco provável que se veja forçada a adquirir produtos que, na realidade, não desejava obter. Diante das ofertas de três por dois, por exemplo, as organizações de consumidores aconselham calcular quanto custaria um quilo ou um litro do mesmo produto. Para nossa surpresa, às vezes o produto em oferta custa mais caro que o produto ao lado, que está com preço normal.

E, para as declarações de que um alimento é saudável, aconselha-se ler a informação nutricional nas etiquetas. E a ir às compras sem fome. Depois de haver tomado café, por exemplo, como estão fazendo Pablo e Juan, para então comprar de maneira racional e não cair na tentação da comprar por impulso.

Aprendendo a ler rótulos de informação nutricional

Pablo e Juan chegam à seção de cereais matinais. Os preferidos de Pablo são uma marca especial de semiesferas de cereal achocolatado. E existem duas marcas diferentes: uma de caixa amarela com o desenho de um macaco e outra de caixa verde com outro macaco.

– Qual dos dois levaremos, Pablo?

A brincadeira não consiste em dizer este ou aquele e sim em encontrar uma boa razão para ficar com um ou com outro. Há pouca diferença no sabor. Os produtos não têm o mesmo gosto, mas Pablo gosta dos dois. O preço também é parecido. Um é um pouco mais caro do que o outro, mas, tendo em conta que em uma caixa há cereais suficientes para dez desjejuns, a diferença acaba sendo de poucos centavos. Até aqui temos empate. A diferença importante, como Pablo já aprendeu em outros sábados, é a qualidade. Então ele pega as duas caixas e se prepara para decifrar as letrinhas pequenas.

Ele encontra muitas letras e muitos números. Parecem ter a finalidade de deixar as coisas mais difíceis. Mas o menino sabe que deve ler a linha onde estão as gorduras.

– Esse tem mais gordura – diz Pablo mostrando o pacote amarelo. – Tem 4,8 e o outro, 2,5.

Ele não sabe exatamente 4,8 o quê, mas sabe que, em relação aos cereais, quanto menos, melhor. Depois lê o teor de sódio, que seu pai lhe contou que é uma maneira de saber se colocaram mais ou menos sal, que sempre é melhor que tenham colocado pouco.

– Este também tem mais.

E, para finalizar, lê sobre o açúcar. O pacote amarelo tem 38 e o verde, 34.

– Vamos levar este – diz colocando a caixa verde no carrinho. – Ganhou de três a zero, papai!

Gorduras, sódio e açúcar: a não ser que existam alergias ou intolerâncias alimentares, costumam ser os três dados mais relevantes nas etiquetas de informação nutricional, porque são três nutrientes que contribuem para alguns problemas de saúde mais frequentes nas sociedades atuais. O excesso de gorduras e açúcares contribui para o sobrepeso. E para uma longa lista de transtornos derivados da obesidade, como a síndrome metabólica, a diabetes tipo 2 (a mais comum), a hipertensão e as doenças cardiovasculares. O excesso de sódio contribui para elevar a pressão arterial, portanto, sempre é bom se acostumar com uma dieta com pouco sódio desde a infância. Essa é uma das maneiras mais simples de reduzir o risco de ter hipertensão no futuro.

Não é verdade que todos os dados de informação nutricional não sejam relevantes, mas seu interesse depende mais das circunstâncias pessoais de cada consumidor. Por exemplo, prestar atenção na quantidade de cálcio, que muitas vezes está acrescentado nos cereais matinais, pode ser importante para adolescentes, especialmente se têm uma dieta pobre em lácteos, mas não é tão importante para pessoas adultas e saudáveis e com uma dieta equilibrada. Prestar atenção no teor de ferro é útil se a pessoa tem anemia, especialmente quando a dieta é pobre em carnes vermelhas. O ácido fólico é de interesse especial para as mulheres que desejam ficar grávidas, como também nos primeiros meses de gestação, já que o feto necessitará dele para que seu sistema nervoso se desenvolta corretamente...

E há dados que às vezes se dá muita importância, do ponto de vista da saúde, mas que são pouco informativos. Os alimentos transgênicos, por exemplo, contra os quais podemos ter restrições por razões ideológicas, mas que não são perigosos para a saúde. A maioria dos alimentos que faz parte da nossa dieta foi melhorada geneticamente ao longo da história da agricultura e da criação de animais, sempre com o objetivo de potencializar qualidade e minimizar defeitos.

Ou então os aditivos, que obrigatoriamente devem estar declarados nas etiquetas para informar aos consumidores, mas que não apresentam nenhum risco para a saúde, nas quantidades empregadas, a menos que a pessoa seja alérgica a algum deles. Os aditivos, de certo modo, são vítimas da maneira como são descritos nas embalagens. São identificados com códigos que parecem placas de carro, como "E-101" ou "E-300", induzindo a pensar que são substâncias artificiais. Mas muitas vezes não são. Alguns aditivos são artificiais e outros naturais, como respectivamente o "E-101" (que é vitamina B2 ou riboflavina) ou "E-300" (que é a vitamina C). São chamados aditivos apenas por serem adicionados aos alimentos para melhorar características como sabor, aparência, textura ou conservação. Desse ponto de vista, o sal que colocamos na omelete, assim como a pimenta de um gaspacho,* são ambos aditivos domésticos. E se os aditivos são identificados com códigos não é porque sejam sintéticos, mas, sim, para unificar a maneira de designação nas etiquetas de alimentos da União Europeia (UE). A letra E indica precisamente que é um aditivo alimentício aceitado na UE. Aqueles que começam pelo número 1, variando de 100 a 199, são corantes. Os aditivos que começam por 2 são conservantes. E os que começam com 3 incluem os antioxidantes e os reguladores de acidez.

O que devemos saber sobre as gorduras

Apesar da sua má fama, devemos nossa vida às gorduras. Elas têm a grande vantagem de não se misturar com a água. São hidrofóbicas. Por isso, todas as células do corpo humano utilizam gorduras para construir suas membranas, evitando a mistura entre elas. As gorduras constituem a fronteira entre as células, entre os envoltórios do corpo, membranas formadas por 70% de água. Algumas gorduras

---

* Sopa fria de tomates. (N. T.)

são também operárias qualificadas, realizam tarefas de alta precisão, como o colesterol HDL (ou colesterol bom), responsável por manter as artérias em bom estado. Além disso, são imprescindíveis para o funcionamento de algumas moléculas vitais, como as vitaminas lipossolúveis, que só se dissolvem em gorduras. E uma excelente reserva de energia para tempos difíceis. E, por essa razão, tão calóricas, são produzidas para empacotar o máximo de energia no mínimo de espaço, ajudando assim o urso-polar a resistir ao inverno e os humanos da Pré-história a sobreviver à fome. Daí a recomendação de que de 30% a 35% das calorias de uma dieta sejam provenientes de gorduras, pois precisamos delas para regenerar as membranas de nossas células e para realizar as funções vitais.

Mas nem todas as gorduras são iguais. Há um detalhe importante na etiqueta dos cereais, porém Pablo não prestou atenção. Embaixo da linha onde se lê "gorduras", em letras menores está a palavra "saturadas". Na caixa verde, a quantidade de gorduras é de 2,5 gramas (por 100 gramas de alimento), das quais é saturada 1 grama. Juan prestou atenção nisso. Pois tão importante quanto o conteúdo de gorduras, que indica se um alimento é mais ou menos calórico, é a qualidade dessas gorduras.

Como norma geral, as gorduras líquidas à temperatura ambiente são preferíveis às sólidas. As gorduras saturadas são sólidas e estão muito presentes em alguns produtos de origem animal, como a carne bovina ou a de cordeiro, a manteiga ou o creme de leite. São gorduras de que o corpo humano necessita em quantidades pequenas, já que, em excesso, contribuem para aumentar os níveis de colesterol LDL (o colesterol ruim) e, em consequência, o risco de doenças cardiovasculares e de alguns tipos de câncer, como o colorretal e o de mama.

As gorduras trans usadas na indústria alimentícia, para melhorar a textura e o sabor de alguns alimentos, também são sólidas à temperatura ambiente. São usadas para conseguir que produtos como bolos e bolachas não fiquem gordurosos, mas secos. É um tipo de gordura obtido de óleos vegetais por um processo químico chamado hidrogenação. Também são chamadas gorduras vegetais hidrogenadas. Por essa razão, se a etiqueta de um produto afirma que o mesmo contém óleos vegetais, o que pode dar a entender que contém gorduras saudáveis, é bom desconfiar que podem ser gorduras trans, as mais prejudiciais à saúde. As gorduras trans elevam o colesterol ruim, reduzem o bom, aumentam os triglicérides, podem até interferir na produção de insulina, contribuindo para o risco de diabetes e, provavelmente, comprometem a capacidade de dilatação dos vasos sanguíneos, favorecendo a hipertensão. Mas as normas para rótulos de alimentos da UE* não obrigam os fabricantes a informar se as gorduras vegetais foram hidrogenadas, permitindo que a indústria oculte o total de gorduras trans nos alimentos, levando o consumidor a adquirir um produto por notar que contém gorduras vegetais, quando, na realidade, está adquirindo um produto com gorduras trans.

As gorduras de origem vegetal, quando não são hidrogenadas, costumam ser oleosas, portanto possuem um estado líquido à temperatura ambiente. Trata-se, na sua maioria, de um tipo de gordura chamada insaturada. No entanto, há uma grande variedade de gorduras insaturadas.

São especialmente recomendadas as gorduras monoinsaturadas, predominantes no azeite de oliva. Reduzem o colesterol ruim, elevam ligeiramente o bom e se aconselha que aproximadamente metade das gorduras presentes em uma dieta seja desse tipo. Além de ser encontrada no azeite de oliva, o que o torna um óleo ideal para cozinhar e para temperar, as gorduras monoinsaturadas são abundantes no abacate, como também em algumas frutas secas, como amêndoas e avelãs e até em alguns produtos de origem animal, como pato e bacalhau.

Também merecem um parágrafo próprio, por suas virtudes, as gorduras insaturadas ômega 3 predominantes nos peixes. São gorduras que melhoram os níveis de colesterol bom, como o azeite de oliva. Além de reduzir a formação de coágulos no sangue, ajudam a

---

* Desde 2006, as empresas são obrigadas a declarar a quantidade de gordura trans no rótulo dos alimentos (conforme resolução da Agência Nacional de Vigilância Sanitária – Anvisa, RDC 360/2003). (N. T.)

controlar a pressão arterial e previnem arritmias. Entre as diferentes espécies de peixes, os peixes azuis, também conhecidos como peixes gordos, como o salmão, a anchova, a sardinha, têm mais ômega 3 do que os peixes brancos, como o tamboril ou a merluza. A diferença não se deve a que o peixe branco não seja bom, mas é um tipo de pescado menos gorduroso.

Hoje em dia também há alimentos enriquecidos em ômega 3, como ovos e leite. Existem vários tipos de ácidos graxos ômega 3. Entre eles, o DHA (nome completo: ácido docosaexaenoico, para os que gostam de trava-línguas) e o EPA (ácido eicosapentaenoico). E alguns produtos são vendidos com o apelo promocional "enriquecidos com ômega 3". Os dois ácidos graxos, DHA e EPA, são igualmente considerados benéficos para a saúde cardiovascular, apesar de que o DHA tem uma vantagem adicional que favorece o desenvolvimento neurológico em fetos e recém-nascidos. No entanto, nenhum estudo demonstrou que o consumo habitual desses alimentos enriquecidos tenham o mesmo efeito que o consumo de peixe.

As outras gorduras insaturadas, como ômega 6, predominante no óleo de girassol, situam-se na zona média da tabela, no meio do caminho entre o azeite de oliva e as gorduras do peixe, que ocupam as posições de honra, e as gorduras saturadas e as trans, que ocupam as posições mais baixas. Sabemos que o corpo humano não pode fabricá-las, portanto uma dieta correta deve incluir pelo menos uma pequena quantidade de ômega 6. No entanto, recomenda-se que seja consumida com moderação, no máximo 10% das calorias da dieta devem ser provenientes desse tipo de gordura.

De todo modo, nenhum alimento contém um único tipo de gordura. Nem todas são monoinsaturadas no azeite de oliva (somam uns 74%, mas também contém uns 13% de gorduras saturadas), nem todas são saturadas em um hambúrguer de carne (apenas uns 50%, e contém uns 29% de gorduras monoinsaturadas benéficas). E, ao contrário do que se pensa, nem sempre as gorduras saturadas predominam nas carnes: no frango, no pato e no porco, a maioria das gorduras são monoinsaturadas. E também no bife de crocodilo,* se é que provaram alguma vez: 48% de monoinsaturadas contra 30% de gorduras saturadas.

Quando escolher o produto mais caro

Para Pablo – como vimos na escolha do cereal – uma das diferenças importantes entre os alimentos é a qualidade. O preço importa, e, entre os produtos que empatam em qualidade, ele escolhe o mais barato. Mas, quando há uma pequena diferença de preço e de qualidade, ele aprendeu a escolher o mais caro.

Essa regra faz sentido, em particular, com alimentos elaborados com gorduras. São alimentos em que se percebem diferenças claras de qualidade, refletidas no preço e que repercutem nos benefícios para a saúde.

Por exemplo, as gorduras trans são baratas, as insaturadas são mais caras. Portanto, os bolos e as bolachas elaborados com gorduras de alta qualidade serão mais caros, mesmo que não sejam os produtos mais saborosos.

Outro exemplo: o azeite de oliva é mais caro que o de girassol. Mas a diferença de preço entre os dois é pequena se comparada com o gasto total em alimentos feito por uma família ou com outros gastos, que, na verdade, são considerados menos importantes do que a saúde. De maneira que, quando Pablo e Juan chegam à seção de óleos e azeites, escolhem o de oliva.

E, quando chegam à prateleira e escolhem as anchovas em lata, preferem aquela marca conservada em azeite de oliva, que costuma ter aspecto diferente e não tão vistoso como a anchova preservada em outros óleos, pois o azeite de oliva tende a se solidificar com a temperatura da geladeira, mas tem mais qualidade.

---

* Em alguns lugares do Brasil, é comercializada a carne de jacaré (seu sabor lembra suavemente o de peixe e pode ser consumida da mesma forma), que tem baixíssimo teor de gorduras. (N. E.)

Outro alimento cujo preço costuma corresponder à qualidade é o pão. Neste caso, a qualidade é mais uma questão de sabor do que de benefícios para a saúde. Mas para saborear um pão assado em um bom forno, após deixar a massa fermentar por três horas, é preciso que o padeiro tenha trabalhado durante a noite para preparar a massa e cuidar do cozimento, o que certamente vai refletir no preço final do produto. O que é difícil é ter um pão de boa qualidade a um preço de pão pré-assado.

Em todo caso, a relação entre qualidade e preço não é uma lei universal. As exceções mais notórias se observam nos produtos frescos, nos quais pode ocorrer de o preço de um maço de aspargos cair pela metade em uma semana, mas sua qualidade continuar sendo a mesma. Ou do preço do tamboril disparar porque chegaram poucas unidades ao mercado de peixe.

E também acontece de produtos considerados modestos, como as sardinhas frescas ou os legumes e as verduras da temporada, terem um sabor excelente, enquanto outros alimentos considerados mais luxuosos, como a lagosta congelada, desapontarem por ser medianos. Esse paradoxo já é conhecido pelos restaurantes de alta gastronomia, onde até pouco tempo era inconcebível não servir produtos de luxo. Agora o inconcebível é não servir produtos de qualidade.

A qualidade dos congelados

Falando de lagosta congelada, por que foi chamada de mediana? Por que há tantas diferenças de qualidade entre alguns alimentos congelados?

As batatas fritas congeladas, por exemplo, são consideradas boas por um grande número de consumidores. Prova disso é que elas se tornaram um dos produtos congelados mais eminentes. Inclusive existem variedades de batatas cultivadas especificadamente para serem congeladas e fritas. O congelamento ajuda para que fiquem crocantes já que, ao serem fritas no óleo quente, a água da sua camada mais externa se evapora imediatamente, produzindo uma reação química que cria uma casca dura e quebradiça.

Por essa mesma razão, convém fritar as batatas em óleo bem quente, mesmo que estejam congeladas, se o objetivo é conseguir batatas crocantes. Se forem colocadas na frigideira quando o óleo ainda está morno, a água não evaporará da sua superfície com tanta rapidez, a reação química não será tão eficiente e as batatas ficarão mais moles, o que atende ao gosto de muitas pessoas.

Também as carnes e os peixes congelados podem ficar excelentes. Um filé de merluza congelado, por exemplo, tem características muito similares ao de uma merluza fresca do ponto de vista nutricional. Tem a mesma proporção de proteínas e gorduras e o mesmo valor nutritivo. Até mesmo é possível que os peixes congelados sejam mais frescos, porque são submetidos a baixas temperaturas desde o momento em que são pescados, apenas sofrem degradação durante o processo de transporte e a venda.

Mas nem todos os alimentos se comportam igualmente ao serem congelados. Uma exceção entre os peixes é o bacalhau fresco, já que suas proteínas se alteram com o congelamento, de modo que o peixe perde sua textura macia e fica mais seco e menos agradável ao paladar, mesmo mantendo o valor nutritivo. E, entre os vegetais, a alface, que congelada muda de cor, perdendo alguns pigmentos e micronutrientes.

Os alimentos congelados podem se deteriorar por diferentes razões. A primeira é que a maior parte da água dos alimentos solidifica, formando cristais de gelo. Esses cristais podem perfurar as membranas das células, perdendo parte dos nutrientes. É por esse motivo que, ao descongelar um pedaço de carne ou de peixe, há perda de água. Para limitar o problema, os produtos alimentícios são submetidos a um processo de congelamento ultrarrápido, com temperaturas entre 40 °C e 60 °C abaixo de zero. Os cristais formados são pequenos, perfurando menos as membranas das células.

Um segundo problema é que alguns alimentos, inclusive os congelados, continuam produzindo reações químicas que alteram o aspecto e suas propriedades nutricionais. Não se trata de um problema de contaminação e sim de reações causadas por proteínas do próprio alimento – concretamente, por enzimas, um tipo de proteínas que favorece reações químicas. É por essa deterioração, além da grande quantidade de água contida nesses alimentos, que não se aconselha congelar legumes, verduras e frutas que se consomem crus, como alfaces ou maçãs. No caso das hortaliças que são comidas cozidas, ao contrário, ao serem submergidas em água fervente durante um ou dois minutos antes do congelamento, inativa-se as enzimas, evitando as reações químicas prejudiciais.

Terceiro problema: as gorduras dos alimentos também continuam se degradando pouco a pouco no congelador. Gorduras quimicamente estáveis, como as saturadas, degradam-se lentamente. Portanto, a carne de porco pode ser conservada seis meses congelada, o cordeiro, nove meses e a carne bovina até um ano. Mas gorduras menos estáveis como as monoinsaturadas e, sobretudo, as poli-insaturadas degradam-se mais rapidamente, por isso não se aconselha conservar no congelador frango, nem peixes ricos em gorduras, como salmão, por mais de três ou quatro meses.

Finalmente, os alimentos congelados podem se deteriorar com a quebra da cadeia de frio. Quer dizer, descongelar e voltar a congelar depois. Isso pode prejudicar a qualidade do alimento e favorecer a proliferação de microrganismos que resistem ao frio, multiplicando-se cada vez que o produto é descongelado.

Se tivermos cuidado para conservar a cadeia de frio, o único problema de consumir habitualmente alimentos congelados é por ser uma alimentação com um excesso de produtos pré-cozidos. São geralmente pratos com poucas fibras, bastante gordura e muito sal. Se consumidos de maneira ocasional, os pré-cozidos podem ser saborosos e resolver o problema do jantar ao chegar a casa sem tempo ou sem vontade de cozinhar. Mas uma dieta com excesso de alimentos pré-cozidos, ricos em gorduras e sal, dificilmente poderá ser considerada uma dieta equilibrada.

No caso de alimentos não pré-cozidos, os congelados são uma boa alternativa aos produtos frescos. Especialmente para aquelas famílias que dedicam pouco tempo à compra e que não dispõem de alimentos frescos todos os dias.

Mercados em perigo de extinção

Para adquirir alimentos frescos, muitas pessoas preferem locais mais tradicionais, como feiras livres ou quitandas e açougues, em vez do supermercado. Comprá-los nesses lugares requer mais tempo e, do ponto de vista da saúde, não há diferença substancial entre os produtos frescos adquiridos em um lugar ou outro. Mas podemos encontrar mais variedade de alimentos e a oportunidade de pedir que sejam preparados do nosso gosto, tendo muitas vezes até a chance de estabelecermos uma relação pessoal com o vendedor.

Essa relação pessoal pode parecer um anacronismo no século XXI. Estamos no século da eficiência: máxima compra em tempo mínimo. Mas continuamos sendo primatas sociais – da mesma espécie dos homens das cavernas, que se reuniam ao redor de fogueiras, 40 mil anos atrás. Com o mesmo cérebro, criado para o relacionamento com outros seres humanos. O tigre-de-bengala é solitário; o ser humano é social, e nada pode ser feito contra isso. No mercado, se observarmos, os compradores se relacionam com o vendedor. Às vezes escolhem um lugar ou outro, dependendo da pessoa que está atendendo. Em contraste, ao observarmos como as pessoas se comportam nos supermercados, veremos que os compradores se relacionam diretamente com o produto, sem nenhum intermédio humano. Sem ninguém para dialogar além do produto.

E, se nos grandes supermercados reina a informação, com dezenas de produtos das mesmas marcas em todos eles, às vezes as mesmas encontradas em outros países e outros continentes, é porque é mais rentável. As pequenas lojas e feiras são um reino da variedade, com uma sucessão de pequenos comércios que não vendem a mesma coisa, são diferentes de uma cidade para outra e de um país para outro. Não deixa de ser um paradoxo que um estabelecimento maior tenha menos produtos para escolher do que os pequenos. Mas o mesmo acontece na natureza, onde há uma grande diversidade de espécies em ecossistemas pequenos, como nas selvas da Costa Rica ou da Indonésia, do que em grandes territórios com menor riqueza biológica, como o Saara. Acontece que, de certo modo, as feiras e os pequenos estabelecimentos estão na mesma situação que os ecossistemas da Indonésia e da Costa Rica. Apesar de sua riqueza, estão em extinção.

10 conselhos básicos para fazer compras usando a lógica

1. Não sair para fazer compras com o estômago vazio. Essa medida ajudará a comprar de forma razoável, sem cair em tentações.

2. Fazer uma lista antes de sair de casa para comprar os itens necessários.

3. Se estiver com tempo, dar primeiro um passeio pelo supermercado para ver os produtos e localizar as ofertas.

4. Ler com atenção os rótulos dos produtos e compará-los.

5. Deixar por último os produtos que devem ser conservados no frio. Quanto menos tempo passarem fora da geladeira, melhor.

6. A compra por internet nos grandes supermercados ajuda a fazer uma compra inteligente. É especialmente útil para produtos da despensa.

7. Arrumar o carrinho de compras de maneira que os produtos delicados não fiquem por baixo. Não devem receber peso, nem sofrer golpes que possam estragá-los.

8. Ao comprar produtos frescos, como carne ou peixe, pedir ao funcionário que faça os preparos mais trabalhosos (tirar os espinhos, os ossos, cortar a peça...).

9. Não descartar, logo de cara, produtos não conhecidos. Podem-se descobrir novas receitas interessantes com eles.

10. Guardar as notas fiscais de compra e revisar os preços. Em poucas semanas, elabora-se uma útil base de dados para a compra dos produtos.

Por esse motivo, fazer um esforço e comprar nesses pequenos estabelecimentos e nas feiras livres, é mais do que uma preferência pessoal, é uma opção ideológica. É uma maneira de contribuir para a sobrevivência deles. E de defender um sistema comercial que não se limita à uniformidade das multinacionais e dos grandes hipermercados.

Para Juan, além disso, é uma oportunidade a mais de ensinar Pablo a conhecer os alimentos. A aprender a distinguir os diferentes tipos de banana (no supermercado que eles foram, havia uma só variedade); a reconhecer as diferentes espécies de peixe (no supermercado já estavam cortados em filés e preparados para grelhar); ou descobrir como se desmembra um frango.

– Repara Pablo, essa coisa marrom saindo ali é o fígado.

– E para que serve?

– É como uma peneira. Se tiver alguma coisa ruim no alimento ingerido, o fígado filtra para que não faça mal a você.

– Eu também tenho fígado?

– Claro, todos nós temos fígado. Fica aqui – diz Juan, mostrando com o dedo o lado direito da barriga de Pablo, bem abaixo dos pulmões.

Como podemos notar, qualquer desculpa é boa para falar de alimentação e de saúde com uma criança de 8 anos. Uma notícia de jornal, uma propaganda na televisão, um frango destrinchado... Quando contam a Pablo como funciona o seu corpo, ele se maravilha com o que ouve como a maioria das crianças, durante essa etapa do ensino fundamental. Ou quando ele aprende sobre os diferentes tipos de alimentos com os quais seu corpo se constrói dia a dia, compreendendo de onde são e como reconhecer suas qualidades. Ou quando alguém lhe explica como reconhecer se um peixe está fresco ou não.

Como reconhecer se um peixe está fresco

Com o peixe, é difícil que o consumidor saiba de onde vem o produto, quanto tempo faz que foi pescado e como esse peixe foi manipulado desde então. De maneira que a peixaria é uma das seções onde é vital uma relação pessoal com um vendedor de confiança, uma pessoa que conheça bem as características das diferentes espécies e se preocupe pela qualidade do alimento que vende, ajudando o seu cliente a comprar produtos em condições ótimas.

Na falta de um vendedor de peixe de confiança, a maneira mais rápida de reconhecer se um peixe está fresco é observar os olhos e a pele. Os olhos devem estar negros, brilhantes e convexos; se os olhos estão de cor cinza, planos ou afundados, significa que o peixe, mesmo que continue sendo comestível, já não está em seu melhor estado. A pele deve estar brilhante e esticada; se estiver muito enrugada, também não está fresco.

Para poder avaliar todas as diferenças, é preferível comprar peixes inteiros em vez de filés cortados previamente. Ou então, no caso de espécies grandes, como o atum e o peixe-espada, é melhor comprar pedaços cortados na hora, de preferência na frente do consumidor. Além disso, se os filés estão já cortados, significa que faz mais tempo que estão expostos ao ar, portanto, mais microrganismos. Mesmo assim, se a opção for por filés cortados com antecedência, convém observar que tenham aparência brilhante e que suas bordas não tenham tonalidade marrom, pois isso já é sinal de que as gorduras do peixe começaram a se oxidar.

O cheiro também ajuda a saber se um peixe é fresco. O peixe deve ter mais cheiro de mar do que de peixe. Quando se nota um forte cheiro de peixe, na realidade, não se está cheirando o peixe, mas a trimetilamina, substância responsável pelo odor da decomposição de plantas e animais. E, quando há um forte cheiro de trimetilamina, significa que há bactérias liberando essa substância durante um longo período. O peixe ainda está comestível, mas já não está mais fresco.

– Papai, por que os peixes ficam no meio do gelo e as carnes não? – pergunta Pablo.

– Para ficarem bem conservados.

– Então a carne não é tão bem conservada?

Esse é o problema de ensinar crianças a raciocinar, às vezes ficamos em situação difícil.

– É que alguns peixes vivem em águas muito frias e, mesmo se forem colocados na geladeira, seus micróbios continuam crescendo – responde o vendedor de peixe, ao ver que Juan não encontrava uma resposta para dar a Pablo. E continua – se você colocar a carne na geladeira, podemos dizer que os micróbios quase param de crescer. Mas, para deter o crescimento dos micróbios do peixe, temos que colocar gelo. Por isso a carne pode ficar alguns dias na geladeira e o peixe deve ser comido no mesmo dia em que é comprado ou no dia seguinte.

Benefícios e perigos do peixe

A Sociedade Espanhola de Nutrição Comunitária recomenda comer três ou quatro pratos de peixe por semana, e, no caso de pacientes cardiovasculares, aconselham o consumo diário de peixe. Essas recomendações foram feitas após se observar que consumidores habituais de peixe apresentam menos perigo de morrer por doença cardíaca do que uma pessoa que não tem esse costume. Em pessoas com problemas cardiovasculares, o risco de morte súbita baixa de modo significativo com o consumo de peixe todos os dias.

Os efeitos benéficos do consumo de peixe ao coração e à circulação sanguínea são atribuídos às gorduras ômega 3, que, como foi visto antes, são bem profusas no peixe azul e têm efeito cardiovascular benéfico.

* Ideias para preparar o peixe

Escabeche rápido de mexilhões
Preparar alguns mexilhões frescos no vapor e usar escabeche de mexilhões enlatado como molho.

Como empanar peixe sem sujar pratos
Colocar o peixe limpo, temperado e bem escorrido em um saco plástico. Adicionar farinha, fechar e chacoalhar. O peixe ficará perfeitamente empanado, pronto para fritar, e sem sujar nada.

Cavalinhas embrulhadas no papel-alumínio
Assar assim. Também pode ser adicionada uma fruta ácida.

Sardinhas marinadas com purê de framboesa e pimenta
Amassar algumas framboesas frescas e peneirar para obter um purê. Utilizá-lo para acompanhar as sardinhas marinadas. Adicionar uma pitada de pimenta-do-reino recém-moída.

Salmão macio
Esquentar o forno a 100 °C e assar o salmão durante 20 a 25 minutos.

* Saborosos e acessíveis

Há muitos tipos de peixes não tão caros e deliciosos. Por exemplo, pescada branca, peixe-galo, cavala e cavalinha, trilha, sardinha, anchova, cação, carapau, entre outros. Alguns conselhos:

- É melhor uma sardinha excelente a um peixe caro e difícil de encontrar.
- Para descobrir novos sabores, é importante ter curiosidade e perguntar ao peixeiro sobre os tipos de peixe. Ao comprar um peixe desconhecido, pergunte como prepará-lo.
- Os peixes também têm safra. Observe os preços e compre um peixe ou outro, conforme a época do ano.

Tanto o azul como o branco, o peixe é também excelente fonte de proteínas de alta qualidade, micronutrientes imprescindíveis, como o iodo, o selênio e a vitamina D.

O consumo de peixe é recomendado, em especial para mulheres grávidas e durante a amamentação, já que contribui com o DHA, além do ácido graxo ômega 3, que favorece o correto desenvolvimento do cérebro dos fetos e dos recém-nascidos.

No entanto, nos últimos anos foi comprovado que o peixe também contém contaminantes – como mercúrio, dioxinas e bifenil policlorado (PCB) – que podem interferir no desenvolvimento saudável do sistema nervoso. São contaminantes lipossolúveis, ou seja, que se acumulam nos tecidos adiposos.

São encontrados, principalmente no peixe azul, mais do que no peixe branco. E isso traz um dilema: se os mesmos peixes recomendados para favorecer o desenvolvimento neurológico contêm contaminantes que o prejudicam, o que, afinal, deve fazer uma mulher grávida ou que amamenta, comer ou não comer peixe?

Após revisar estudos científicos realizados até o momento, a Associação Médica Americana concluiu que os benefícios obtidos ao comer peixe superam os potenciais riscos. Mas se recomenda às mulheres grávidas, àquelas amamentando, assim como às crianças pequenas que evitem espécies de peixe que acumulam mais contaminantes.

Como norma geral, isso significa evitar espécies de peixe azul de grande porte. Quando um peixe come outro, o mercúrio e contaminantes orgânicos da sua presa são somados à gordura do predador. Portanto, peixes grandes como o atum, o peixe-espada ou o tubarões, por exemplo, costumam ter gordura com mais contaminantes que peixes pequenos. As espécies de peixe adequadas para uma dieta durante a gravidez e a amamentação são as espécies azuis e pequenas, como a sardinha, a anchova, a cavala ou a manjuba, que são os peixes que oferecem o melhor equilíbrio entre alto teor de ômega 3 e baixo teor de contaminantes.

Com exceção de mulheres grávidas, em pessoas adultas não se comprovou que o mercúrio e os contaminantes orgânicos encontrados no peixe tenham efeitos prejudiciais à saúde, já que são ingeridos em quantidades tão baixas que os efeitos possivelmente sejam insignificantes. Mas, se, por precaução, queremos minimizar a quantidade de contaminantes ingeridos, aconselha-se retirar a pele do peixe antes de cozinhá-lo, porque a pele é um tecido rico em gorduras, que podem se fundir durante o cozimento e acabar no prato.

Peixe e meio ambiente: atum hoje, fome amanhã

Consumir espécies de peixe de tamanho pequeno pode também contribuir para salvar algumas das variedades mais populares de peixe, atualmente ameaçadas pelo excesso de pesca, e permitir que gerações futuras possam seguir desfrutando delas. Esse efeito de tamanho se deve a uma lei geral dos ecossistemas: abundantes nos animais pequenos, escassos nos animais grandes. Do mesmo modo que há muitas gazelas e poucos leões, há muitas sardinhas e poucos atuns. E assim sobram também cada vez menos atuns, graças a um nível de consumo não sustentável. Também temos menos bacalhaus, menos linguados, menos merluzas, menos arenques e menos tubarões, entre outras espécies com a população se extinguindo.

Portanto, o consumo de peixe, tão bom para a saúde e para o paladar, parece ser ruim para o meio ambiente. Esse fato apresenta outro dilema ético: o que deve prevalecer? O direito de cuidar da própria saúde, o prazer gastronômico ou o dever de preservar a biosfera para as próximas gerações? Poderiam os mais de 6 bilhões de pessoas que vivem no planeta Terra comer peixe duas vezes por semana, como recomendam as associações médicas, e não esgotar os mares? Ou, talvez, possamos encontrar uma solução para continuar comendo peixe sem acabar com nenhuma espécie?

A primeira opção é tentar não consumir espécies de peixes ameaçadas nem peixes capturados em pesqueiros, que estão a ponto de colapso. Isso é algo fácil de dizer e difícil de fazer, porque o comprador muitas vezes não sabe de onde vem o peixe que compra. E há espécies como o bacalhau ou o linguado ameaçadas em alguns mares e em outros não.

Mas em casos como o do atum vermelho não existe essa dúvida, esse peixe está ameaçado no mundo todo. Não será mais possível continuar comendo esse tipo de peixe por muitos anos no ritmo atual.

Hoje não é possível comer carne de caça todos os dias, pois não existiriam animais suficientes para alimentar todas as bocas do mundo. Do mesmo modo, o atum deixará de ser um produto de grande consumo para se converter em um peixe caro e de consumo esporádico. Isso no melhor dos casos. No pior cenário, o atum continuará sendo pescado em escala industrial, mesmo ameaçado de extinção, e privaremos a geração de Pablo da experiência de comer atum quando for adulta. Adeus a todo sushi!

Uma segunda opção é a aquicultura. O inconveniente é que o peixe do estabelecimento da piscicultura nem sempre tem as mesmas qualidades que o peixe pescado no oceano. A diferença mais marcante hoje recai sobre a quantidade de ômega 3. Se o peixe tiver sido alimentado com uma dieta rica em óleos de origem marinha, pode ter tanto ômega 3 como o peixe selvagem. Ao contrário, ao ser alimentado com ração vegetal, a proporção de ômega 3 é reduzida e a porcentagem das outras gorduras aumentadas.

Mas a aquicultura é o único futuro possível se quisermos que toda população mundial possa comer peixe duas vezes por semana. É fazer na água o mesmo que se faz em terra com o gado. Foi o que permitiu que milhões de pessoas pudessem comer carne numa época em que já não existia caça suficiente para todos.

Benefícios e perigos da carne

A criação de animais foi uma grande invenção. Vacas, ovelhas, porcos e frangos foram domesticados, transformando vegetais em alimentos comestíveis como leite, ovos e carne. Durante séculos serviram, além disso, como reserva de nutrientes, uma reserva a se recorrer em épocas do ano em que as hortas e os bosques não davam frutos.

Os animais proporcionam alimentos com alta concentração de proteínas, notável quantidade de ferro e uma substancial contribuição de energia em forma de gordura. São essas qualidades que sempre foram muito importantes desde o Neolítico até o século XX e que transformaram a carne no prato principal das grandes refeições em quase todas as culturas.

Mas o mundo mudou. As sociedades modernas passaram da escassez à opulência alimentar. Grande parte dos cidadãos ingerem mais proteínas do que necessitam e deveriam ingerir menos gorduras do que consomem. Especialmente as gorduras saturadas, como as que predominam na carne bovina.

A carne continua sendo um alimento muito nutritivo. É proteica, saborosa, e contribui com todos aqueles aminoácidos que o corpo humano não pode sintetizar por si próprio. Ajuda a construir e regenerar os tecidos do organismo, fato especialmente útil nas idades de crescimento e para as mulheres na idade fértil, pois ajuda a recuperar o ferro perdido durante a menstruação... Enfim, a lista de benefícios da carne é longa.

Mas a tendência a se consumir cada vez mais carne, que se iniciou há uns 10 mil anos, quando foram domesticadas as cabras, as ovelhas e os porcos no Oriente Médio e na China – as vacas tardaram 2 mil anos mais – chega ao fim. Chegamos a uma mudança notável em nossa relação com a carne, e começa a surgir uma tendência de consumi-la cada vez menos. Poderíamos continuar comendo carne todos os dias. Afinal, a carne nunca foi tão acessível como agora. Quem desejar manter uma dieta do passado, ingerindo mais carne do que o necessário e mais do que convém, pode fazer isso sem dificuldade. Mas neste caso, diferente do que acontece com o peixe, o que é melhor para a saúde das pessoas é também melhor para a saúde do planeta.

Carne e meio ambiente: o custo real da carne

Os bovinos são pouco eficientes como máquinas de transformar vegetais não comestíveis em alimentos comestíveis. Nas fazendas industriais modernas, que buscam a máxima produtividade, a proporção é de 8 quilos de ração para produzir 1 quilo de carne bovina. Com o porco, a proporção é de 4 para 1. E o frango é campeão de eficiência, bastam 2 quilos de ração para obter 1 quilo de carne.

Esses dados mostram que a carne de frango tem menos impacto ambiental. Também é uma das mais aconselháveis para a saúde, com a maioria das gorduras monoinsaturadas (as que predominam no azeite de oliva) e poucas gorduras saturadas.

No outro extremo, a carne bovina é a que tem maior impacto, tanto sobre o meio ambiente quanto sobre a saúde. Para obter 1 quilo de carne de vaca, emite-se a mesma quantidade de gases contaminantes que um automóvel de tamanho médio ao percorrer 250 quilômetros. Em escala global, a criação de animais é responsável pela emissão de um quinto dos gases que contribui para a mudança climática. Além disso, é uma das principais causas de contaminação dos mananciais e de desmatamento de florestas tropicais, que são destruídas para a plantação de cereais, usados para alimentar esses animais.

O baixo impacto ambiental do frango só é possível à custa do sacrifício dessas aves quando têm seis semanas e de mantê-las confinadas, para que não desperdicem energia em movimentos improdutivos. É claro que não são criadas assim para minimizar o impacto ambiental, mas para maximizar o rendimento econômico. O resultado é uma carne tenra, pálida e barata, com cor, textura e sabor bem diferentes da carne de frango de galinheiro, que exercitam bem os músculos.

O frango é, de certo modo, um símbolo de como o mundo da alimentação está em evolução permanente. Os frangos de agora são diferentes dos que Juan comia quando era criança e seguramente diferentes daqueles que Pablo comerá quando crescer. Também eram diferentes os supermercados e os outros pontos de venda, assim como os alimentos que eram vendidos neles. Alguns desses alimentos quase desapareceram (como os miolos, que dona Maria preparava refogados e praticamente não sobreviveram à crise da vaca louca), outros mudaram (como o frango e os tomates, que agora podem ser adquiridos durante todo o ano, mas não têm o mesmo gosto de antes) e vários são novos, como o kiwi ou os cereais achocolatados, alimentos que Juan não conheceu em sua infância. Também foram novidade, em sua época, alguns alimentos que hoje se consideram tradicionais, como a laranja, a banana, o chocolate e até o pão. E também serão novos alguns alimentos que Pablo comprará quando for adulto, ao ir à feira com seus filhos, se ela ainda existir, ou ao supermercado do futuro. Sua alimentação será diferente daquela que temos hoje. O que importa, e em parte é por essa razão que Juan o leva junto para fazer as compras, é que a alimentação de seu filho não seja pior. E que na seção de peixe continue existindo atum.

4 COMO GUARDAR OS ALIMENTOS
12h00

— Mamãe, por que guardamos os ovos na geladeira? — pergunta Pablo. Já é meio-dia e, após voltar do mercado com Juan, Pablo está ajudando Rosa a guardar a compra. Já colocaram os congelados no *freezer*, que era o mais urgente a fazer, para não quebrar a cadeia de frio, e agora estão ocupados com os alimentos que se guardam na geladeira.

— Para que se conservem melhor — responde Rosa.

— Mas por que na loja eles estavam fora da geladeira?

Como reconhecer um ovo fresco

O ovo é uma das grandes maravilhas da natureza. Em apenas 50 cm^3, contém todos os nutrientes necessários para que um embrião vire frango. É um dos alimentos mais complexos que existem. É imbatível como fonte de aminoácidos, aqueles necessários a todos os animais para construir suas proteínas. O ovo possui bastante ácido linoleico e araquidônico, dois tipos de gorduras insaturadas que o corpo humano não é capaz de sintetizar, portanto devem ser obtidas na dieta. Tem muitas vitaminas e minerais. E sim contém colesterol quatro vezes mais do que a carne, porque o colesterol é um ingrediente básico da vida animal, necessário, por exemplo, para a formação de membranas celulares. Mas, mesmo o excesso de colesterol sendo prejudicial à saúde, o colesterol que se ingere com ovos não parece ter influência significativa sobre a quantidade que circula no sangue, de modo que a Sociedade Espanhola de Nutrição Comunitária aconselha a população sadia a comer de três a quatro ovos por semana.

Se o ovo é tão nutritivo é porque a natureza o fez precisamente para ser um alimento, como o leite ou as sementes, que evoluíram para nutrir os seres vivos nas primeiras etapas de desenvolvimento, quando ainda não são capazes de se valerem por si próprios.

E tem a particularidade de se conservar em bom estado à temperatura ambiente, durante semanas, por no mínimo 21 dias. Esse é o tempo que um frango tarda para se desenvolver, protegido das infecções e de outras ameaças exteriores pela clara – que contém proteínas com atividade antiviral e antibacteriana – e pela casca. Essa capacidade do ovo de se conservar por longo tempo à temperatura ambiente permite que supermercados e outros locais de venda deixem os ovos nas prateleiras, sem gastar eletricidade para refrigerá-los.

Mas, mesmo que possam ficar fora da geladeira, eles ficam mais bem preservados dentro dela. A data de validade de um ovo não significa que ele estará em perfeito estado até esse dia, nem que seja arriscado comer esse mesmo ovo no dia seguinte. Na realidade, a partir do momento em que a galinha bota o ovo, já começam a ocorrer mudanças que afetam sua qualidade. Por exemplo, através dos poros da casca, o ovo perde água por evaporação, de modo que, dia a dia, cresce uma pequena bolha de ar em seu interior. Ao quebrarmos um ovo, sua clara, que a princípio é firme e fica ao redor da gema, ao envelhecer tende a se esparramar. Com o passar dos dias, a membrana que rodeia a gema se debilita, por essa razão é mais provável que se rompa a gema de um ovo que já tenha várias semanas do que um ovo fresco, de poucos dias.

Guardar ovos na geladeira ajuda a interromper todas essas alterações e contribui para a conservação dos ovos em bom estado durante mais tempo. É preferível guardá-los em um recipiente de plástico do que na caixa de ovos de papel e sempre é melhor um recipiente fechado com tampa que um aberto. Desse modo, limitamos as perdas de água por evaporação e evitamos a entrada do cheiro de outros alimentos através dos poros da casca.

– Em que lugar da geladeira eu coloco os ovos, na porta?

– É melhor em uma prateleira da geladeira.

– Por quê?

– Porque os ovos são delicados. Quanto menos movimentados, mais conservados ficam. Se os colocarmos na porta, a clara e a gema são agitadas cada vez que alguém abre e fecha a porta da geladeira.

Com essas precauções, o ovo, com o vencimento próximo da data de validade, continuará mantendo seus nutrientes e sendo comestível. A importância de se ter um ovo mais ou menos fresco depende mais do tipo de prato que se quer cozinhar do que de suas virtudes nutricionais.

Para um ovo frito, se desejamos obter uma gema intacta, bonita e protuberante, uma clara compacta ao redor, e reduzir o risco de que se quebre a gema, quanto mais fresco for o ovo, melhor.

Mas para ovos mexidos, flans, mingaus ou ovos cozidos – a menos que nestes últimos desejemos uma gema perfeitamente centralizada, por motivos estéticos – pouco importa se o ovo tem já várias semanas.

No caso de dúvida sobre o grau de frescor, é preferível descartar o ovo, pelo risco de que possam conter um microrganismo, a bactéria do gênero *Salmonella*, que causa uma infecção, com vômitos e diarreia e, eventualmente, complicações mais graves. Também convém jogar fora os ovos que, mesmo sem terem a data de validade vencida, tenham a casca rachada ou quebrada.

* Ovos rápidos

Ovos no micro-ondas

Quebrar o ovo dentro de uma xícara, jogar sal por cima e cozinhar no micro-ondas, por 30 segundos, na potência máxima (800 W).

Omeletes e ovos mexidos

Podem-se fazer omeletes rapidamente usando produtos do supermercado.

- Uma omelete à paisana, usando uma embalagem de verduras ou legumes pré-cozidos, em conserva.
- Omelete de batata usando um pacote de batata chips.
- Ovos mexidos usando variados cogumelos em conserva.
- Ovos mexidos com camarão sem casca.

Omelete no micro-ondas

Para fazer uma omelete rápida e sem fazer sujeira, bater os ovos com sal e azeite de oliva em um prato fundo. Colocar o prato diretamente no micro-ondas e cozinhar por 1,5 minuto, com potência de 600 W. Se quiser uma omelete com sabores, adicionar, no mesmo prato, ingredientes tais como: batata + cebola, cogumelos, camarão, verduras, queijo... É ideal como petisco, fica bem firme.

Como fritar um ovo, e que fique perfeito

É simples conseguir uma gema líquida para molhar o pão e obter uma clara crocante:

- Colocar óleo, ou azeite de oliva, numa frigideira. Deixar aquecer bem até começar a esfumaçar.
- Quebrar o ovo e deixar cair suavemente na gordura quente.
- Fritar sem mexer até que a clara fique completamente cozida (branca) e com as pontas douradas.
- Retirar o ovo com a ajuda de uma escumadeira e adicionar sal.
- Servir imediatamente.

* Ovos com baixo teor de colesterol e gorduras

Reduzir a porção da gema em comparação com a clara permite o consumo de ovos com baixo teor de gorduras e colesterol. Por exemplo:

- Fazer uma omelete com duas claras e uma gema.
- Preparar uma omelete só com clara e adicionar um pouco de açafrão ou colorau, para simular a cor final da omelete.
- Colocar em uma tigelinha a clara do ovo e purê espesso de cenoura no meio, substituindo a gema. Cozinhar no micro-ondas.

Se a data de validade de um ovo acaba de vencer e este esteve corretamente conservado na geladeira, cabe a opção de cozinhar para aproveitá-lo, já que a duração e a alta temperatura do cozimento destruirão as bactérias que possam existir nele.

Para comprovar se um ovo é mais ou menos fresco, a prova mais simples é submergi-lo na água. Um ovo fresco ficará mergulhado no fundo do recipiente, em posição horizontal. Um ovo que já perdeu bastante água por evaporação, suficiente para formar uma bolha de uns 3 milímetros de diâmetro em seu interior, não ficará na horizontal. A extremidade mais grossa – onde se forma a bolha – começará a flutuar. Quanto maior for a bolha, mais a ponta do ovo flutuará. Se o ovo flutuar completamente, é preferível jogar fora.

– Mamãe, já coloquei os ovos na geladeira. O que mais você quer que eu ajude a guardar?

– Agora a carne.

– Na geladeira, né?

– Como você sabe?

– No açougue me contaram que é por causa dos micróbios.

Por que os alimentos estragam (e como evitar)

O que não contaram a Pablo no açougue é que não somente os micróbios estragam a carne. Os alimentos podem se estragar por excesso de calor ou, mais raramente, por excesso de frio; por excesso de umidade ou, mais raramente, por falta de umidade; por excesso de luz ou pelo simples contato com o oxigênio do ar, que é um gás muito reativo – quer dizer, reage rapidamente com outras moléculas – e oxida os componentes mais vulneráveis dos alimentos.

Calor, umidade, luz e oxigênio costumam favorecer a multiplicação de fungos e bactérias, assim como reações químicas de componentes dos próprios alimentos. Em alguns casos, esses microrganismos e as reações químicas melhoram os alimentos. Não existiria pão, vinho ou queijos se não fosse pelas bactérias e pelas leveduras, que são um tipo de fungo. Mas, na maioria das ocasiões, esses microrganismos deterioram os alimentos.

Contra o calor, aconselha-se conservar a maioria dos alimentos em lugares frescos. Contra umidade, em lugares secos ou recipientes fechados. Para proteger da luz, em lugares escuros ou em recipientes opacos: lugares como uma despensa ou a própria geladeira, que não é mais do que uma versão eletrodoméstica das antigas despensas frias. E, contra o oxigênio, o conselho é conservar os alimentos bem embalados.

Porém, cada alimento tem suas condições ideais de conservação. Para alguns, é melhor temperaturas mais frias que para outros. Alguns necessitam de mais umidade e outros menos. A luz prejudica em alguns casos e em outros menos. Ao colocar um abacate na geladeira, ele – só a casca – fica escuro mais rápido do que se estivesse fora da geladeira. Se deixarmos alguns morangos fora da geladeira, com certeza vão estragar mais rápido. E isso pode ser visto experimentando com as bananas. Pegue duas bananas, as mais parecidas possíveis, melhor maduras que verdes, coloquem uma na geladeira e a outra deixe fora. Compare o aspecto de cada uma após três dias e depois compare o sabor.

Mas vamos começar pela carne, como Rosa e Pablo. Como guardar a carne para que se conserve o máximo de tempo?

Carne moída, um produto delicado

Nem todas as carnes se conservam igualmente bem. Elas se mantêm mais ou menos em bom estado, dependendo das gorduras que as constituem. Aquelas carnes com mais gorduras insaturadas – que são pouco vulneráveis ao oxigênio – duram mais. Isso significa que o frango dura menos que o porco e que o porco dura menos que o cordeiro ou o novilho. E que no frango a carne do peito resiste melhor que a dos músculos, pois contém menos gorduras.

Essas reações de oxidação que estragam a carne e produzem um cheiro rançoso característico ocorrem na superfície do alimento, pois a carne entra em contato com o oxigênio do ar. O mesmo ocorre com a proliferação de microrganismos que causam infecções alimentares, já que muitos deles dependem do oxigênio para se multiplicar. Isso é um problema ainda maior no caso da carne moída. Os pedaços de carne que saem do moedor têm uma superfície de contato ainda mais extensa. Por essa razão, peças inteiras e bifes ficam bem conservados mais tempo que a carne moída.

Se uma pessoa gosta de hambúrguer bem passado, a alta temperatura da cocção destruirá as bactérias, evitando qualquer possível infecção alimentar. Mas, para as pessoas que preferem hambúrgueres malpassados, ou pratos com carne moída crua como o steak tartar, o ideal é moer a carne um pouco antes de usá-la. Uma alternativa mais cômoda é comprar a carne já moída, evitando contato com o sol ou com alimentos quentes durante o transporte. E, se não for preparada no mesmo dia, ou no seguinte, deve-se congelar ao chegar à casa.

Se for preparar carne moída malpassada, é preferível pedir no açougue que a carne seja moída no momento da compra, em vez de comprar aquela previamente moída. Fazendo assim reduzimos o tempo que a superfície da carne ficará em contato com o oxigênio do ar.

Ao comprar cortes inteiros de carne, o contato com o ar é minimizado embrulhando bem a peça com plástico impermeável ao oxigênio ou com papel-alumínio. As reações de oxidação e a proliferação de microrganismos desaceleram se a carne for guardada nos lugares mais frios na geladeira, geralmente os inferiores. De qualquer forma, o cozimento de um bife em uma frigideira ou em uma chapa ou *grill* eliminará os microrganismos que possam estar presentes na superfície da carne.

No caso de peças de carne maiores, por exemplo, para preparar um rosbife ou algum outro tipo de assado, a conservação na geladeira pode até melhorar a textura e o sabor. Isso se deve às carnes que, assim como os vinhos ou os queijos, diferentemente de outros alimentos como os ovos ou os peixes, passam por um período de envelhecimento, ou maturação, durante o qual melhoram suas características. No caso de peças grandes de carne, esta fica mais macia, tenra e saborosa. O período de maturação depende da carne: não mais de uma semana no porco e no cordeiro, mas pode chegar até a um mês no caso da carne bovina.

Para completar em casa esse processo de envelhecimento para melhorar a carne, basta comprar a peça alguns dias antes do preparo e guardá-la na geladeira. Pode ser que apareçam manchas na superfície se não estiver bem isolada e protegida do ar, mas isso não significa que a peça esteja estragada e tenha que ser jogada fora. No caso de surgirem essas manchas, o conselho é eliminar a parte escura, deteriorada, e cozinhar apenas a parte que se conservou em bom estado, que continua apta ao consumo.

A arte de congelar e descongelar

Famílias como a de Rosa e Juan, que não costumam fazer compras mais de uma vez por semana, recorrem hoje em dia ao *freezer* para ter alimentos frescos todos os dias. É uma história interessante, a do congelador ou *freezer*. Começou como um pequeno compartimento acessório na geladeira, destinado unicamente aos cubinhos de gelo. Foi ampliado com o passar do tempo, pois os alimentos congelados deixaram de ser um produto de luxo e tornaram-se um produto comum, especialmente depois da segunda metade do século XX.

Hoje em dia, o *freezer* se transformou em um eletrodoméstico básico na organização da família urbana moderna. Agora já se congela quase tudo, desde os sanduíches que as crianças levarão para a escola durante a semana até o bolo para as festas de aniversários. Chegamos a ponto de um defeito no congelador ou *freezer* gerar transtorno na rotina das refeições de uma família. Mas o congelamento não deixa de ser um tratamento físico agressivo que, se não for bem-feito, pode deteriorar a qualidade dos alimentos.

A lógica do congelamento é a solidificação da água contida nos alimentos. Dado que os organismos vivos precisam de água em estado líquido, processos biológicos, como a proliferação de bactérias, são detidos, embora continuem ocorrendo processos químicos, como a deterioração das gorduras, mas em ritmo mais lento, razão pela qual os alimentos não podem ser conservados congelados por tempo indefinido. A água solidifica em forma de cristais de gelo, cristais estes que ficam pequenos se o congelamento é feito de modo rápido, mas que crescem e ficam grandes se o congelamento acontecer lentamente. E, como vimos no capítulo anterior, se os cristais forem grandes, é mais provável que perfurem as delicadas membranas das células, havendo perda de água e nutrientes e, quando esse alimento for descongelado, ficará mais seco e menos nutritivo. Portanto, o mais importante para evitar a deterioração, é conseguir congelar da maneira mais rápida possível.

Mesmo que o *freezer* doméstico não alcance 60 °C abaixo de zero como no congelamento industrial ultrarrápido, um *freezer* de três estrelas garante temperaturas de 18 °C abaixo de zero e um de quatro estrelas, 24 °C abaixo de zero. Essas são as categorias de *freezers* congeladores aconselháveis em lares nos quais se faz uso habitual de alimentos congelados. Os congeladores a 12 °C abaixo de zero, como nos aparelhos de duas estrelas, ainda garantindo que a água se solidifique, não permitem congelamento tão rápido e há maior risco de deterioração dos alimentos.

Mesmo dispondo de um *freezer* de alta qualidade e potente, é conveniente tomar algumas precauções adicionais para facilitar um congelamento rápido. A primeira delas é deixar esfriar os alimentos na geladeira antes de colocá-los no *freezer*, pois um alimento que já está frio congelará mais rápido do que um que ainda está quente. Também pode ser útil introduzir os alimentos no congelador sem cobri-los, a embalagem tem um efeito isolante e pode chegar a duplicar o tempo de congelamento. Claro que depois esses alimentos devem ser devidamente embalados, depois de congelados.

Sempre que possível, os alimentos devem ser congelados em proporções pequenas. Por exemplo, ao congelar bifes, melhor fazer quatro pacotes individuais do que um pacote de quatro bifes juntos. E se preferir congelar os quatro bifes juntos, que é mais prático para uma família de quatro pessoas, é preferível estender os bifes um ao lado do outro, do que fazer uma pilha. Gastaremos mais material para embalar, mas a carne congelará melhor. É física pura: em uma peça grossa, ou em uma pilha de quatro bifes, o frio demora mais para chegar ao centro do alimento, portanto o congelamento é mais lento do que em peças cortadas mais finas.

Também é mais prático etiquetar as diferentes peças, indicando o que está dentro do pacote e a data de congelamento. Uma caneta ou marcador que permita escrever diretamente sobre plástico ou sobre papel-alumínio.

10 conselhos para congelar

1. Etiquetar todos os produtos que serão congelados, com data do congelamento.

2. Os congelados não são eternos. Cada alimento tem vida útil distinta após congelado. Como regra geral, não é recomendável guardar nenhum produto durante mais de um ano.

3. Os congelados têm que estar bem embrulhados para preservar as propriedades do alimento e evitar que incorporem odores.

4. É melhor congelar os produtos em porções pequenas, para facilitar o descongelamento posterior.

5. Evitar que os alimentos fiquem em contato direto com as paredes do congelador, para evitar a deterioração do alimento.

6. Realizar periodicamente uma limpeza e descongelamento do congelador para assegurar seu correto funcionamento e economizar energia.

7. Congelar os caldos de frango, carne ou peixe, em recipientes em porções com quantidades práticas.

8. Congelar alho picado e salsinha com óleo em formas de gelo. É útil para ensopados, arroz, peixes na chapa...

9. Congelar refogados. No dia em que fizer um refogado, preparar uma quantidade maior do que a necessária e congelar o que sobrar em um recipiente plano. Cortar depois em pedaços cada vez que for usar, sem ter que descongelar tudo. Podem ser usados, por exemplo, como base para um ensopado ou um molho, também como recheio de carnes ou peixes.

10. Lembrar que nem todos os produtos ficam igualmente bons quando congelados. Por exemplo, as ervilhas, feijão e outras favas ficam boas. As alcachofras e a abobrinha não ficam.

QUANTIDADE DE CALDO A SER CONGELADO PARA SOPA

Nº de pessoas

1	2	3	4
500 g	750 g	1.000 g	1.500 g

Quantidade de caldo

É bom sempre colocar um pouco de água na panela ou outra vasilha antes de despejar a massa congelada; a água irá evaporar-se durante a cocção.

Quase tão importante quanto um bom congelamento é um bom descongelamento. O método mais comum de descongelar carnes e peixes, deixando-os algumas horas sobre um prato em algum lugar da cozinha, é a maneira mais desaconselhável. Não é seguro e tampouco eficiente.

A temperatura ambiente da cozinha proporciona a proliferação de microrganismos. Por essa razão, é preferível descongelar os alimentos dentro da geladeira. Isso pode parecer um detalhe mínimo, mas, por não serem cumpridas essas normas básicas na hora de congelar e descongelar, esse fato já se converteu na principal causa de infecções alimentares nos países ocidentais.

Se tivermos pressa para descongelar alguma coisa e o método de descongelar na geladeira parecer muito lento, então a opção de colocar o alimento num prato e deixar tampado fora da geladeira será mais rápida. Nesses casos é melhor colocar o alimento no micro-ondas em potência mínima ou, sempre que estiver bem embalado, pode ser submergido em um recipiente com água, pois a água permite a mudança de temperatura com muito mais eficiência que o ar. É algo que todos sabemos: se colocamos uma roupa de verão, de mangas curtas, e a temperatura é de 15° C, a princípio se nota que está fresco, e poucos minutos depois sentimos que está frio; mas, se mergulhamos em uma piscina com água na mesma temperatura de 15° C, sentimos frio imediatamente. Com os alimentos é o mesmo princípio. Não é preciso que a água esteja quente para descongelar os alimentos com rapidez. Se a temperatura for superior a zero grau, o alimento descongelará.

Ao preparar cortes de carne magras na chapa ou frigideira, também podemos fazê-lo sem descongelar a carne. Mas com cortes mais grossos é melhor descongelar antes, evitando que a parte exterior da peça comece a queimar, com o interior ainda frio, ou congelado.

Legumes e verduras também podem ser cozidos diretamente sem necessidade de descongelar, como no caso dos pratos pré-cozidos. E, diferente do que acontece com carnes e peixes, os produtos de confeitaria, como aquele bolo de aniversário e os sanduíches para o lanche da escola, podem ser descongelados à temperatura ambiente.

O perigo de anisakis: precauções com o sushi feito em casa

Um caso peculiar de alimento que convém congelar é o peixe se a intenção é prepará-lo cru, como, por exemplo, para fazer um sushi, um carpaccio de peixe ou anchovas em vinagre caseiro. É um caso peculiar porque o objetivo do congelamento, no caso do peixe cru, não é com a intenção de conservá-lo melhor, e sim de destruir as larvas de anisakis que podem estar ali presentes.

Os anisakis são pequenos vermes que parasitam um grande número de peixes e outras espécies marinhas, como lulas e golfinhos. Horas após serem ingeridos por uma pessoa podem causar violenta dor abdominal, acompanhada de náuseas e vômitos. Em alguns casos, os parasitas são expulsos e a infecção desaparece sem maiores complicações. Em outros, os vermes se instalam no intestino, causando uma reação imunitária grave e devem ser eliminados por meio de cirurgia. Os anisakis também podem provocar graves reações alérgicas.

Não se trata de um problema insignificante. Na Espanha, um estudo realizado entre os mercados dos portos detectou que um terço das espécies pescadas chegam com larvas anisakis. O risco de um peixe ter ou não o parasita varia segundo a espécie e o lugar onde foi capturado.

Das espécies analisadas nos mercados de peixe, a merluza, o bonito, a cavala, a anchova e a lula foram as espécies que mais apresentavam larvas de anisakis. Em outros países, ocorrem mais casos de infecções por anisakis onde há maior tradição de comer peixe cru ou malpassado, como no Japão (o berço do sushi), a costa oeste da América do Sul (berço do ceviche), na Holanda (sobretudo pelo consumo de arenque) e também na Escandinávia (pelo fígado de bacalhau).

As larvas de anisakis, às vezes, podem ser detectadas a olho nu nos peixes em forma de pequenos ovos claros, de poucos milímetros de diâmetro. Mas, na maioria dos casos, as larvas passam despercebidas dos consumidores, que têm duas opções para se assegurarem de não contrair a infecção: cozinhar bem o peixe ou congelá-lo, já que as larvas morrem tanto com o calor como com o frio.

Se o peixe é congelado, é recomendável deixá-lo pelo menos 24 horas a 20° C negativos, o que requer um *freezer* de quatro estrelas. Se o peixe estiver cozido, é recomendável cozinhar pelo menos a 60° C durante dez minutos.

Cozinhar no micro-ondas, onde se esquenta mais a parte exterior da carne, mas a parte central costuma ficar menos cozida, pode não ser suficiente para destruir todos os vermes. Uma precaução adicional é evitar os pratos de peixe cru – anchovas no vinagre, por exemplo, uma das principais causas de infecção por anisakis na Espanha – a não ser que se tenha a garantia de que as peças foram congeladas corretamente.

Como guardar frutas, legumes e verduras

Vamos voltar por uns minutos a Rosa e Pablo. Eles já guardaram a carne, o peixe, os iogurtes... Os alimentos que se deterioram mais rápido fora da geladeira e, por essa razão, têm prioridade. Todos esses alimentos são de origem animal e seguem uma norma básica: o frio facilita sua conservação. Mas agora o casal começa a guardar os produtos de origem vegetal, e Pablo descobre que seus pais não seguem uma regra muito simples.

– Mamãe, coloco as bananas na geladeira? – pergunta o menino.

– Não, as bananas ficam fora.

– Ah, elas não têm micróbios como a carne?

Não é por causa dos micróbios. Recordemos o experimento com as bananas: aquele de deixar uma dentro da geladeira e outra fora e ver o que acontece. Rosa fez esse teste e já sabe a resposta.

82

– As bananas vêm de zonas tropicais, Pablo. Na Pré-história só havia bananas na Ásia. Acostumadas ao calor, se colocadas na geladeira, ficam com a casca escura.

– E os chimpanzés da Pré-história, não comiam bananas?

– Não, nem os gorilas, eles são da África. Mas os orangotangos sim.

Vários outros vegetais de origem tropical amadurecem melhor fora da geladeira, como o pimentão vermelho, os tomates, as berinjelas, as laranjas e, talvez o exemplo mais extremo, os abacates, que ficam com a casca escura com o frio e param de amadurecer. As melancias e os melões também vêm de latitudes cálidas e ficam melhor fora da geladeira. Mas são frutas que ao serem abertas é preferível conservá-las dentro da geladeira para evitar rápida deterioração.

Em contrapartida, as frutas de latitudes de clima temperado como as maçãs, as peras, os figos ou os morangos aceitam bem a refrigeração. Se a geladeira está cheia, as maçãs e as peras podem ficar fora, assim como os kiwis ou as cenouras, já que todos esses alimentos têm um metabolismo lento – isso significa que todos têm pouca atividade biológica, como se estivessem hibernando –, pois demoram a estragar. Figos e frutas vermelhas, ao contrário, têm um metabolismo rápido e conservam-se melhor no frio.

– Mas, mamãe – insiste Pablo –, as bananas estragam muito rápido fora da geladeira.

E ele tem razão. As bananas também possuem um metabolismo rápido e, em poucos dias, deixam de estar muito verdes e ficam muito maduras. Para evitar que isso aconteça, a solução óbvia é não comprar mais bananas do que as que pretendemos comer nos dias seguintes. E, se sobrar alguma, é recomendável que amadureça à temperatura ambiente, e, quando chegar ao ponto em que está saborosa, colocá-la no refrigerador. A casca ficará feia com o frio, mas, se fizermos a experiência das bananas até o final, veremos como a polpa se mantém consistente e saborosa durante vários dias.

– A alface eu deixo do lado de fora com as bananas? – continua Pablo.

– Não, a alface é melhor deixar dentro.

– Ela é de uma zona tropical?

– Não sei de onde é a alface – reconhece Rosa. – Mas é feita de folhas, a parte mais delicada das plantas.

A alface, na verdade, é originária da região mediterrânea, onde é cultivada há mais de 5 mil anos e já fazia parte da dieta dos antigos gregos e romanos. O importante aqui não é de onde vem e sim a fragilidade dos alimentos de origem vegetal e, portanto, a forma ideal para sua conservação depende da parte da planta de que são obtidos. As raízes, como a cenoura ou o rabanete, costumam ter fibras resistentes que se conservam bem na geladeira, mas que também podem ser mantidos fora dela.

A cebola e o alho são um depósito de água e carboidratos, desenvolvidos pela planta em seu primeiro ano de crescimento, a serem utilizados no ano seguinte, no momento de produzir sementes, por essa razão, estão preparados para se conservarem bem, durante meses, em temperatura ambiente.

A batata também é um depósito de nutrientes subterrâneo que a planta utiliza para sobreviver às estações de frio ou de seca e pode ser conservada à temperatura ambiente, sem necessidade de refrigeração. Mesmo assim é conveniente que seja guardada em lugar escuro e sem umidade.

Os caules, como aspargos ou aipo, já são mais delicados. Apesar de começarem a estragar desde o momento em que são arrancados, eles são dotados de uma estrutura resistente, que canaliza os nutrientes das raízes até as folhas, e costumam aguentar vários dias, ou até semanas, em condições adequadas.

Em compensação, as folhas são sensíveis. Sua missão é realizar a fotossíntese: captar luz e dióxido de carbono para produzir glicose e oxigênio. Para isso, necessitam de uma grande superfície de contato com o ar, razão pela qual são planas e esponjosas. E assim que são arrancadas começam a perder vigor e ficam murchas.

Mesmo que as folhas precisem de oxigênio do ar – produzido com a fotossíntese e consumido na respiração –, este provoca reações químicas de oxidação que as danificam. As folhas são ricas em substâncias antioxidantes saudáveis e desenvolveram antídotos contra os estragos produzidos pelo oxigênio. E, pela mesma lógica, as folhas exteriores da alface, aquelas mais expostas ao ar, são as mais ricas em antioxidantes. E esse é um fato que podemos verificar com facilidade: quanto mais escura é a folha de uma alface, mais rica é em antioxidantes.

Para brecar o metabolismo das células das folhas e limitar a deterioração, muitos vegetais verdes são comercializados hoje em dia em embalagens que reduzem o contato do ar com o alimento. Por exemplo, sacos que reduzem a quantidade interna de oxigênio para 8%, em vez dos 21% habituais na atmosfera terrestre, o que permite que as células sobrevivam e estendam seu tempo de conservação ao redor de 50%. Para conservar os vegetais no melhor estado possível, no entanto, convém não abrir as embalagens até o momento de consumir o produto. Uma vez aberta, o contato com o ar acelerará a deterioração desses alimentos a ponto de ter de jogá-los fora antes do prazo de validade indicado.

A maioria das hortaliças requer, para boa conservação, que se mantenha certo grau de umidade. Portanto, aconselha-se guardar os legumes e as verduras em uma gaveta da geladeira ou em uma sacola plástica, limitando a perda de umidade. O excesso de umidade no recipiente onde se guardam as hortaliças também pode favorecer a proliferação de microrganismos. Para evitar isso, podemos usar um material absorvente, como papel toalha, no interior da sacola ou na gaveta da geladeira, assim o papel absorve a umidade que sai dos alimentos e evita que a água se deposite sobre os vegetais.

Como precauções adicionais, recomendamos a limpeza periódica das gavetas da geladeira, eliminando microrganismos ali instalados. Também se aconselha a limpeza frequente dessas hortaliças, jogando fora as folhas estragadas da alface e de outros vegetais, evitando que a deterioração se estenda para o resto do alimento. Por esse mesmo motivo, devemos evitar o contato entre as hortaliças frescas e as murchas. As murchas não vão rejuvenescer, mas as frescas podem envelhecer mais rápido ao lado das murchas ou estragadas.

Por que a banana amadurece em casa e a laranja não

Com relação a muitas frutas, diferente do que acontece com as hortaliças, é melhor evitar deixá-las em sacos plásticos e em lugares pequenos e fechados. A razão disso é a liberação de etileno, um gás que propicia o amadurecimento, inclusive depois de serem colhidas. São as chamadas frutas climatéricas, como a maçã, a pera, a banana, o pêssego, o kiwi, o tomate (que também é uma fruta) ou o abacate. Essas frutas continuam a amadurecer em casa e, se forem guardadas em embalagens plásticas nas quais fica preso o gás etileno, podem amadurecer rápido demais.

Para a indústria alimentícia, as frutas climatéricas têm a vantagem de poderem ser colhidas ainda verdes, transportadas sem grandes problemas e, ao chegarem à região em que serão vendidas, amadurecidas mediante exposição ao etileno.

Os consumidores também podem acelerar a maturação das frutas em casa. Se, por acaso, determinado dia só conseguirmos comprar bananas verdes, podemos colocar essas bananas em uma embalagem plástica junto com outras frutas maduras. O etileno liberado por uma fruta madura, não necessariamente da mesma espécie, acelera o amadurecimento da fruta verde. Melhor ainda é utilizar um saco de papel do que de plástico; com isso teremos o etileno, mas deixamos a umidade escapar.

Já as frutas não climatéricas, uma vez colhidas, param de amadurecer. Isso inclui frutas cítricas, como laranja e limão, frutas vermelhas como morangos e amoras, e algumas outras, tais como uva e abacaxi. Essas frutas começam a se deteriorar assim que são colhidas, algumas mais rápido que outras, e não amadurecem mais. Uma vez compradas, não há maneira de melhorá-las.

Como guardar os alimentos

O pão fora da geladeira

Um caso excepcional sobre a conservação dos produtos de origem vegetal é o pão. Malcuidado, um pão macio fica ressecado com muita facilidade. Bem cuidado, um pão seco pode ficar macio. O segredo está na relação entre o amido do pão, que é formado por pequenos grãos, e a água.

Nas primeiras horas, depois de sair do forno, o pão esfria, a água sai dos pequenos grãos e a consistência do alimento melhora. O pão continua tendo água, mas adquire mais rigidez e fica mais fácil de cortar porque a água já não está presa nos grãos de amido. Nos dias seguintes, à medida que a migração de água continua, o pão resseca e sua consistência piora.

Se o pão for colocado na geladeira, em vez de parar, esse processo se acelera, pois o frio – sempre que estiver acima da temperatura de solidificação da água – favorece a migração da água do amido e o ressecamento do pão. Assim um pão conservado a 7 °C resseca seis vezes mais rápido que se for conservado a 30 °C. O calor pode reverter o processo. Se o pão for aquecido acima dos 60 °C, os grãos podem recuperar a água perdida.

É por essa razão que um pão de dois ou três dias pode amolecer de novo se for esquentado no forno. Ou o porquê de as torradas feitas com pão seco ter o interior macio – embora a parte exterior delas fique crocante porque a água da superfície se evapora.

Porém, rejuvenescer o pão no forno ou na torradeira só funciona durante o período em que o pão parece estar seco, mas na verdade ainda conserva água no seu interior. Se o pão tem vários dias ou semanas e se quase toda a água se evaporou, o calor já não o deixará macio outra vez.

Portanto, para conservar bem o pão, é conveniente limitar a perda de umidade, guardando-o em uma caixa para pães, por exemplo. É preferível deixar o pão em um lugar quente da cozinha que em um lugar frio, sempre evitando a exposição ao sol. E é melhor evitar os sacos plásticos, pois a umidade que escapa do amido fica presa no interior do saco, fazendo com que o pão adquira uma textura "borrachenta" após algumas horas e favorecendo o surgimento de mofo depois de alguns dias. Somente no caso de ter que congelar os pães é conveniente embrulhar bem em um plástico, pois o pão tende a se impregnar com o cheiro de outros alimentos e, quando não está bem isolado, pode ressecar com o frio.

Como guardar os queijos

Mais delicados ainda que os pães são os queijos. A temperatura ideal para uma conservação costuma ser entre 10 °C e 15 °C, para os queijos curados, temperatura similar aos locais nos quais maturam. O problema é que essa temperatura é maior do que os 5 °C de uma geladeira e mais baixa do que os cerca de 20 °C das cozinhas. Durante a maior parte do ano, na maioria das casas, não há nenhum lugar com temperatura entre 10 °C e 15 °C. Então, onde guardar os queijos?

Geralmente é preferível manter os queijos à temperatura ambiente e não na geladeira, a menos que faça muito calor, que a gordura derreta, e o queijo comece a suar, evento que costuma acontecer com temperaturas acima de 25 °C. Se guardados na geladeira, que tampouco é uma má opção, a gordura irá endurecer – como acontece com a manteiga –, as moléculas responsáveis pelo aroma e o sabor ficam menos voláteis e eles podem ficar, portanto, menos saborosos. Para que os queijos recuperem toda sua riqueza de aroma e sabor, podem ser retirados da geladeira um pouco antes de serem servidos, dando tempo suficiente para que percam a rigidez e as moléculas voláteis sejam liberadas.

Diferentemente da maioria dos alimentos, que devem ser guardados bem embalados para limitar o contato com o ar, os queijos se conservam melhor se forem conservados sem envoltório.

Se embrulhados em papel-alumínio ou em filme plástico, os queijos criam um microclima, com excesso de umidade e escassez de oxigênio, favorecendo o crescimento de mofos e bactérias indesejáveis.

Mas guardar queijos na geladeira sem um envoltório é um problema, pois os queijos frescos se impregnam com o cheiro de outros alimentos e os queijos fortes podem deixar toda a geladeira cheirando a queijo.

Nos casos em que se opta por embrulhar o queijo, geralmente é aconselhável o uso de papel-manteiga ou um pano de prato, para não asfixiar os queijos, como ocorre com o uso do papel-alumínio ou do filme plástico. Como regra geral, as peças grandes ou inteiras de queijo se conservam melhor que o queijo fatiado pela menor superfície de contato com o ar.

Exatamente no outro extremo, o queijo ralado é o que apresenta maior superfície exposta ao ar, algo que acelera a perda do aroma. Para desfrutar um queijo ralado delicioso, o ideal é preparar em casa quando for ser usado. Se for mais cômodo comprar o queijo já ralado, é aconselhável consumir logo e garantir que a embalagem fique fechada para não perder o aroma, ou talvez optar por algum dos produtos hermeticamente fechados, que mantêm a validade por várias semanas.

– Mamãe, mas o queijo é bom para a saúde? – pergunta Pablo.

Alguns leitores, talvez estranhando que um livro sobre culinária da saúde fale de queijos, devem ter se perguntado o mesmo.

– Depende de quanto se come – responde Rosa.

O queijo é obtido do leite e compartilha muitas de suas virtudes e de seus defeitos. Virtudes: abundantes aminoácidos essenciais, cálcio e vitamina A. Defeitos: abundantes gorduras saturadas que, em excesso, elevam o risco de doenças cardiovasculares. Portanto, se uma pessoa tem que seguir uma dieta especial para reduzir peso ou prevenir acidentes cardiovasculares, é provável que seu médico aconselhe limitar o consumo de queijos, especialmente os gordurosos. Mas para pessoas sadias, sem problemas de sobrepeso, um consumo não abusivo de queijos pode, perfeitamente, fazer parte de uma dieta equilibrada.

Onde guardar as guloseimas

Rosa e Pablo já guardaram toda a compra. Já passou de meio-dia e meia e chega a hora de começar a preparar a comida. Talvez tenham notado que os bolos de chocolate, as batatas fritas, as pipocas e os doces ainda não foram guardados.

E não é por terem sido proibidos por Rosa e Juan. Mas também não incentivam seu consumo aos filhos Cris e Pablo.

Esse casal não tem nenhum alimento proibido em casa. Em parte porque alguns estudos comprovaram que vetar um alimento incentiva as crianças a desejá-lo ainda mais. A Universidade da Pensilvânia, nos Estados Unidos, fez um experimento bem simples. Convidou vários grupos de crianças a comerem quantas bolachas quisessem. Não eram bolachas muito saborosas. Eram de maçã e pêssego, e as crianças já haviam dito, em uma pesquisa anterior, que não eram ruins, mas não eram suas preferidas. Em um dos grupos, os pesquisadores colocaram as bolachas em pratos sobre a mesa e disseram às crianças que podiam começar a comer quando quisessem. Em outro grupo, colocaram as mesmas bolachas em um jarro no centro da mesa e disseram às crianças que tinham que esperar dez minutos antes de começar a comer. Resultado: as crianças obrigadas a esperar acabaram comendo três vezes mais bolachas do que as que não tiveram que esperar os dez minutos.

Por causa de pesquisas assim é que Rosa e Juan optaram por deixar que Cris e Pablo tenham acesso a tudo o que há na cozinha e na dispensa. Eles podem abrir qualquer gaveta e qualquer armário. Não há áreas proibidas nem alimentos escondidos. Devem respeitar os horários das refeições, mas se depois, na hora do lanche, querem mais cereais que iogurtes, ou vice-versa, eles podem escolher.

Quando ocorre de algum alimento estar sendo consumido abusivamente, como na época em que Cris pedia sempre as mesmas bolachas para o desjejum, Rosa e Juan optam por parar de comprar o referido produto por um tempo, neste caso, as bolachas de Cris.

Ao não termos alimentos proibidos em casa, tampouco há alimentos como recompensa ("se você se comportar bem, ganhará uma bala" ou "se comer toda a fruta, ganhará um chocolate"). Essa é uma estratégia que incentiva as crianças a desejar ainda mais os alimentos restringidos. Isso não quer dizer que Cris e Pablo nunca comam balas, chocolates, pipocas ou batatas fritas. Mas, para eles, são simples produtos de consumo ocasional e não alimentos que fazem parte da dieta diária.

5 NA COZINHA
13h00

Hora de começar a preparar o almoço. Rosa e Pablo saem da cozinha e entram em cena dona Maria e Cris. Dona Maria é quem melhor cozinha em casa, quem tem mais experiência e quem mais sabe de refogados, picadinhos e molhos. E, desde pequena, Cris gosta de acompanhar a avó na cozinha e aprender seus truques.

Cris começou a ajudar dona Maria quando era pequena, auxiliando-a na confecção de bolos. Batendo ovos, medindo açúcar, misturando a farinha... São atividades ideais para iniciar crianças pequenas nas atividades da cozinha, afinal, ao fazer bolos, podem dar assistência sem chegar perto de facas ou do fogo. Também é uma boa ideia ensinar a preparar vitaminas e salada de frutas, almôndegas, croquetes... Ou seja, qualquer receita que exija trabalho manual com comida. As crianças seguramente vão se sujar da mesma maneira quando brincam com tinta ou argila, só que, ao terminar, em vez de um desenho, terão um prato que poderão comer e compartilhar. Se elas gostam de chocolate, podemos começar ensinando como fazer um biscoito de chocolate. Se os pequenos gostam de maçã, mostramos como fazer uma torta de maçã. Se gostam de morangos, podem fazer uma vitamina ou um suco de morango.

A cozinha da saúde: hábitos e receitas para uma vida saudável

10 conselhos básicos para cozinhar com lógica

1. Penso, logo cozinho. Não começar a cozinhar sem pensar antes o que vai fazer e como preparar.

2. Vinte minutos bastam. Há uma grande variedade de menus completos e saborosos que pode ser preparado em pouco tempo. Por exemplo, aspargos verdes na chapa + salmonetes + uma fruta.

3. Administrar o tempo. Organizar todos os passos para preparar a comida, assim não há perda de tempo. Por exemplo, colocar primeiro a água para ferver ou o forno para esquentar e depois preparar os ingredientes.

4. Deixar os preparos demorados para o fim de semana. Os dias laborais são pouco apropriados para tentar receitas complicadas que levam muito tempo.

5. Evitar desgastes desnecessários, facilitar a vida. Pedir ao peixeiro ou ao açougueiro para limpar e cortar o peixe ou a carne, conforme o uso que irá fazer.

6. Utilizar cocções curtas. Cozinhar na chapa (grelhar), no micro-ondas, no vapor ou escaldar permite obter pratos saborosos em pouco tempo. Ter uma cuscuzeira ou uma panela de vapor.

7. Comer bem não é caro. Comprando com lógica e conhecendo os alimentos, podemos comer bem, com luxo e gastando pouco dinheiro.

8. Cozinhar se aprende praticando. Não desanime se sua receita não sair perfeita logo na primeira vez.

9. Lançar mão de produtos prontos ou pré-prontos. Se houver pouco tempo, caldos preparados, massas de pizza, folhados ou molhos, entre outros exemplos, facilitam na hora de cozinhar.

10. Ter uma despensa bem variada. É importante ter sempre em mãos produtos que possam nos tirar de um apuro, como conservas de peixe ou vegetais, massas, torradas...

Crianças na cozinha

O que Cris mais gostava de fazer quando pequena era triturar balas de cores diferentes em um pilão para depois jogar por cima dos bolos, um dos truques que dona Maria lhe ensinou e que é utilizado em alguns restaurantes, por causa do contraste de texturas e sabores. Gostava também de derramar chocolate derretido sobre um prato frio – colocado antes no congelador para ficar bem gelado – e modelar o chocolate enquanto solidificava. As figuras que Cris fazia nem sempre ficavam bonitas; ela tinha apenas alguns segundos para dar forma às figuras, mas o gosto era sempre muito bom. Hoje Cris vai preparar sua sobremesa favorita. Deixará derreter um sorvete de baunilha, depois baterá tudo no liquidificador e o servirá em tigelas, acompanhado de pedaços de morangos. Ela chama essa sobremesa de "sopa de submarino amarelo".

À medida que foi crescendo, Cris passou a auxiliar também nos primeiros e segundos pratos, principalmente nos fins de semana. Cortar tomate para saladas, empanar o peito de frango, limpar lula para fazer uma paella... Mas Cris é um caso atípico. Hoje em dia são poucos os adolescentes que entram na cozinha para ajudar a preparar a refeição da família. E a maioria das famílias quebra a cadeia de aprendizado culinário entre as gerações. Por muito motivos. Não é comum que três gerações convivam na mesma casa e que uma neta, como Cris, possa aprender com uma avó, como dona Maria. Nem os alimentos atuais e a maneira de preparação são iguais durante uma geração ou duas. As carnes, por exemplo, são mais macias e muitas delas já não mais precisam de longos cozimentos para ficar macias, como acontecia com os refogados. Além disso, apareceram novas técnicas de cozinhar, como o micro-ondas ou por indução, reduzindo, em parte, o uso do forno clássico ou do fogão com chama de fogo.

E ainda há o problema da falta de tempo. Crianças e adolescentes frequentemente têm uma carga horária sobrecarregada, com lições e trabalhos de casa, atividades extracurriculares, sobrando pouco tempo livre para aprender a cozinhar. Os pais dificilmente conseguem passar o tempo que gostariam com seus filhos, ensinando, por exemplo, a fazer um biscoito ou uma omelete, e, em geral, dedica-se pouco tempo no preparo das refeições. E, se temos pouco tempo, esse não é o melhor momento para convidar as crianças para ajudar. Empanar e fritar peito de frango com uma criança de 8 anos, como Pablo, pode exigir o dobro de tempo do que fazer sozinho, mas, em compensação, traz o dobro de satisfação.

E, no entanto, deixar que as crianças entrem na cozinha e ajudem a preparar as refeições é o primeiro passo não só para que conheçam os diferentes alimentos, mas também para que tenham uma dieta variada e equilibrada no futuro. Essa é uma das questões pesquisadas por uma equipe científica, especializada em educação e nutrição da Universidade de Columbia, Estados Unidos. Em uma das pesquisas, ensinaram seiscentos meninos e meninas da região de Nova York a comer de maneira saudável. Eram alunos da educação infantil e do ensino fundamental, com idades entre 3 e 11 anos. O objetivo era que melhorassem suas dietas, reconhecidamente pobre em frutas, verduras, legumes e cereais integrais. Algumas dessas crianças também participaram de uma oficina de preparação de comida, na qual, durante alguns dias, cozinharam seus próprios pratos. Mais tarde, analisando os alimentos escolhidos pelas crianças no refeitório, observaram que aquelas que haviam participado das oficinas de culinária escolhiam os alimentos mais variados e comiam mais legumes e verduras. Inclusive notaram que alguns alunos que tinham aprendido a preparar pratos com rabanetes, por exemplo, um vegetal que crianças costumam evitar, serviam-se dessa raiz ao almoçar no refeitório.

Dessa forma, quando as crianças manipulam os alimentos, é mais provável que depois estejam dispostas a prová-los. Lógico que o fato de provarem, certamente, não garante que vão gostar. Mas os pesquisadores observaram que algumas daquelas crianças gostaram o suficiente para repetir o prato. Ao participar de uma oficina culinária, algumas delas aprenderam a apreciar frutas, legumes e verduras, que de outra maneira não teriam provado. Conclusão: se queremos que

96

uma criança tenha uma dieta variada, aceitar sua ajuda na cozinha é mais eficaz que dizer que se deve comer de tudo.

Pressionar a criança para que coma de tudo, ao contrário, não é prudente. Em outra pesquisa realizada pela Universidade da Pensilvânia, pediram a um grupo de crianças que ingerissem vegetais e leite, recompensando-as com adesivos e com a permissão para ver televisão se obedecessem. A maioria delas comeu. Mas, quando mais tarde foram questionados sobre o que haviam achado da comida e do leite, disseram que não haviam gostado. Só tinham comido e bebido pelas recompensas. Conclusão desse caso: se queremos que uma criança aprenda a gostar de frutas, legumes e verduras, e que não as coma só por se sentir obrigada, é melhor não entrar em negociações do tipo "se você quer brincar no computador, tem que comer toda a salada". Esse tipo de acordo incentiva a criança a comer a salada a contragosto e, anos mais tarde, quando puder escolher o que comer, será mais difícil que aprecie vegetais e que tenha uma dieta saudável.

Se a criança não come hortaliças a menos que seja pressionada, os estudos realizados até agora sugerem que é melhor respeitar seus gostos e esperar que adquira uma dieta mais variada enquanto for crescendo. Podemos oferecer diferentes frutas, legumes e verduras, preparados e apresentados de maneiras variadas, que, em algum momento, descobrirá aquelas de que gostam mais.

Também é importante lembrar que as crianças pequenas são neofóbicas, não gostam de novidades. Elas gostam dos alimentos que já conhecem e evitam os desconhecidos. É um mecanismo de defesa natural, parece estar inscrito no genoma humano, algo desenvolvido ao longo de milhares de anos de evolução para evitar intoxicações e envenenamentos entre as crias de nossa espécie. Mesmo que os pais não lembrem ou não reconheçam o fato na frente de seus filhos, eles também eram neofóbicos quando pequenos. Deixar as crianças entrarem na cozinha e ajudarem a preparar as refeições é uma maneira para a familiarização com novos alimentos, minimizando essa neofobia.

Mas a culinária traz mais benefícios para as crianças que apenas ensinar os fundamentos de uma dieta saudável. Cozinhar é um trabalho manual que, aos pequenos (em idade de frequentar a educação infantil), estimula a psicomotricidade fina, a habilidade de utilizar as mãos com precisão. Para as crianças um pouco maiores, pesar 200 gramas de açúcar ou ler uma receita, equivale a fazer pequenos exercícios de matemática ou de leitura. E, talvez o mais importante, cozinhar ensina a seguir uma série de instruções na ordem certa; ensina a ter a persistência de completar a receita até o final; educa a ser paciente, esperar que fique pronto, além de ensinar que vale a pena todo o esforço feito, logo que o bolo esfria e fica pronto para ser comido.

Quando as crianças ajudam a cozinhar – não costuma ser complicado convencê-las a fazer isso, especialmente na idade em que estão na educação infantil e na primeira fase do ensino fundamental –, a pergunta que fazemos é o que elas podem ou não fazer. Deixamos que experimentem à vontade? Permitimos que provem a comida à medida que vão cozinhando? Temos que insistir para que mantenham a cozinha limpa? A partir de que idade elas podem utilizar o fogão? Não há estudos científicos que respondam dúvidas como essas; as respostas devem se fundamentar no bom senso.

Como regra geral, é importante se resignar ao fato de que, quando as crianças pequenas começam a manipular alimentos, é inevitável que se sujem. Então, coloque nelas um avental ou algum tipo de roupa que possam sujar. Também podem quebrar algum prato, derramar leite ou deixar o açúcar cair no chão. Evite repreendê-las por pequenos acidentes que fazem parte do processo de aprendizagem, para não correr o risco de que elas não voltem a ajudar na cozinha.

* Truques para cozinhar alimentos

- Utilizar panela de pressão para encurtar as cocções mais longas. Por exemplo, o caldo de frango ou de feijão.
- Não colocar toda a água de uma só vez. Adicione-a pouco a pouco, para ir cozinhando os alimentos lentamente em vez de eles ficarem fervendo.
- Deixar os alimentos cozidos ou refogados descansarem antes de comer, para que fiquem mais saborosos. Convém que repousem pelo menos 2 horas.
- Utilizar azeites aromáticos para temperar os refogados. Por exemplo, adicionar azeite de canela para refogar o coelho, azeite de cominho para cozinhar o grão-de-bico...
- Coar o molho em um *chinois* para obter uma textura mais fina e homogênea.
- Ter no *freezer* molho, caldo ou sobras de carne, frango, peixe, para adiantar algum prato.
- Utilizar goma xantana* para dar liga. Ela não alterará sabor nem cor do alimento que está sendo cozido; consegue-se a textura desejada adicionando apenas uma pequena quantidade.
- Experimentar dar toques aromáticos. Por exemplo, um pouco de gengibre fresco ralado no cozimento de costelinha de porco, algumas folhas de coentro fresco no frango, folhas de menta em feijões, vagens ou outras favas.
- Não misturar muitos temperos com a ideia de que darão melhor sabor ao final do cozimento.

---

* Aditivo espessante e estabilizante, produzido pela fermentação de amido de milho e a presença de uma bactéria presente na couve. (N. T.)

Não podemos esquecer que, se a culinária pretende ser educativa, conseguir preparar um prato gostoso não é o objetivo principal: não é o fim do mundo se o bolo não ficar bom; ao contrário, pode ser uma lição a mais. As crianças devem se sentir verdadeiras cozinheiras, não apenas ajudantes: deixem que elas provem os ingredientes e os pratos que estão sendo preparados, como fazem os adultos. Se possível, ofereça a elas um chapéu de chefe de cozinha; ensine como limpar a cozinha depois de preparar um prato, como fazem os cozinheiros de verdade. E a regra mais importante e muitas vezes esquecida: cada criança é única, o que é fácil para uma pode ser um desafio para outra, e aquela que tem mais dificuldade pode ser a criança que mais aprenda e com a qual é preciso ter mais paciência. Seria mais fácil deixar entrar na cozinha só as crianças que se dão bem nela, e que ajudam de verdade, mas é mais educativo deixar entrar e continuar animando aquela que põe a paciência dos pais à prova.

Melhor cozido em água ou no vapor?

Cris e dona Maria cozinharão hoje vagens salteadas com presunto para o primeiro prato e dourado no forno, quer dizer, peixe como prato principal. Dois pratos fáceis e rápidos de serem preparados, que ilustram as vantagens e conveniências dos principais métodos de preparo de alimentos. Elas começam lavando bem as vagens e cortando as pontas. Colocam no fogo uma panela com água e, ao começar a ferver, mergulham as vagens. Adicionam um pouco de sal na água, uma proporção adequada é 1 colher de sopa rasa para 1 litro de água. O sal limita a fuga de nutrientes dos alimentos para a água e ajuda a preservar os componentes nutritivos das favas. Ao contrário de uma ideia muito difundida, o sal não fará com que o legume cozinhe mais rápido. Seria necessário que a água da panela estivesse tão salgada como a água do mar, para elevar a temperatura de ebulição apenas meio grau, e ainda assim apenas o cozimento fosse acelerado. Cris e dona Maria deixam ferver as vagens por doze minutos e depois escorrem a água.

Exatos doze minutos. São as vantagens de cozinhar em água fervente, a temperatura é constante, 100 °C ao nível do mar, e é fácil ver quando começa a ferver, permitindo calcular, com grande precisão, o tempo de cozimento ideal. Precisamente porque a temperatura não vai mais subir, portanto não é necessário desperdiçar energia mantendo o fogo a uma grande potência a partir do momento em que água começa a ferver.

Cozinhar os alimentos em água fervente também é um método de cozimento rápido, pois a água conduz o calor de maneira muito mais eficiente que o ar, como vimos no capítulo anterior, ao descongelar alimentos. Relembrando, faz mais frio em uma piscina com água a 15 °C que ao ar livre na mesma temperatura, não é? É por essa mesma razão que podemos colocar a mão no forno aceso por alguns instantes sem nos queimar, mas não podemos introduzir a mão na água fervendo, apesar de a temperatura do forno ser superior à da água. A fervura é um método de cozimento ideal para alimentos que devem absorver uma grande quantidade de água para serem digeridos, como arroz, massa e legumes.

Porém há contrapartidas. A mais óbvia é que alguns dos componentes que dão sabor aos alimentos se perdem, em parte porque o calor do cozimento os modifica, mas principalmente porque escapam do alimento e se diluem na água. Por isso um peixe cozido, por exemplo, em geral, fica menos saboroso do que um preparado no forno.

Menos óbvio, porém igualmente importante, é que alguns nutrientes, como vitaminas e minerais, também passam para a água, acompanhando os componentes do sabor. Isso afeta especialmente os alimentos ricos desses nutrientes, como as vagens de Cris e dona Maria, ou qualquer outro legume ou verdura.

Um alimento cozido em água não perde todas as suas vitaminas e minerais nem tampouco perde todo o seu sabor, mas, com certeza, legumes e verduras ficarão mais nutritivos e saborosos se conseguirmos limitar essas perdas. Uma maneira de conseguir isso é cozinhar em panela de pressão. A pressão aumenta a temperatura de ebulição

– que chega a 120 °C – encurtando o tempo de cozimento, reduzindo a perda de nutrientes e componentes aromáticos. Por esse motivo, quando fazemos alguma fervura em altitudes altas, como em uma montanha, onde a pressão atmosférica é menor, o tempo de cozimento será maior, assim como a perda de nutrientes e de sabor.

Uma opção ainda mais aconselhável é cozinhar no vapor. Neste caso, o tempo de cozimento não é abreviado, ao contrário, aumenta. Mas os nutrientes e componentes aromáticos se conservam melhor porque não se diluem na água. Em contrapartida, como o alimento absorve pouca água, não fica tão suculento.

Na falta de panela de pressão ou de utensílios para cozinhar no vapor, ao cozinhar um legume ou uma verdura em panela convencional, é importante mergulhá-lo na água apenas quando estiver fervendo. Se o colocarmos quando a água ainda estiver esquentando, o vegetal ficará mais tempo perdendo nutrientes e componentes aromáticos. Por essa mesma razão, se prepararmos um caldo, este ficará mais saboroso e nutritivo se os alimentos forem introduzidos enquanto a água ainda estiver fria, esquentando de maneira bem gradual.

Em qualquer um dos casos, as diferenças entre panela normal, panela de pressão ou de cozimento no vapor são pequenas; o vegetal continuará sendo um alimento nutritivo e rico em vitaminas e minerais. Cozido em panela normal, como fizeram Cris e dona Maria, o vegetal conservará ainda uns 70% de seu betacaroteno original e uns 45% de sua vitamina C. Se elas tivessem cozido na pressão, conservaria uns 75% do betacaroteno e uns 65% da vitamina C. E se fosse no vapor, cerca de 80% e 70%, respectivamente.

Na cozinha

* Conselhos para cozinhar no vapor

- Uma das principais vantagens de cozinhar no vapor é que os alimentos não estão em contato direto com a água, portanto conservam mais os sabores e as cores, assim como as vitaminas e os minerais.
- Existem no mercado muitos utensílios adaptados para cozinhar no vapor de forma cômoda (de bambu, de aço inoxidável, de silicone).

Se você não dispõe de um utensílio específico para cozinhar no vapor:
1. Coloque uma panela pequena com dois dedos de água para ferver.
2. Coloque uma peneira apoiada na borda.
3. Tampe com um prato ou uma tampa para evitar que o vapor escape.

* É melhor cozinhar em água quando...

- Se quer que os alimentos absorvam muita água. Por exemplo, arroz, massa, alguns legumes...
- Se quer aproveitar o caldo do cozimento. Por exemplo, com o caldo das verduras se enriquece um refogado; com o caldo dos mexilhões se prepara um molho...

* Alimentos ideais no vapor

- Todo o tipo de legumes e verduras cortados (couve-flor, cenoura, batata, abobrinha, berinjela, ervilhas...)
- Peixes inteiros ou em filés (merluza, linguado, tamboril, cavala...).
- Moluscos (mariscos, mexilhões...).
- Pães e brioches. Pode-se pedir ao padeiro massa de brioche cru e experimentar cozinhar no vapor. A massa fica macia e suculenta.
- Ovos. Enquanto outros alimentos cozinham, pode-se aproveitar para colocar um ovo com casca no vapor e ter um ovo cozido em 10 minutos. Pode-se também quebrar um ovo em uma xícara pequena e colocá-la na panela de vapor: em 8 a 10 minutos temos um ovo mole, com a clara cozida e a gema mole.
- Pastel de pasta de arroz (dumplings). Em lojas de comida asiática existem variedades de dim-sums (pasteizinhos chineses fritos ou cozidos no vapor) ou aperitivos asiáticos, que bastam colocar no vapor e cozinhar durante 6 a 8 minutos. Pode-se temperar com molho de soja.

103

A cozinha da saúde: hábitos e receitas para uma vida saudável

Vantagens e inconvenientes da fritura

Enquanto cozinhavam as vagens, Cris e dona Maria cortaram uma cebola em rodelas finas, o alho em lâminas e umas fatias de presunto serrano.* Agora, depois que elas escorreram as vagens, colocam a cebola em uma frigideira com azeite de oliva quente; quando começa a ficar dourada a cebola, adicionam o presunto e o alho; e quando o alho, por sua vez, começa a dourar, colocam as vagens para saltear, fritando-as durante uns minutos. Qual é a vantagem de preparar as vagens desse jeito?

Há duas grandes diferenças entre fritar e cozinhar os alimentos com água. A primeira é que a temperatura de cocção em uma frigideira com óleo ou azeite costuma estar entre 160 °C e 180 °C (em vez dos 100 °C da água fervente). A essa temperatura, a água que se encontra na parte superficial do alimento evapora, formando uma crosta, enquanto a água do interior mantém-se presa dentro da crosta, e o alimento fica suculento.

Se o fogo estiver muito forte, a temperatura pode chegar a superar os 200 °C ou 220 °C, degradando o óleo com rapidez, formando substâncias tóxicas. Um modo simples de evitar isso, especialmente se fritamos com azeite de oliva, é observarmos o momento em que começa a fumegar. Quando isso acontece, significa que a temperatura já se aproxima dos 180 °C. Nesse momento, ou abaixamos o fogo, ou colocamos os alimentos na panela, que, por estarem frios, diminuirão a temperatura total.

As reações químicas que as altas temperaturas provocam nas superfícies desidratadas do alimento – chamadas reações de Maillard, em homenagem ao médico francês que as descobriu – dão uma cor castanha característica a essas áreas e propiciam a formação de moléculas aromáticas que enriquecem o seu sabor. Ao mesmo tempo, o interior do alimento conserva um elevado conteúdo de água, conservado graças à crosta que isola essa água do exterior, mantendo o

---

* Tradicionalmente consumido na Espanha, é proveniente da raça do porco tipo branco. (N. T.)

104

Na cozinha

alimento macio e suculento. Portanto, o segredo para uma fritura bem feita está na formação correta dessa crosta superficial.

Como regra geral, quanto mais grosso for o alimento, mais moderada deverá ser a temperatura do óleo ou azeite para conseguir um cozimento interior correto e um dourado apetitoso. Quanto mais frio estiver o alimento, demorará mais para fritá-lo; assim também será conveniente que a temperatura inicial da gordura seja moderada, para evitar que a parte exterior fique queimada.

Para peças mais finas e que não estejam excessivamente frias, ao contrário, é preferível que a gordura esteja bem quente – ainda que sem chegar a queimar – para que a superfície do alimento se desidrate rapidamente e se reduza o tempo em que o interior do alimento perde água e se torna seco. Também convém não colocar muitos alimentos ao mesmo tempo, ou em pouca gordura, já que com isso ela irá se esfriar e demorar mais para formar a crosta.

A segunda grande diferença entre cozinhar em água e fritar é que aqueles alimentos absorvem parte da água onde são cozidos, enquanto os alimentos fritos absorvem gordura. É por essa razão que pratos fritos são mais calóricos do que os cozidos. No caso das batatas, por exemplo, aquelas cozidas no vapor ou assadas no forno têm quatro vezes menos calorias do que as fritas. E oito vezes menos do que as batatinhas fritas industrializadas, pois, cortadas em rodelas finas, as batatas absorvem mais óleo ao contato com o óleo.

105

* Conselhos para se obter uma boa fritura

O cozinheiro precisa controlar quatro variáveis principais ao preparar uma fritura. Dessas variáveis dependerão a temperatura do óleo e o tempo de cocção.

- A temperatura ideal para fritura situa-se entre 160 °C e 180 °C.
- Conforme o tamanho do alimento, convém fritar a uma temperatura maior ou menor: quanto mais grosso for o alimento, mais moderada tem que ser a temperatura do óleo, se quisermos uma correta cocção do interior da peça e um dourado apetitoso.
- Quanto mais frio estiver o alimento introduzido no óleo, durante mais tempo terá que fritar. Portanto, a temperatura deve ser moderada para não queimar a superfície do alimento.
- A proporção máxima para fritura é de 1-10: 100 gramas de alimento para cada litro de óleo.
- Escorrer bem os alimentos fritos em papel absorvente para evitar o excesso de gordura.
- Quanto mais frio estiver o alimento ao ser introduzido no óleo, mais crocante ficará ao final da fritura.
- É melhor adicionar sal no fim para que os ingredientes não percam água em excesso enquanto estão fritando.
- A melhor forma de comer alimentos fritos é servi-los imediatamente; mas, se tiver que os esquentar novamente, o mais indicado é no forno bem quente.

No caso da carne, tem 50% a mais de calorias se for frita do que quando assada no forno ou grelhada. E, no caso do peixe, o dobro de calorias quando frito do que no vapor. As frituras são realmente o método de cocção que mais adiciona calorias aos alimentos, portanto, se uma pessoa está acima do peso, deverá comer frituras apenas ocasionalmente. Contudo, se tem peso adequado, não há motivo para evitar os alimentos fritos.

De todo modo, convém escorrer bem as frituras, com uma escumadeira, se fritos na frigideira, ou com um escorredor, uma peneira, se usar uma fritadeira. A seguir, o alimento frito deve ser colocado sobre um prato com papel absorvente, para que seja retirado o excesso de gordura.

Não podemos esquecer também que nem todas as gorduras são apropriadas para fritar. A razão disso é que as altas temperaturas de cozimento oxidam as moléculas dos diferentes óleos e azeites e criam novas moléculas que, ingeridas em excesso, podem ser prejudiciais à saúde.

O azeite de oliva, no qual predominam as gorduras monossaturadas, é o mais adequado para fritar, é mais estável quimicamente e menos vulnerável às reações químicas de oxidação. Além do mais é rico em substâncias antioxidantes como a vitamina E, que limita a formação de moléculas pouco saudáveis durante a cocção.

Outras gorduras, como óleo de girassol, de milho ou de soja, ao contrário, apresentam predominância de gorduras poli-insaturadas. Isso significa que são menos estáveis quimicamente, mais vulneráveis ao calor e mais propensas a degradarem, formando moléculas potencialmente prejudiciais.

Qualquer que seja a gordura escolhida, não é aconselhável reutilizá-la muitas vezes, afinal a concentração dessas substâncias prejudiciais aumenta a cada nova fritura. Se fritarmos alimentos empanados ou enfarinhados em uma frigideira com pouco óleo, é conveniente trocar essa gordura depois de cada fritura, pois esses alimentos contêm partículas que aceleram a degradação da gordura. No entanto, se estivermos fritando ovos, carnes ou peixes não empanados em uma frigideira e tomarmos o cuidado para que a gordura não esquente acima de 200 °C, esse óleo poderá ser utilizado duas ou três vezes sem problemas.

Se prefere fritar em uma fritadeira elétrica, geralmente a gordura pode ser reutilizada mais vezes, pois não esquenta tanto como na frigideira, e as partículas que se desprendem dos alimentos ficam sedimentados no fundo. Mesmo assim, se a gordura começar a soltar um odor forte ou desagradável durante a fritura, é melhor jogá-la fora. Esses aromas indicam que a gordura começou a ter uma grande quantidade de moléculas tóxicas.

Forno convencional ou micro-ondas?

Cris e dona Maria aproveitaram também para preparar os pequenos peixes dourados enquanto cozinhavam as vagens. Elas untaram uma assadeira com azeite de oliva, fizeram uma base com rodelas de batata e, por cima, adicionaram cebolas e tomates cortados e a levaram ao forno por vinte minutos a 160 °C. Depois colocaram os peixes com uma rodela de limão no corte da cabeça – três peixes médios para cinco pessoas – e deixaram no forno por mais vinte minutos. No total, uns dez minutos de preparação, uns 45 minutos de cocção e a refeição está pronta para ser servida.

O forno, como no caso da fritura, alcança temperaturas de cocção bastante elevadas para desidratar a parte exterior do alimento, propiciando a formação de moléculas aromáticas. Diferente da cocção com água, os nutrientes não se diluem, apesar de alguns sofrerem transformações com o aumento do calor. É um método de cozimento apropriado para uma grande variedade de alimentos, especialmente para peixes e grandes peças de carne.

No caso do peixe, os resultados mais saborosos são obtidos com temperaturas moderadas, em torno dos 100 °C. As peças ficam mais macias, levemente cozidas, e praticamente derretem na boca. Isso

Na cozinha

pode ser percebido particularmente em espécies de peixe azul, como o salmão e o atum, já que estes são mais ricos em gorduras que os peixes brancos, como o tamboril e o linguado. Para peças de 100 gramas, bastam 25 minutos de cocção para preparar o peixe a 100 °C, sempre que se tenha preaquecido o forno.

Para pessoas que preferem peixe mais cozido, temperaturas mais altas são melhores, pois permitem um cozimento mais rápido, mas o peixe pode ficar um pouco seco. Para amenizar isso, aconselha-se aspergir o peixe com azeite de oliva.

Mesmo com temperaturas médias ou altas, os cozimentos feitos no forno são lentos por utilizarem um sistema pouco eficiente de transferência de calor: as paredes internas do forno aquecem o ar no interior dele, este, por sua vez, esquenta a superfície do alimento, transferindo o calor para o seu interior bem lentamente. Cris acha o micro-ondas mais prático. É mais rápido e limpo. Mas o resultado é muito diferente.

No interior do micro-ondas existe um campo eletromagnético que muda a polaridade entre 1.830 e 4.900 milhões de vezes por segundo (a cifra depende do tipo de micro-ondas). Quer dizer, o polo positivo se converte em negativo e vice-versa. É como se, na Terra, o polo Norte virasse o polo Sul e voltasse a se converter em polo Norte milhões de vezes por segundo. As bússolas, e possivelmente também nossas células, enlouqueceriam. O mesmo acontece, em pequena escala, nos micro-ondas. Neste caso, o que enlouquece são as moléculas de água dos alimentos, que mudam de orientação como a agulha de um ímã, e se agitam a toda velocidade. Este rápido movimento das moléculas de água provoca inumeráveis colisões microscópicas dentro do alimento, liberando energia em forma de calor. Este é o calor que aquece ou cozinha os alimentos.

Dona Maria não gosta de cozinhar no micro-ondas. Não se sente familiarizada com campos eletromagnéticos que agitam moléculas nem tenta preparar refeições com a ajuda desse eletrodoméstico. Comparado com o forno, é um aparelho frio. Para ela, como também para Cris, cozinhar é uma experiência sensorial: perceber a textura dos alimentos, as cores, os aromas, o calor. É também uma experiência emocional: a sensação de expectativa quando os peixes dourados já estão no forno e o aroma começa a invadir a cozinha, o prazer em cozinhar para os outros. Para dona Maria, as horas passadas na cozinha ao longo de toda sua vida, suas recordações, suas receitas, estão intimamente ligadas ao fogo e ao forno. E com o micro-ondas, um eletrodoméstico muito moderno para seu gosto, ela não estabeleceu essa relação sensorial e emocional.

E não é a única pessoa a se sentir assim. O micro-ondas tem pouca tradição culinária. Porém, permite uma cocção mais rápida que no forno clássico, além de ser um cozimento mais limpo que cozinhar com água ou fritar. Preserva os nutrientes tão bem como qualquer outro método de cozimento. E se adapta bem às necessidades das famílias urbanas modernas.

Dona Maria tem outra objeção em relação ao micro-ondas, ela acha que alguns alimentos não ficam bem ao serem preparados nele. Isso acontece porque o ar do interior do aparelho não se aquece com a mudança dos campos eletromagnéticos, portanto não ocorrem as reações químicas que formam aquela crosta, mudam a cor para castanho e melhoram o sabor. Com a ausência de crosta, há perda de umidade no interior do alimento, o que faz com que alguns produtos – especialmente as carnes – fiquem secos.

Na cozinha

* Cozinhar no micro-ondas em poucos minutos

Batatas "assadas" rápidas
Batatas inteiras: lavar e cozinhar de 6 a 10 minutos (o tempo de cocção varia conforme o tamanho da batata) em potência máxima.
* Batatas cortadas: lavar, descascar e cortar as batatas.
* Cozinhar de 6 a 8 minutos em potência máxima.
* Escorrer, temperar com sal, pimenta e azeite de oliva virgem. Essas batatas podem ser misturadas com carne picada, cogumelos salteados ou com linguiça.

Mescla de legumes
* Limpar e cortar legumes variados, como cenouras, alcachofras, ervilhas, vagens...
* Colocar em uma tigela com um pouco de caldo.
* Cozinhar em potência máxima durante 6 a 7 minutos.

Azeites aromatizados
Colocar em uma xícara: azeite de oliva e ervas (alecrim, tomilho, louro...), pimenta-malagueta e/ou alho, especiarias (curry, pimentão...)
* Esquentar em potência máxima de 2 a 3 minutos.
* Guardar com as ervas dentro.

Moluscos em 2 minutos
* Limpar os moluscos (mexilhões, vôngoles, ostras...).
* Cozinhar tudo com as cascas no micro-ondas, em potência máxima, durante uns 2 minutos, até que os moluscos se abram.
* Antes de levar ao micro-ondas, pode-se juntar algumas rodelas de limão, folhas de louro e erva-doce. Uma vez abertos, adicionar azeite de oliva, pimenta-do-reino preta e salsinha picada.

Filés de peixe entre dois pratos
* Colocar um filé de peixe em um prato com 1 colher (sopa) de água e, se quiser, um pouco de sal e azeite.
* Tampar com outro prato.
* Cozinhar entre ½ e 1 minuto.

111

Maçã "assada" no micro-ondas

- Descascar, tirar o miolo e cozinhar com um pouco de água, durante 5 minutos, em potência máxima. Pode-se substituir a água por uma infusão de ervas, canela ou algum tipo de licor.
- Uma vez prontas, podem ser consumidas (mornas ou frias) ou cortadas pela metade e recheadas, por exemplo, com chantilly ou com iogurte batido com açúcar.
- A mesma receita pode ser feita com outras frutas, como pera, pêssego...

Compota ou doce de fruta natural

- Cortar a fruta (morangos, ameixas, pêssegos...) em pedaços de tamanho parecido.
- Colocar os pedaços bem espalhados em uma travessa.
- Polvilhar com açúcar mascavo (ou com adoçante que suporte o calor). Borrifar 1 colher (sopa) de água por cima.
- Servir essa "compota" fria ou quente, com uma bola de sorvete por cima; ou triturar para obter um doce cremoso.

* Conselhos para utilizar o micro-ondas

- Para conseguir uma boa cocção, não encher os recipientes até a borda.
- Os tempos de cocção indicados são aproximados e dependem da potência do aparelho e da quantidade de comida a ser preparada.
- É importante tampar os alimentos que vão ao micro-ondas, de preferência com tampas próprias, para não manchar as paredes do aparelho. Não utilizar em nenhum caso tampas de metal. Na falta de uma tampa adequada, pode-se utilizar um prato de sopa virado para baixo.
- Utilizar recipientes adequados. Evitar aqueles que podem derreter com o excesso de calor. Existem sacos plásticos especiais para micro-ondas à venda em supermercados.
- Use um pano de prato ou luva térmica para forno para tirar os pratos do micro-ondas e evitar queimaduras.
- É importante desligar o micro-ondas da tomada antes de sua limpeza.

Para minimizar este problema, é importante recobrir os alimentos que cozinhamos no micro-ondas. Podemos utilizar desde uma tampa de plástico, papel manteiga, ou dois pratos de sopa invertidos. Com isso, as ondas eletromagnéticas continuam aquecendo a superfície do alimento, mas sem que resseque. Ao abrir o micro-ondas e retirar o prato, é aconselhável não destampar imediatamente. É melhor manter o prato tampado enquanto ele esfria; dessa maneira o alimento não perde a umidade por evaporação nem são dispersos os componentes aromáticos.

Brasas e grelhas

Há uma última técnica importante de preparação de alimentos que Cris e dona Maria não utilizaram hoje. É a técnica de cocção mais antiga da humanidade. Assar um pernil de mamute sobre uma fogueira ou sobre um leito de brasas. As versões modernas são as churrasqueiras (na qual a fonte de calor se situa abaixo do alimento), fornos gratinadores (ou salamandra, como chamam alguns cozinheiros, nas quais a fonte de calor está acima do alimento), a torradeira elétrica (onde o calor é emitido por serpentinas incandescentes) ou a churrasqueira portátil (popularizada na primeira metade do século XX nos Estados Unidos, expandindo-se para todos os países, como uma técnica de cocção ao ar livre para refeições familiares ou de grupos: a tribo reunida de novo, mas agora ao redor de salsichas e costeletas no lugar de um pernil de mamute).

Todas essas maneiras de cozinhar são baseadas em um mesmo princípio. Uma fonte de calor intensa aquece o ar a uma temperatura alta e este, por sua vez, aquece o alimento. Se, na água fervente, a cocção ocorre a 100 °C, na frigideira com óleo não passa de 180 °C e no forno convencional, de 250 °C, nas brasas de uma fogueira, ou nos arames da torradeira, a temperatura atinge 1.100 °C. Essas altíssimas temperaturas são a principal vantagem e o maior inconveniente.

A vantagem nesse método é que a superfície dos alimentos desidrata rapidamente, gerando componentes aromáticos intensos. É exatamente por esses componentes que as carnes preparadas na brasa têm um sabor característico, muito diferente das carnes grelhadas na chapa ou assadas no forno. O sabor também muda de acordo com o tipo de carvão, ou de madeira, com que preparamos a brasa. O material queimado desprende aromas que depois são incorporados ao alimento: a carne feita com madeira de pinho não tem o mesmo gosto que aquela feita com madeira de carvalho, de algaroba ou de alguma árvore frutífera, como a macieira ou a laranjeira.

O inconveniente é que, com o calor tão intenso, é mais fácil que a parte exterior dos alimentos fique chamuscada enquanto o interior ainda está cru. E nessas partes chamuscadas, mesmo nas partes não queimadas do alimento, formam-se moléculas tóxicas que, ingeridas em excesso, são prejudiciais à saúde.

Para evitar isso, é importante dispor a peça de carne mais próxima ou mais longe da fonte de calor, segundo sua espessura. Uma chuleta de cordeiro, que é uma peça magra, fica ideal a uns 5 cm da brasa. Mas a morcela fica melhor a uns 10 a 20 cm longe das brasas.

Outra solução simples, especialmente com as carnes, é começar assando as peças perto da fonte de calor, assim o exterior doura rápido, formando-se os componentes aromáticos e a crosta que preserva a umidade. Em seguida, essas peças devem ser colocadas mais longe das brasas, para que o interior cozinhe mais lentamente.

Este tipo de preparo na brasa é adequado para peças de carne e peixes de pouca espessura. Para peças mais volumosas, em que se faz necessário um cozimento mais paulatino, é melhor fazer com que girem próximas à fonte de calor. É como são feitos os frangos no espeto naqueles fornos verticais de padarias e rotisserias e os javalis de Obelix. Cada parte exterior do animal esquenta e esfria na medida em que gira, de modo que o exterior fica dourado graças ao intenso calor que recebe cada vez que se aproxima da chama, enquanto o interior vai cozinhando pouco a pouco. Além disso, a rotação ajuda as

Na cozinha

gotas que se desprendem da carne a girar sobre a sua superfície, em vez de pingar, contribuindo para que fique mais dourada.

No caso dos vegetais, há a possibilidade de embrulhá-los para serem preparados na churrasqueira ou direto na brasa. Batatas, cebolas, pimentões e abobrinhas podem ser embrulhados em papel-alumínio. Com essa proteção, conseguimos cozinhar vegetais no vapor da sua própria umidade, sem impedir que fiquem impregnados do aroma característico da brasa. Sem proteção, ficarão igualmente suculentos, mas é mais fácil que queimem e tenhamos que retirar as partes exteriores carbonizadas.

De qualquer modo, não é uma forma de cocção que convém usar com muita frequência. Nas partes queimadas dos alimentos se formam moléculas chamadas aminas heterocíclicas, algumas das quais são potencialmente cancerígenas. Mesmo as partes não carbonizadas incorporam as moléculas presentes na fumaça, como hidrocarbonetos aromáticos policíclicos (HAPs), alguns dos quais também cancerígenos.

Isso não significa que temos que ficar obcecados com os alimentos preparados na brasa, nem que temos que os eliminar da dieta. Na verdade, os preparados a altas temperaturas não são a única fonte de HAP a que estamos expostos, nem costuma ser a majoritária. Essas moléculas são uns dos contaminantes orgânicos mais presentes no ar que respiramos, seja porque saem dos escapamentos dos veículos, da fumaça do tabaco, seja da combustão industrial do carvão ou dos hidrocarbonetos.

Nos alimentos, os HAPs se acumulam, em sua maioria, nas partes gordurosas. São as chamadas substâncias lipofílicas, ou seja, que têm mais afinidade com as gorduras do que com a água. Mas, se pouco nos preocupamos com os HAPs vindos pela contaminação atmosférica, seria incoerente que ficássemos preocupados com os alimentos preparados na brasa: as doses baixas de um consumo ocasional dificilmente terão qualquer efeito significativo sobre a saúde.

115

Diga-me como você cozinha (e eu direi como come sua família)

Em função da comida que prepararam e de como cozinharam, Cris e dona Maria são cozinheiras saudáveis, segundo a classificação dos diferentes tipos de cozinheiros, desenvolvida pelo Laboratório de Alimentos e Marcas da Universidade de Cornell, Estados Unidos. Intrigados pelo enorme impacto que a pessoa responsável por cozinhar tem sobre a dieta de toda a família e não somente sobre o que se come no lar, mas também sobre os alimentos que os indivíduos escolhem ao comer fora de casa, os pesquisadores dessa universidade decidiram analisar o perfil dos distintos tipos de cozinheiras – mais do que cozinheiros – domésticas.

Eles fizeram uma pesquisa com 317 pessoas que costumavam cozinhar em suas casas. Nenhuma delas havia tido aulas de cozinha, mas todas se consideravam boas cozinheiras. Foram feitas 152 perguntas sobre o que cozinhavam, como o faziam, qual era a personalidade delas e até o que faziam durante seu tempo livre. E, com base nas respostas, o grupo de estudiosos agrupou essas pessoas em cinco grandes categorias. Os resultados mostraram que, nos Estados Unidos – os números podem variar em outros países –, a maior parte delas eram "cozinheiras generosas". São pessoas que têm prazer de preparar pratos que farão outras pessoas felizes. Representam 22% do total entrevistado. Costumam ser pessoas alegres, que geralmente repetem as receitas que mais sabem preparar e que gostam de preparar pratos para reuniões familiares ou de amigos. Especialmente bolos, que são sua especialidade. Preocupam-se com que sua família coma bem e se consideram "cozinheiras saudáveis", mas, paradoxalmente, são as que preparam os alimentos menos saudáveis de todas as categorias. Elas são seguidas de perto por 20% das "cozinheiras saudáveis". São aquelas que preparam mais pratos com verduras e com peixe, como Cris e dona Maria fizeram hoje. Muitas vezes são pessoas de alto nível social e são conscientes sobre a saúde e o meio ambiente. Preparar pratos saborosos não é o objetivo principal desse grupo na cozinha. O paradoxo nesse caso é que, para as pessoas que querem ter uma dieta saudável, mas gostam muito de comida, a "cozinheira saudável" não é a ideal, segundos os investigadores da Universidade de Cornell.

A opção ideal para cuidar da saúde e desfrutar a comida é a da "cozinheira inovadora", 19% das mulheres entrevistadas. São as mais criativas, as que inventam pratos novos. Poucas vezes usam receitas. Preferem fazer experimentos com ingredientes e métodos de cocção. Costumam preparar alimentos saudáveis, mas também se preocupam com o aspecto hedonista da comida. E é mais fácil ter uma dieta saudável se desfrutamos dela do que se não desfrutamos.

No outro extremo, as "cozinheiras metódicas", mais ou menos 18% das pesquisadas, pouco se afastam das instruções ditadas pelas receitas. Essas pessoas apreciam cozinhar, mas só preparam pratos especiais quando têm tempo, geralmente nos fins de semana, e então preferem ter certeza que o prato sairá bem-feito do que se aventurar a experimentar novidades.

Finalmente, 13% das entrevistadas entraram na categoria de "cozinheiras competitivas". Costumam ter um caráter dominante e cuidam especialmente da apresentação estética dos alimentos. Seu objetivo, mais do que preparar pratos saudáveis ou saborosos, é impressionar os demais com suas criações. São pessoas que se preocupam em ouvir "Óooooh!" quando levantam a tampa da panela.

Muitas das entrevistadas reuniam características de mais de uma categoria. E houve também uma minoria que não se encaixou em nenhum dos cinco grupos.

Além do passatempo de pensar que tipo de cozinheiro é cada um, a investigação da Universidade de Cornell é útil para notar como a personalidade do cozinheiro afeta o que se come em cada família. Os dados também ajudam a melhorar a alimentação dos lares, na medida do possível. Em primeiro lugar, uma "cozinheira generosa", por exemplo, pode ajudar a melhorar a dieta de sua família oferecendo mais verdura no lugar de massa ou mais frutas no lugar de doces para sobremesa. Uma "cozinheira saudável", introduzindo um leque de sabores mais amplo. Uma "cozinheira competitiva", cuidando mais dos ingredientes e menos da apresentação.

Corrigir esses detalhes ajudará a melhorar não somente como se come em casa, mas também como comerão as pessoas da família ao longo da vida. Múltiplas pesquisas observaram que a pessoa que compra e prepara a comida de uma casa tem influência muito maior do que ela própria imagina. Porque a cadeia de transmissão do ensino culinário se rompe, mas a cadeia de transmissão de gosto não. E, se em uma casa se cozinham paellas memoráveis, as crianças da família gostarão de paella pelo resto da vida. Mas, se nessa mesma casa não entra espinafre, as crianças dificilmente vão encarar o espinafre como um alimento cotidiano.

* Espumas ao alcance de todos

As espumas permitem criar texturas originais em casa. São também uma opção útil, ajudam a inventar variações na dieta de pessoas com problemas de mastigação ou de deglutição. Alguns exemplos de receitas para espumas frias e quentes:

ESPUMA DE BATATA

Ingredientes
250 g de batata
125 g de creme de leite fresco (com 35% de gordura)
100 g da água do cozimento da batata
35 g de azeite de oliva virgem
Sal

Modo de preparo
1. Cozinhar a batata em água e escorrer.
2. Amassar a batata com o creme de leite, os 100 ml da água do cozimento, o azeite e o sal.
3. Coar, colocar no sifão* e carregar com duas cargas de gás.
4. Esquentar o sifão diretamente em banho-maria antes de servir até que esteja bem quente. Servir quente como acompanhamento ou molho de pratos de peixe ou carne.

Combinações possíveis
- Espuma de batata com purê de azeitonas pretas ou com verduras assadas.
- Servir ensopado de carne (carne bovina, aves...) em uma xícara com espuma de batata por cima.
- Espuma de batata com vagem afervented e azeite de oliva virgem.

---

* Também conhecido como "garrafa para chantilly". (N. T.)

ESPUMA DE IOGURTE

Ingredientes
375 g de iogurte (3 unidades)
125 g de creme de leite fresco (com 35% de gordura)
75 g de açúcar

Modo de preparo
1. Misturar o iogurte com o creme de leite e o açúcar.
2. Uma vez dissolvido, coar.
3. Colocar no sifão e adicionar duas cargas de gás.
4. Agitar e servir bem frio.

Combinações possíveis
- Pode-se servir com ou sem açúcar.
- Combinar a espuma de iogurte com frutas secas.
- Preparar um folhado de queijo curado e espuma de iogurte.
- Preparar a espuma de iogurte com mel.

ESPUMA DE MORANGO

Ingredientes
250 g de morango
50 g de açúcar
100 g de água
2 folhas de gelatina incolor

Modo de preparo
1. Cozinhar os morangos cortados com o açúcar no micro-ondas, em potência média, durante 20 minutos.
2. Triturar, coar e deixar esfriar.
3. Esquentar a água e derreter a gelatina previamente hidratada e misturá-la com o purê de morango.
4. Coar e colocar no sifão com duas cargas de gás. Agitar.
5. Esfriar na geladeira durante 3 horas. Agitar de novo. Servir frio.

Combinações possíveis
- Espuma de morango com iogurte batido.
- Taça de suco de laranja e menta ou hortelã frescos com espuma de morango.
- Espuma de morango com creme de leite batido e uma base de bolachas.
- Espuma de morango misturado com pedaços de banana, laranja e maçã.
- Espuma de morango com sorvete de baunilha.

ESPUMA DE CHOCOLATE MEIO AMARGO

Ingredientes
150 g de creme de leite fresco (com 35% de gordura)
200 g de chocolate meio amargo para cobertura
150 g de clara de ovo (cerca de 5 claras)

Modo de preparo
1. Levar o creme de leite ao fogo até abrir fervura, tirar e adicionar o chocolate picado.
2. Deixar esfriar um pouco, juntar as claras e mexer com uma vareta.
3. Coar e colocar dentro de um sifão com duas cargas de gás.
4. Esquentar diretamente o sifão no banho--maria. Servir quente.

Combinações possíveis
- Pode-se servir com cristais de sal por cima.
- Espuma de chocolate com sorvete de especiarias.
- Espuma de chocolate com cappuccino.
- Espuma de chocolate com pedaços de frutas secas, frutas cristalizadas e frutas ácidas.

* Sorvetes e molhos

- Deixar o soverte derreter, coar e colocá-lo no sifão. Obtém-se uma textura surpreendente de forma simples e rápida.
- Diluir maionese com um pouco de creme de leite e colocar no sifão. Obtém-se uma espuma bem leve para acompanhar, por exemplo, aspargos.

6   PÔR A MESA
14h00

Além de estudar o perfil dos diferentes tipos de cozinheiro, o Laboratório de Alimentos e Marcas da Universidade de Cornell abriu uma linha de investigação para analisar como a maneira de pôr a mesa, ou de apresentar os alimentos, influencia o que comemos e quanto comemos. O objetivo dessas investigações é compreender por que há tanta gente com sobrepeso ou obesa que come mais do que desejaria ou do que lhe convém. Os resultados revelam que a quantidade de comida que uma pessoa ingere não somente depende da fome que ela tem, de quão ansiosa está ou de quanto gosta daquela comida, como também depende muito de fatores que costumam passar despercebidos, como o tamanho dos pratos e copos e a facilidade em se servir. Os próprios indivíduos que aplicaram as pesquisas mostraram que nem eles mesmos eram imunes a essas influências. Mesmo sabendo que o tamanho do prato distorce a noção da quantidade de comida ingerida, eles ainda caíam na armadilha. Mas suas conclusões oferecem estratégias úteis para pôr a mesa e dispor os alimentos de maneira que se controle melhor quanto se come e quanto se bebe.

Hoje Cris e Pablo são os que põem a mesa. Eles fazem isso desde pequenos. Essa foi a primeira tarefa do lar que começaram a ajudar, antes de completarem 3 anos, quando já caminhavam e começavam a falar. Rosa e Juan não pediam pela ajuda que de fato as crianças podiam prestar, que era pouca, pois, a princípio, levavam apenas algum prato, uma colher ou o pão, e, mesmo assim, essas coisas às vezes caíam pelo caminho, dando mais trabalho do que se não tivessem ajudado. Eles fizeram isso para conscientizar as crianças de que as tarefas de casa são feitas entre todos, e é melhor começar desde que são pequenos, como se fosse uma brincadeira, do que ter que insistir mais tarde. Com o tempo, Cris e Pablo viraram especialistas em pôr a mesa. Eles sabem o que tem e o que não tem que colocar e fazem isso rapidamente e sozinhos. Claro que de vez em quando reclamam por terem que parar o que estão fazendo, mas, apesar disso, já arrumam a mesa sem muito esforço.

O tamanho (do prato) importa sim

Cris começa colocando a toalha de mesa, porque Pablo, com seus 8 anos, ainda acha isso difícil, então ele se encarrega de pegar os pratos. A família tem pratos azuis de três tamanhos diferentes, guardados em um armário da cozinha: pequenos como os de sobremesa, médios e grandes, além dos pratos de sopa e pires das xícaras de café. Ele pega cinco pratos médios e leva para a mesa.

Os cientistas de Cornell também escolheram os pratos médios. Em suas investigações comprovaram que, quando se coloca uma quantidade de comida em dois pratos de tamanhos diferentes, os comensais acreditam que há mais quantidade de comida no prato pequeno. Isso não é culpa do prato, mas sim de nossa percepção visual. O mesmo acontece no clássico teste de percepção, em que duas figuras são mostradas com um disco preto rodeado de círculos brancos. O disco preto parece ser maior quando os círculos brancos são pequenos e parece menor quando os círculos brancos são grandes, sendo que na realidade o disco tem o mesmo tamanho nas duas figuras.

Quando isso ocorre com pratos na mesa, no lugar de círculos dentro de um desenho, a consequência é que os comensais acabam se servindo de mais comida em pratos grandes do que em pratos médios. As pessoas normalmente enchem o prato com aquilo que consideram uma porção adequada, e a porção que parece adequada em um prato de tamanho médio se mostra insuficiente em um prato grande.

Em um estudo realizado com especialistas em nutrição, a equipe de Cornell comparou a quantidade de sorvete servida em tigelas de diferentes tamanhos. Os especialistas não sabiam que estavam participando de uma investigação nem que alguém mediria a quantidade de sorvete que comeriam. Eles simplesmente foram convidados para uma festa e não foram avisados de que participariam de um estudo. Todos sabiam que o tamanho do recipiente condiciona a quantidade que nos servimos, pois conheciam os resultados daquela equipe de investigação. A metade dos especialistas recebeu tigelas de 480 mililitros – quase ½ litro – para que pudesse se servir de sorvete, a outra metade recebeu tigelas com o dobro do tamanho. Resultado: os que tinham tigelas maiores não chegaram a comer o dobro, mas mesmo assim comeram uns 30% a mais de sorvete.

Certamente, alguns leitores estão pensando nesse momento que isso não acontece com eles. Que comem segundo o apetite que têm e não de acordo com o tamanho do prato. O que talvez possa ter acontecido alguma vez, mas, agora que já estão avisados, não voltará a acontecer. E estão enganados. Essa é precisamente a grande lição do estudo. Algo que aconteceu até com os investigadores universitários que sabiam que o tamanho do recipiente distorce a percepção das quantidades. E que também pensavam que tal fato não aconteceria com eles. O que confirma que a distorção da percepção das quantidades atua à margem da racionalidade.

Os investigadores de Cornell observaram também que, se a porção servida no prato parece adequada, os comensais costumam comer tudo e não repetir. Podem comer uns 20% a mais ou a menos de alimento, segundo o tamanho do prato, sem ter consciência de que comeram mais. A partir de 25% a 30% de diferença – a porcentagem não é a mesma para todo mundo –, costuma-se notar que se comeu demais. Ou muito pouco. É por essa razão que é melhor escolher pratos médios que pequenos ao colocar a mesa. Com pratos pequenos, as pessoas percebem que comeram pouco e tendem a repetir. E quando repetem, mesmo que cada porção seja pequena, costumam comer mais do que se tivessem se servido uma vez só.

O formato (do copo) também importa

Nosso sistema de percepção visual condiciona não só quanto comemos, mas também quanto bebemos. Porque quando se despeja a mesma quantidade de bebida em um copo comprido e em um copo largo parece que há mais no copo comprido. O teste clássico nesse caso é o da letra T. Se desenhamos um T maiúsculo com uma régua, deixando as duas linhas com o mesmo tamanho, e, depois perguntamos a outra pessoa qual das duas parece maior, a maioria responderá que a linha vertical é mais longa. A ilusão de óptica é ainda mais acentuada se invertemos a figura e situamos o traço horizontal na base. Mesmo para a pessoa que desenhou o T, e que sabe que as duas partes têm o mesmo tamanho, a linha vertical vai parecer uns 20% mais longa. Os circuitos racionais do cérebro dizem que são iguais, mas o sistema de percepção visual diz que são diferentes.

É essa mesma distorção que faz com que uma pessoa que se vista com roupas de listras verticais pareça mais alta e magra do que se estivesse vestindo uma roupa com listras horizontais: o cérebro exagera no comprimento das linhas verticais e minimiza o tamanho das horizontais. É o que também acontece com os copos.

Pôr a mesa

* A percepção do tamanho

A percepção da quantidade de comida segundo o tamanho do prato

A almôndega parece maior quando está delimitada por um referencial pequeno (esquerda) do que quando está delimitada por um referencial grande (direita). Na verdade, ambos os desenhos têm o mesmo tamanho.

A percepção da quantidade de bebida segundo a forma do copo

As linhas verticais tendem a parecer mais longas que as linhas horizontais, embora ambas tenham o mesmo comprimento.

125

Em um experimento realizado nos Estados Unidos com um grupo de adolescentes. Eles podiam beber quanta bebida quisessem na hora de comer. Observou-se que os adolescentes que tinham um copo longo e estreito se serviam, em média, de 156 mililitros de água ou de algum refresco. E os que tinham copos baixos e largos se serviam de uns 74% a mais: 272 mililitros. Porém o resultado mais revelador foi que aqueles que tinham o copo largo acreditavam ter bebido menos do que realmente haviam bebido. Quando questionados quanto pensavam que tinham se servido, disseram – em média – 200 mililitros. Sem perceber, seus cérebros haviam minimizado a dimensão horizontal. Como acontece com todos nós.

O mesmo fenômeno foi observado nas investigações realizadas com outros grupos da população. Por exemplo, entre músicos profissionais que assistiam a um curso de verão em Massachusetts, aqueles que tinham um copo curto para beber suco ou refresco tomavam uns 19% a mais do que os que tinham um copo longo.

E de novo recordamos que os *experts* são tão vulneráveis a essas distorções de percepção como os leigos. Neste outro caso, os *experts* não são cientistas especialistas em nutrição, mas sim *barmen* profissionais que foram requisitados para servir rum para uma cuba-libre, gim para um gim tônica, vodca para um hi-fi (vodca com laranja) ou um uísque com gelo. Eles tinham que tentar servir a quantidade exata para uma taça, estipulada em 42,5 mililitros (uma onça e meia). É a mesma quantidade que serviam em seus trabalhos, dezenas de vezes todas as noites, mas desta vez sem nenhum instrumento para medir quanto despejavam nos copos. Aqueles que serviram as bebidas em copos longos acertaram a quantidade que se pedia com precisão aceitável: despejaram, em média, 45 mililitros. Mas os *barmen* que tinham o copo largo se viram incapazes de calcular com precisão quanto serviam. Acabaram despejando em média 60 mililitros. Moral da história: se queremos moderar na quantidade de bebidas, usar copos longos e estreitos ajudará mais do que beber em copos largos e baixos.

A forma do copo tem pouca importância quando bebemos água. Mas se bebemos com frequência sucos e refrescos com elevado conteúdo de açúcar, ou bebidas alcoólicas, utilizar copos longos pode ser uma maneira simples e barata de reduzir o consumo de calorias e de álcool. Tanto é assim que, depois de realizar esses estudos e perceber a importância da forma do copo, os investigadores do Laboratório de Alimentos e Marcas da Universidade de Cornell retiraram a maioria dos copos largos de suas cozinhas e os substituíram por copos longos.

Os mitos da água: quanto se deve beber?

Depois de pôr os pratos e copos na mesa, Pablo vai buscar a água enquanto Cris corta o pão. A água é o mais imprescindível dos alimentos. Também é um dos que mais transmitem doenças em países pobres e nos países ricos é o alimento sobre o qual circularam mais ideias sem base científica.

Cerca de 70% do corpo humano é formado por água, que se perde de maneira ininterrupta e deve ser reposta várias vezes ao dia. Cada vez que respiramos, por exemplo, emitimos água junto com o ar que expulsamos. Mas a ideia muito difundida de que beber oito copos de água é recomendável para toda a população não foi comprovada por nenhuma investigação científica conclusiva.

A ideia de que beber água em abundância é bom para a pele tampouco foi confirmada. A pele tem que estar bem hidratada, é claro. E, a partir do momento que o corpo humano já dispõe de toda água de que precisa, o excesso de água não é destinado a hidratar a pele, mas sim é eliminado pela urina. O que se observou, em um estudo de dez anos de duração, no qual participaram 10 mil homens, é que o risco de câncer na bexiga reduz em 7% por copo de água a mais que se beba ao longo do dia. E em outro estudo, com 20 mil pessoas da Califórnia, observou-se que o risco de morte por doença cardíaca era menor entre os grandes consumidores de água. Mas esses estudos não demonstraram que a água foi a causa direta da redução do risco das doenças, nem justificaram a recomendação de oito copos de água por dia para toda a população.

Um caso à parte são as pessoas que sofrem de cálculos renais (pedra nos rins), para as quais se recomenda um grande consumo de água para prevenir a formação de novos cálculos. E faz sentido: quanto mais água for drenada pelos rins, mais provável é que essa água arraste minerais e não ocorra a formação de cálculos.

Também constituem um caso particular as pessoas idosas, que perdem a capacidade de regular a sensação de sede e a quem se recomenda um consumo abundante de água, mesmo que não tenham sede.

Ao contrário, as pessoas que tomam remédios diuréticos para hipertensão ou para insuficiência cardíaca muitas vezes perguntam aos seus médicos se devem beber mais ou menos água, segundo a dose da medicação, mas não têm por que tomar nem mais nem menos água do que bebiam antes.

Em nenhum dos casos, nem sequer no caso das pessoas com cálculos renais, demonstraram que a quantidade recomendável seja oitos copos por dia. Na verdade, a quantidade de água que uma pessoa necessita repor por dia depende de variáveis múltiplas, como seu peso (uma pessoa de 90 quilos necessita de mais água que uma de 60 quilos), seu nível de atividade física (uma pessoa ativa necessita mais do que uma sedentária) ou a época do ano (mais no verão do que no inverno).

Em média, estima-se que uma pessoa de 60 quilos necessite repor aproximadamente 2,5 litros de água por dia. A maior parte desses 2,5 litros não são ingeridos na forma de água e sim junto com os alimentos ou outras bebidas. Um prato de sopa, por exemplo, pode ter ¼ de litro de água. Uma salada grande, outro ¼ de litro. Em um prato de massa, 60% ingerido é água. E, em uma fatia de pão, temos uns 35% de água. De modo que a quantidade de água que é necessária beber depende também do que se come.

Na verdade, é impossível saber quanto uma pessoa deve beber de água, porque a quantidade adequada varia de uma pessoa para outra e de um dia para outro. O melhor jeito de saber quando uma pessoa sadia precisa de água continua sendo à maneira antiga: a sede.

Mais água, menos calorias

Algumas vezes, mesmo sem ter sede, é recomendável beber água. Por exemplo, na hora de comer, especialmente se queremos perder peso em vez de ganhar. A razão óbvia é que, quando uma pessoa bebe água, ela não bebe então outras bebidas ricas em calorias, sejam bebidas com açúcar, sejam alcoólicas. Existe outra razão menos evidente, mas não menos importante: a água, se ingerida junto com comidas – especialmente no começo das refeições –, incrementa uma sensação de saciedade e ajuda a não comer tanto.

Conseguimos uma sensação de saciedade porque o volume de muitos alimentos aumenta com a água e dessa maneira conseguimos encher o estômago sem necessidade de comer tanto. Essa estratégia é especialmente eficaz com alimentos ricos em fibras, pois são aqueles que mais aumentam de volume com a água. Também é mais eficaz beber água no começo das refeições, assim a sensação de saciedade aparece antes, além disso os primeiros pratos geralmente são mais ricos em fibras que os pratos principais.

É por essas razões que Cris e Pablo sempre colocam água na mesa e enchem os cinco copos no começo das refeições. Quando eram menores, não faziam isso. Mas Rosa insistiu para que colocassem água e enchessem os copos, depois que Juan foi ao médico e lhe disseram que estava com sobrepeso e diagnosticaram uma pré-hipertensão – que significava que acabaria tendo hipertensão a menos que corrigisse hábitos pouco saudáveis – e foi aconselhado a vigiar o que e quanto comia.

– Por exemplo – disse o médico –, você pode fazer algo fácil, como beber água no começo das refeições. Isso não vai custar nenhum esforço e trará grandes benefícios.

Muitas vezes, eles também colocam uma travessa de salada no centro da mesa, para acompanhar as refeições. Hoje, como terão vagens como entrada, as crianças não fizeram isso. Quem costuma prepará-la é Rosa e dona Maria, elas costumam variar os ingredientes para evitar a monotonia. Não há dois dias seguidos em que elas preparam a mesma salada. Em alguns dias, predomina a alface, outros o tomate, às vezes adicionam cenoura, ou azeitonas, cebola, aspargos, repolho roxo... Isso também foi recomendado pelo médico.

– A água e a fibra da salada – disse o médico – ajudam a dar sensação de saciedade com poucas calorias. Mas não a preparem se não forem comer – completou. É melhor colocar a salada na mesa três dias por semana e comer tudo do que colocar sete dias e não comê-la. Procurem variar de verdes, folhas para saladas, ou vão enjoar. E é melhor que a temperem com azeite do que com molhos de salada prontos.

Água da torneira ou engarrafada?

A água que Cris e Pablo colocam na mesa é engarrafada. Todos gostam mais assim, não porque a água da torneira seja ruim para a saúde. No bairro deles, a água tem às vezes um sabor de cloro que não lhes agrada: essa é a principal razão. Além disso, a água engarrafada tem a vantagem de informar no rótulo as quantidades de minerais dissolvidos nela. E três desses minerais são relevantes para a saúde.

* Ideias para saladas originais

A única regra na hora de preparar uma salada é acertar a combinação de alimentos. Experiência com os ingredientes permite obter saladas originais e saborosas. Por exemplo:
- Temperar os aspargos, as alcachofras, os palmitos... dentro do seu próprio frasco com óleo e vinagre. Fechar o frasco e agitar.
- Misturar vários ingredientes disponíveis em casa para preparar uma salada de contrastes: verduras, conservas, ovos, frutas secas, molhos...
- Tentar com uma salada quente: saltear folhas de alface com um pouco de óleo em uma frigideira bem quente por uns dez segundos e comer na hora.
- Servir a salada sobre uma fatia de pão, como se fosse um prato.
- Preparar uma salada à base de conservas: lentilhas, grão-de-bico, atum, mexilhões...
- Saladas para comer em pé: servi-las em copos, como petisco aperitivo.

* Ideias para tempero

- Fazer uma maionese com o óleo da lata de atum.
- Utilizar um gaspacho como vinagrete.
- Usar água do cozimento do arroz como base para um molho vinagrete sem gordura.

* 4 regras básicas para preparar saladas apetitosas

1. Volume
Uma salada com volume dá sensação de leveza e frescor.

2. Cor
A variedade de cores deixa a salada mais atrativa e reflete a diversidade de vitaminas e outros micronutrientes.

3. Textura
Na hora de pensar nos ingredientes para uma salada, convém levar em conta as diferentes texturas dos alimentos que são combinados.

4. Sabor
O elemento mais importante da maioria das saladas são os contrastes de sabor.

No caso de Juan, o mais relevante é o sódio – um dos componentes do sal comum –, pois o consumo excessivo de sódio eleva o risco de ter hipertensão. O conteúdo de sódio presente na água pode ser muito variável, principalmente entre as engarrafadas; portanto, nas casas em que moram pessoas com pressão alta, é melhor optar pelas marcas que contêm pouco sódio. Considera-se aceitável um consumo de até 1.200 miligramas de sódio ao dia. O sódio é ingerido não só com água, mas também com a maioria dos alimentos, então é preferível optar por água que não tenha mais de 100 miligramas de sódio por litro, como ocorre na maioria das marcas. A água com gás merece atenção especial, já que algumas delas chegam a exceder os 1.000 miligramas por litro, mas também não é difícil encontrar marcas baixas em sódio.

O segundo mineral relevante presente na água engarrafada é o cálcio, que é básico para uma boa saúde óssea e que a maior parte da população ingere em quantidade insuficiente. É importante especialmente na fase de crescimento, como para Cris e Pablo, e para pessoas mais velhas, como dona Maria. Embora a maior parte do cálcio da dieta provenha de produtos lácteos, a água pode ser uma dica para ajudar a alcançar os mais de 1.000 miligramas recomendados.

Finalmente, o magnésio. A falta de magnésio agrava o risco de algumas doenças do músculo cardíaco, como as arritmias. O magnésio é encontrado principalmente em verduras, cereais, nozes e peixes, mas também se encontra em quantidades consideráveis na água. A maior parte da população na Espanha não chega a ingerir os 400 miligramas diários de magnésio recomendados, de modo que consumir água com alto conteúdo de magnésio pode ajudar a reduzir esse déficit.

Resumindo, quanto mais cálcio, mais magnésio e menos sódio tiver a água, melhor.

Sal na mesa, não. Seu lugar é na cozinha

Precisamente para evitar excesso de sódio, Cris e Pablo deixam o saleiro sempre na cozinha. Esta é outra das medidas recomendadas pelo médico e que Rosa insistiu em seguir. É curioso como Rosa cuida mais da saúde de Juan do que ele próprio. Mas é um fenômeno que se repete com milhões de famílias. Pode ser que algo genético implique esse comportamento. E provavelmente também ocorre uma influência cultural. Mas o fato é que, com frequência, são as mulheres que zelam pela saúde de toda a família.

De todo modo, está bem demonstrado que quanto maior for o consumo de sódio em uma população mais alta é a pressão arterial média dos seus cidadãos. E que quanto mais alta for a pressão arterial maior é o risco de infartos do miocárdio, insuficiências cardíacas, AVCs e doenças renais.

A maior prova da grande importância da pressão arterial sobre a saúde são as associações médicas, que aconselham que toda a população meça a pressão ao menos uma vez a cada dois anos, a partir dos 20 anos de idade. Se uma pessoa não medir sua pressão, não terá como saber se está em uma faixa perigosa, porque ter a pressão alta não faz com que a pessoa se sinta mal. Por essa razão, a hipertensão é chamada de "assassina silenciosa", pois mata sem avisar.

A pressão arterial é a pressão com a qual o sangue circula pelo interior das artérias e é medida com dois números. A pressão máxima (ou sistólica) corresponde ao momento em que o coração se contrai e bombeia o sangue. A pressão mínima (ou diastólica) corresponde ao momento em que o coração relaxa. Ambos os números são expressos em milímetros de mercúrio.

A última vez que Rosa mediu a pressão, estava normal. Isso significa que, a máxima era inferior a 130 e a mínima, inferior a 80. Embora esses valores sejam considerados de pressão arterial normal, na verdade, a cada dia esses números são menos normais, e as pessoas que se situam nesses níveis são minoria na população adulta, tanto na Espanha como nos Estados Unidos.[*]

---

[*] No Brasil, segundo dados do grupo de pesquisa em Epidemiologia de Doenças Crônicas e Ocupacionais, da Faculdade de Medicina da Universidade Federal de Minas Gerais (UFMG), retirados de treze estudos, restritos às regiões Sul e Sudeste, "as taxas de prevalência mostram que cerca de 20% dos adultos apresentam hipertensão, sem distinção de gênero, mas também com evidente tendência

Juan mediu sua pressão arterial no mesmo dia. Eles foram juntos à farmácia. O resultado é que ele estava com pré-hipertensão. Isso significa que a máxima estava entre 130 e 139 e a mínima, entre 80 e 90, ou que pelo menos um dos dois valores estava situado nessa faixa mesmo que o outro estivesse normal. Ele voltou a medir em outras quatro ocasiões, porque o resultado pode variar de um dia para outro e depender da hora do dia, e o diagnóstico foi confirmado.

– Meu amor, você é hipertenso – disse Rosa – e vai ter que se cuidar.

Não foi muito difícil convencer Juan a ir ao médico. Ela mencionou tratamentos eficazes contra a pressão alta, e ele não tinha como contestar: ela é médica. Ela apelou e disse que, se não queria ir por ele, porque nunca se preocupa com a própria saúde, pelo menos fosse ao médico por amor a ela.

Em casos como o de Juan, o tratamento eficaz consiste em melhorar a dieta, controlar o peso e praticar mais atividades físicas. Nesses casos, ainda não se recomenda tomar remédios, embora as pessoas pré-hipertensas já tenham um risco mais alto de sofrer de doenças cardiovasculares do que pessoas com a pressão normal. O tratamento com fármacos começa a partir do momento em que a hipertensão é diagnosticada, quando a pressão máxima arterial supera os 140 ou a mínima os 90.

Dentro da dieta, a medida mais simples e popular é reduzir o consumo de sal. A razão disso é que, cada vez que se ingere uma molécula de sal, se ingere um átomo de sódio e um de cloro. Daí o nome químico para o sal de cozinha: cloreto de sódio. No sal, o cloro representa 60% do peso e o sódio 40%. Por isso, atualmente recomenda-se não comer mais de 3 gramas de sal por dia, o que perfaz o 1,2 grama de sódio, teor considerado como o limite máximo aceitável.

---

de aumento com a idade". Disponível em http://iah.iec.pa.gov.br/iah/fulltext/pc/portal/ess/v15n1/pdf/v15n1a02.pdf. Acesso em 5-5-2011. (N. T.)

Porém, essa é uma recomendação que grande parte da população não segue. Muitas vezes sem saber. O problema é que fica difícil calcular quanto sal contém os alimentos comprados no supermercado, já que o sal é abundante mesmo em produtos que não são salgados, como as bolachas ou o presunto york.* E também é impossível saber quanto de sal há nos pratos servidos nos restaurantes.

O que é possível, e simples, é cozinhar em casa com pouco sal, não adicionar sal em excesso nos pratos depois de preparados e recorrer a outros condimentos para dar sabor. Por isso, os médicos recomendam deixar o saleiro na cozinha e não na mesa, para quebrar o costume de salgar a comida já servida no prato.

Na verdade, todo mundo gosta de sal e todas as culturas o utilizam em suas culinárias. O sódio é vital para o corpo humano, pois nossas células não podem funcionar sem ele, e a evolução pressionou a existência de receptores especializados na língua para também sentir sabores salgados. Mas esse gosto inato pelo sal é modulado ao longo da vida. Pessoas acostumadas a comer pratos muito salgados podem achar que a comida está sem graça no dia em que a comida estiver com um pouco menos de sal. E pessoas acostumadas a comer com pouco sal aprendem a não sentir falta do mesmo.

Por isso, moderar o consumo de sal em uma casa não só é benéfico para as pessoas que têm pressão alta, mas também para toda a família, especialmente para as crianças, que se acostumam a comer com pouco sal desde pequenos.

Para controlar a pressão arterial, no entanto, não basta reduzir o consumo de sal. Há uma minoria de pessoas muito sensível ao sódio e que conseguem diminuir bem a pressão arterial logo que começam a comer pouco sal. Mas há outras pessoas que, mesmo ingerindo pouco sal, conseguem reduções apenas moderadas na pressão arterial.

---

* Tipo de presunto cozido. (N. T.)

* Ideias para cozinhar com sabor e o mínimo de sal

- **Curtir ou marinar os ingredientes antes de cozinhá-los**. Por exemplo, preparar fatias de peixe ou pedaços de carne com especiarias, condimentos frescos...
- **Combinar carnes ou peixes com frutas** para contrastar seus sabores. Por exemplo, magret de pato com damascos assados.
- **Cozinhar no vapor** ajuda a concentrar os sabores dos ingredientes.
- **Cozinhar com papel-manteiga** ou papel-alumínio (papilote) também ajuda a manter o sabor, já que os alimentos, embrulhados, são cozidos com o próprio vapor que deles desprende. Por exemplo, fatias de merluza com "verduras em Juliana de verduras".
- **Experimentar temperos** e molhos sem sal ajuda a obter novos sabores. Por exemplo, sucos de frutas cítricas, azeites aromatizados, picantes, ervas aromáticas, molhos de iogurte...
- **Criar uma mistura própria** de ervas e especiarias para polvilhar sobre certos pratos. Por exemplo, tomilho + alecrim, canela + casca de limão...

Uma dieta contra a hipertensão, além de conter pouco sal deve ser generosa em frutas, legumes e verduras e lácteos desnatados; deve incluir frango, peixe, cereais integrais e frutas secas; e deve restringir gorduras, carnes vermelhas, açúcares e álcool. Esses são os princípios da chamada dieta Dash (Dietary Approaches to Stop Hypertension – Abordagens Dietéticas para Deter a Hipertensão). Não é uma dieta radical. Quanto ao álcool, por exemplo, ela permite tomar até dois copos de vinho (ou duas cervejas) ao dia para homens e um copo para mulheres. E não proíbe comer um pedaço de bolo ou um sorvete de vez em quando. O objetivo é conseguir que na dieta predominem os vegetais e não se abuse de açúcares e gorduras; e o resultado é que a pressão arterial máxima se reduz em média 11 milímetros de mercúrio (mm/Hg) e a pressão mínima, cerca de 5,5 mm/Hg em pessoas hipertensas.

Além disso, é tão importante quanto controlar o que se come, é controlar quanto se come. Em pessoas com sobrepeso ou obesas, perder peso costuma ser a medida mais eficaz para reduzir a pressão arterial, pois, quanto maior é o índice de massa corporal, mais alta é a pressão arterial. A máxima pode ser reduzida em 20 mm/Hg, e o risco de sofrer um infarto baixa pela metade, a cada 10 quilos que uma pessoa obesa perde.

Por enquanto Juan apenas está com um sobrepeso moderado e a pressão moderadamente alta. Nada que justifique medidas drásticas. Mas pequenos ajustes para evitar que o sobrepeso vire obesidade, que a pressão fique astronômica e que ele seja obrigado a adotar medidas mais radicais de imediato. Pequenos ajustes como não colocar o saleiro na mesa. Ou como cortar o pão na cozinha e levar para a mesa duas fatias para cada pessoa, como faz Cris, em vez de levar o pão inteiro.

Pão engorda?

O problema é que o pão é comido no "piloto automático". Se for colocado na mesa, cada um pega quanto quiser, à medida que vai comendo ou enquanto espera entre um prato e outro. Se, ao final da refeição, perguntarmos a cada comensal quanto pão comeu, poucos serão capazes de dar uma resposta rápida e precisa: "Exatamente duas fatias e meia". A maioria hesitará, terá que se esforçar para lembrar, acabando por dar uma resposta vaga, com ampla margem de erro. "Eu comi duas ou três fatias", ou então "algumas fatias", ou simplesmente alguém dirá "não sei".

É um gesto tão fácil, esticar a mão e pegar um pedaço de pão, que é feito sem pensar e sem que fique registrado na memória das decisões conscientes. O mesmo ocorre com a quantidade de comida que uma pessoa se serve segundo o tamanho do prato, são ações que ficam subjacentes ao radar da racionalidade. Isso não tem nenhum problema em lares em que todos estão com um peso adequado. Mas, em casas nas quais vivem pessoas com sobrepeso ou obesidade, o pão é um dos fatores que podem contribuir para o excesso de peso, portanto se aconselha um consumo limitado.

E não é que o pão, em especial, engorde. Em qualquer caso, não engorda mais do que outros alimentos elaborados com cereais, que fazem parte de uma dieta equilibrada. O que ocorre é que o pão não é visto como um alimento que se come "no lugar" de outro e sim "acompanhado" de outros. No cardápio do dia na casa de Rosa, há vagens salteadas, um dourado assado no forno, além de pão. Podem ser duas fatias, quatro, seis e, no final da refeição, contribuem com um adicional de calorias ingeridas quase sem nos darmos conta. Se os peixes fossem ingeridos assim – eu comi dois ou três, uns, sei lá –, também seriam um adicional de calorias. Mas não seria culpa dos dourados e sim da maneira como foram comidos.

Na realidade, ao analisarmos a composição nutricional do pão, descobrimos que é um alimento completo e sem defeitos. É formado, em grande parte, por carboidratos complexos, aqueles que devem contribuir com a maior parte das calorias de uma dieta equilibrada. O pão contém considerável quantidade de proteínas: uns 8 gramas em cada 100 gramas de pão, o que representa mais de cerca de 10% das proteínas que uma pessoa sã necessita por dia. Também contém quantidades consideráveis de minerais, como o fósforo e o potássio. E, a não ser que tenha "passageiros a bordo", como frutas secas, castanhas ou sementes, tem zero de gordura.

Uma prova das virtudes nutricionais do pão é que, durante milênios, tem sido o alimento básico na dieta das culturas mediterrâneas, e, durante séculos, também de outras culturas de diversas regiões. Suas origens remontam ao antigo Egito, onde foram encontrados restos arqueológicos de elaboração de pão, feito 6 mil anos atrás. Os antigos gregos, que inventaram a palavra *gastronomia*, já apreciavam o pão branco feito com farinha de trigo refinada. Já os romanos introduziram a palavra *companio* – aquele que compartilha o pão –, da qual derivam palavras como "companheiro" e "companhia". E, em um grande número de países, Espanha entre eles, o pão se converteu em sinônimo de comida, com expressões como "nascer com um pão debaixo do braço" ou "mais longo que um dia sem pão". Tudo isso para lembrar que o pão é um alimento completo, que pode fazer parte de uma dieta equilibrada, sem complexos de culpa. E que se o pão tem algum inconveniente para a saúde, a menos que o indivíduo tenha intolerância a alguns de seus componentes, como o glúten, não é por uma questão de qualidade, mas de quantidade.

Isso não significa que todos os pães são iguais em qualidade. Se uma pessoa observa somente o sabor e a textura do pão, os melhores pães são os obtidos quando o padeiro levanta de madrugada, prepara a massa, misturando farinha, água, sal e fermento, deixa fermentá-la durante várias horas e depois a assa em um forno. Mas essa elaboração artesanal é trabalhosa e, hoje em dia, é muito difícil achar pães feitos assim nos países onde a produção de pão se industrializou. O pão já não é mais preparado em cada povoado, ou bairro, mas em estabelecimentos industriais, de onde é distribuído a padarias, supermercados, lojas de conveniência ou qualquer outro ponto de venda.

O padeiro do bairro sovava o pão para que ficasse o mais saboroso possível e se conservasse por alguns dias. Para a padaria industrial, interessa mais acelerar a produção e também conseguir que o pão se mantenha comestível durante semanas, para ter tempo de distribuir e vender esses pães antes do término do prazo de validade. O que explica por que o sabor e a textura foram sacrificados em prol da rentabilidade.

Mas nem todos os consumidores aceitam isso, especialmente em países como Espanha, França ou Itália, onde se mantêm o costume de comprar pão diariamente. De modo que as empresas panificadoras aprenderam a preparar pães parecidos com os artesanais em sabor e textura, mas que são elaborados e distribuídos em escala industrial.

O modo de conseguir elaborar um pão de qualidade na indústria é mantê-lo no forno apenas durante 75% do tempo de cocção. Nesse momento, a massa já aumentou de volume e o pão pode ser congelado para ser distribuído aos pontos de venda, onde acabará de ser assado em fornos elétricos. Dessa maneira, quando o consumidor vai comprar, pode levar para casa um pão recém-feito. Quase como em uma padaria artesanal.

Se, além de observar o sabor e a textura, observamos as questões de saúde, nem todos os pães são iguais. Neste caso, as diferenças importantes não costumam estar entre pães artesanais e industriais, mas nos ingredientes utilizados. Especialmente no tipo de farinha.

Os pães integrais, preparados com farinha não refinada, contêm mais que o dobro de fibras que os pães brancos, preparados com farinhas refinadas. Isso ocorre porque os pães integrais incorporam o farelo do trigo (a casca do grão, rica em fibra e algumas vitaminas e minerais, que nos pães brancos é eliminada). Com 7,5 gramas de fibras em cada 100 gramas de pão, os pães integrais podem ajudar a conseguir os 25 gramas diários de fibras que são recomendados a toda população e que ajudam a prevenir o sobrepeso, a diabetes, o excesso de colesterol, as doenças cardiovasculares e o câncer de cólon. Os pães brancos, com 3,5 gramas de fibras em cada 100 gramas, também contribuem com considerável quantidade de fibras, embora muito inferior à dos pães integrais.

Quanto aos pães preparados com outros cereais como centeio, cevada ou aveia, que gozam de uma longa tradição no norte da Europa e uma popularidade crescente no sul, seguem a mesma regra. Quanto menos refinada é a farinha, mais rico em fibras e micronutrientes é o pão. Para o consumidor, costuma ser difícil saber até que ponto a farinha com que foram elaborados esses pães é refinada, já que muitas vezes nem os próprios vendedores sabem desses detalhes, mas, como regra de orientação geral, quanto mais escuro for o pão, é provável que tenha mais fibras.

Servir os pratos na cozinha

Então Cris e Pablo deixaram o sal e o pão longe da mesa. E, agora que se aproxima a hora do almoço, não colocam na mesa nem as vagens salteadas, nem a travessa com os dourados assados no forno. Eles estão acostumados que dona Maria sirva os pratos na cozinha. Uma das razões disso é porque a mesa não é muito grande e assim eles podem se acomodar melhor. Mas também porque servir a comida na cozinha ajuda pessoas com sobrepeso, como Juan, a comer menos, segundo disse o médico. Se antes na maioria das refeições eles se serviam diretamente da comida sobre a mesa, e raramente se serviam na cozinha, desde que foram ao médico fazem o contrário. Quase todos os dias a comida fica no fogão e somente em ocasiões especiais ela é disposta na mesa. Uma paella de domingo, um bolo de aniversário, uma ceia no *réveillon*...

Juan, a princípio, acreditava que deixar a panela na cozinha não iria influenciar em nada na quantidade que comeria.

– Se tenho mais fome, levanto e coloco mais no prato – pensou ele.

Mas mudou de opinião. Percebeu que poucas vezes vai ao fogão encher o prato outra vez. Se a travessa de comida estivesse na mesa, repetiria, mas como está na cozinha não repete.

Vários estudos analisaram esse fenômeno e todos apontam para a mesma conclusão. O ser humano é uma criatura preguiçosa na hora de buscar alimento. Come sem pensar tudo aquilo que estiver ao alcance de suas mãos, mas, se tiver que fazer um esforço para conseguir a comida, come menos. E mesmo sendo um esforço muito pequeno, como levantar-se da mesa de jantar e andar 3 metros para chegar até a cozinha.

Em estudo realizado em uma lanchonete norte-americana, por exemplo, observaram que, quando os clientes têm que ir buscar as batatas fritas ou os doces em um lugar diferente do qual estão os outros alimentos, acabam comendo menos batatas e menos doces. Em outro estudo, verificaram que, se pedimos a uma pessoa com sobrepeso que espere quinze minutos em uma sala e lhe oferecemos sementes ou oleaginosas, comerá mais se elas já tiverem sem casca do que se tiverem que tirar a casca delas. E, em outro estudo, os clientes comem a metade da quantidade de sorvete se, ao terem que se servir, são obrigados a abrir a tampa do recipiente, comparando com o caso da embalagem de sorvete estar aberta.

Uma razão adicional para servir os pratos na cozinha ou no fogão é que, quando se servem refeições corretas em um prato, não costumamos repetir. Os comensais interpretam, sempre abaixo do limiar da racionalidade, que aquela é a quantidade de comida que lhes cabe comer, passando a seguir ao prato seguinte, sem se perguntarem se ainda têm mais fome ou se desejam repetir. Se a travessa estiver na mesa, convidando todos a repetir, é mais provável que se perguntem se ainda estão com fome.

Comer com os olhos

Para inibir a tentação de repetir o prato, é necessário que as porções sejam corretas. Ou, pelo menos, que assim pareçam. Quando se estuda como a maneira de apresentar os pratos influi na sensação de ter comido mais ou menos, como foi feito pelos pesquisadores do Centro de Nutrição da Universidade da Pensilvânia, Estados Unidos, descobriu-se que realmente comemos com os olhos. Em um experimento, por exemplo, os estudiosos ofereceram vitaminas de frutas grátis a dois grupos de estudantes. As vitaminas tinham os mesmos ingredientes e as mesmas calorias. A única diferença era o volume. As vitaminas bebidas por um dos grupos ficou mais tempo no liquidificador, dilataram-se e pareciam ter o dobro que as outras. A variante estava no ar que continham. Quando, uma hora mais tarde, todos os estudantes foram comer, aqueles que haviam bebido a vitamina mais volumosa comeram uns 12% a menos e ainda afirmaram que se sentiam mais cheios, mais satisfeitos que os outros. O volume da vitamina, não as suas calorias, havia influenciado na sensação de apetite, atuando, mais uma vez, por debaixo do radar da racionalidade.

O mesmo princípio parece se aplicar a qualquer outro prato. Em outra experiência, os pesquisadores conseguiram com que pessoas que haviam comido um hambúrguer de 225 gramas sentissem a mesma saciedade do que aquelas que haviam comido um hambúrguer duas vezes maior. O truque: encheram o prato com tomate, alface e cebola, que contêm menos calorias do que o hambúrguer, mas que têm mais fibras, fazendo com que o prato pareça mais completo. Isso indica que decorar o prato com hortaliças pode ajudar pessoas com excesso de peso a ingerirem menos calorias e não passar fome por isso.

Medidas como essas são justificadas em casos de sobrepeso e obesidade ou, então, para ajudar a controlar a pressão arterial ou o colesterol. Se em um lar todos têm um peso normal, uma pressão arterial correta e níveis de colesterol adequados, não há motivo para mudar a maneira de comer, nem para cortar o pão em fatias e servir os pratos na cozinha. Também não é necessário enganar o sistema de percepção visual com pratos médios, copos largos e acompanhamentos volumosos. Mas o que fazemos nos casos de lares onde uma só pessoa tem problemas de saúde e o restante é saudável?

– Todos nós vamos ter que mudar nosso modo de comer só porque o papai tem que mudar o dele? – perguntou Cris. Tentou ser educada, mas não conseguiu evitar que soasse como uma queixa.

– Sim – disse Rosa, que preferiria responder de uma maneira melhor, mas não evitou o tom de reprovação.

Mas depois explicou; disse que era mais fácil que Juan melhorasse sua dieta se toda sua família fizesse o mesmo e não ele sozinho.

– E, além disso – acrescentou –, será bom para todo mundo aqui em casa.

Esse é um dos problemas que os pediatras especialistas em obesidade infantil encontram diariamente em suas consultas. Não há maneira de conseguir que uma criança obesa recupere o peso normal se em sua casa continuar tendo uma dieta com excesso de calorias e déficit de frutas, verduras e legumes. E com os adultos, embora tenham mais autonomia para escolher o que comem, costuma acontecer o mesmo. Porque podem tomar uma decisão racional de ficar só na escarola, enquanto no resto da mesa há um banquete. O problema é que, na prática, essas boas intenções racionais são, na maioria das vezes, aniquiladas por todas as pequenas tentações que alguém trouxe para a mesa. Elas atuam por debaixo do radar da consciência e imploram: "coma-me".

144

7   REFEIÇÕES EM FAMÍLIA
14h30

As refeições familiares têm sido umas das vítimas colaterais da vida urbana moderna. Se, nas antigas sociedades rurais, os horários de trabalho eram adaptados às horas das refeições, agora são as refeições que se adaptam aos horários de trabalho. Se antes as famílias costumavam se reunir ao redor da mesa todos os dias na hora de comer, agora o hábito é cada um comer em um canto. Rosa come no hospital – nos dias que pode, porque às vezes não tem tempo –; Juan com seus colegas arquitetos; Cris e Pablo na escola; dona Maria em casa. Cada um em um lugar separado e em horas diferentes.

Por isso, Rosa e Juan insistem em comer juntos pelo menos nos fins de semana. Com a televisão desligada e os celulares em silêncio para poderem conversar. Tentam também jantar juntos de segunda a sexta-feira, mas há dias em que Juan acumula trabalho e não chega a tempo, e outros nos quais Cris volta às 9 horas da noite de suas atividades extracurriculares – inglês e piano – e fica muito tarde para Pablo esperar para jantar. Aos sábados, no entanto, a refeição é feita em família.

A que horas comer?

A família costuma sentar-se à mesa entre 2 e 2h30 da tarde. Um horário normal em países mediterrâneos, porém anormal em outras regiões do mundo em que o hábito é comer entre meio-dia e 1 hora da tarde. Alguns nutricionistas defendem que o horário das refeições dos anglo-saxões é mais saudável do que o horário no mediterrâneo. Uma refeição mais cedo e mais leve evita um aumento brusco no nível de glicose no sangue, como ocorre com refeições mais tardias e fartas. E o aumento da glicose eleva a secreção de insulina, facilitando a síntese de gordura no organismo e favorecendo o aumento de peso. Mas o problema não é tanto pelo horário da refeição, mas pela abundância. Se a comida for leve, o pico de glicose não ocorre, não fazendo então diferença a que horas foi ingerida.

O motivo pelo qual as refeições são feitas mais tarde na orla do Mediterrâneo do que na Escandinávia não é por questão de saúde, mas de latitude. No norte da Europa, os dias são mais curtos no inverno e as noites mais frias. Isso explica a tradição de jantar mais cedo do que no sul. E isso explica por que comem mais cedo no almoço.

O problema do horário da comida no mediterrâneo, mais do que uma questão de saúde, é de organização familiar. Depois do almoço a jornada de trabalho se estende pela tarde, como acontece com Juan, que acaba saindo tarde do trabalho e fica com menos tempo para dedicar à família. Do ponto de vista da saúde, podemos ter uma dieta perfeitamente equilibrada com o horário do mediterrâneo, com o horário anglo-saxão ou com o horário da estação espacial. Podemos comer pouco ao meio-dia e mais no jantar, ou ao contrário, e também pouco importa. O que importa, apesar de que em muitos lares isso não é feito, é ter um horário regular. O caos do horário na organização das refeições, não saber a que horas vai se comer e acabar comendo a qualquer hora, é uma viagem só de ida para o excesso de peso, muitas vezes sem nenhuma perspectiva de retorno.

A grande maioria das mais de 50 bilhões de células que formam o nosso organismo tem razões de sobra para exigir um horário de refeições regular. Quase todas elas estão reguladas por relógios biológicos internos que dependem dos nutrientes que chegam até eles. É provavelmente um mecanismo biológico muito antigo, que remonta à época em que a Terra estava povoada só por seres unicelulares e que foi herdado não só pela espécie humana, mas por todo o reino animal.

Os relógios biológicos se sofisticaram ao longo da evolução e hoje dispomos de um relógio no cérebro que responde à luz exterior e que regula as adaptações do ciclo do dia e da noite, como o sono ou as variações da temperatura corporal. Também temos relógios mais sutis, como aquele que regula o ciclo menstrual. Mas a grande maioria das células continua sendo regida por aquele relógio antigo, que reage aos nutrientes e que, de um jeito que ainda não compreendemos bem, se sincroniza com o relógio central do cérebro que reage à luz. Por essa razão, uma das estratégias consideradas mais eficazes para combater o *jet lag* – nome dado ao desconforto sentido após uma viagem aérea em que se muda de fuso horário para cerca de mais de três horas – é adaptar novamente o fuso horário com a ajuda do horário das refeições. Se o corpo sabe a que horas deve se alimentar, saberá a que horas tem que dormir.

Também há razões psicológicas, não só fisiológicas, a favor de um horário regular para as refeições. Se as refeições se desorganizam, é fácil perder a sensação de controle sobre o que e quanto se come, e acabamos beliscando aqui e ali. Um horário regular ajuda a recuperar o controle da própria dieta.

Regular, para Rosa e Juan, não significa rígido. Se algum dia eles vão para a praia de manhã e voltam somente à tarde, não se importam em tomar um lanche e servir a comida depois, às 5 da tarde. Se Pablo vai a uma festa de aniversário à tarde e se entope de comida, seus pais não se importam se ele não jantar. Mas são exceções. A regra da casa é comer bem de manhã, comer na hora do almoço, comer algo leve como lanche e jantar à noite. E não beliscar entre as refeições.

A refeição, um ato social

Não é a única regra. Rosa e Juan insistem que, quando estão todos em casa, têm que comer juntos na mesa. Cris acha isso um costume antiquado. Um dia disse a eles que isso era coisa do século XX.

– Da época de vocês – chegou a dizer.

Ela tem colegas que, na hora das refeições, podem enviar mensagens de texto pelo celular ou ficar usando o computador. E disse que os pais das suas amigas fazem o mesmo. Se alguém ligar na hora em que estão comendo, saem da mesa para falar ao telefone. Que é a coisa mais normal, como diz Cris.

– Que é o que se faz no século XXI – gosta de completar ela.

De certa forma, Cris tem razão. Esse costume de comer todos juntos, conversando sobre qualquer assunto, isolados durante uns momentos do resto do mundo, realmente é algo antigo. Mas não foi inventado no século XX. Suas origens remontam ao período da Idade da Pedra, na época que se caçavam rinocerontes e mamutes, em que as tribos se reuniam ao redor de uma fogueira para celebrar o festim. Foi na Pré-História que as refeições em grupo se converteram em grandes atos de coesão social.

E ainda são. Essa é a parte em que Cris não tem razão. Hoje em dia os eventos e celebrações importantes continuam sendo acompanhados de comida. O Natal cristão, o *Yom Kipur* judaico, os encontros de chefes de Estado, os aniversários... E Cris, quando tiver um namorado, seguramente um dia jantará à luz de velas. E, se se casar, ela e o noivo convidarão seus amigos e famílias para um banquete de bodas. Mas não farão isso para alimentá-los ou por seus convidados serem desnutridos. Farão isso para celebrar. Em pleno século XXI.

Precisamente porque as pessoas não só comem juntas para se alimentar, mas também para se relacionar. Juan e Rosa também colocaram a regra de comer com o aparelho de televisão desligado. Mesmo neste caso, a norma não é rígida. Podem ser feitas exceções. Mas tem que existir algum acontecimento extraordinário para que quebrem a regra.

Comer sem televisão

Está comprovado que quando há uma televisão ligada as pessoas falam menos do que quando está desligada. Mesmo se ninguém estiver assistindo ao programa, as imagens da tevê funcionam como uma distração constante que leva as pessoas a deixarem de falar. Pesquisadores da Universidade de Washington em Seattle, Estados Unidos, observaram que, nas casas em que o aparelho costuma ficar ligado, os adultos falam 7% menos com as crianças do que nas casas onde a tevê fica desligada. E que depois, nos contatos fora de casa, as crianças costumam falar menos.

Deixar a tevê ligada na hora de comer traz efeitos adicionais: induz a comer mais e a aproveitar menos da refeição. Foi observado que as pessoas que a assistem muito tempo têm mais tendência ao sobrepeso e à obesidade do que as que assistem pouco. E não só por passar mais horas no sofá e praticando menos atividades físicas. Provavelmente, também em razão de que assistir tevê induz a comer sem olhar para o que se come, nem que quantidade.

Por exemplo, algumas pessoas associam o ato de assistir televisão – ou algum programa de tevê específico – ao ato de comer. Isso pode induzir a comerem não por estarem com fome, mas por estarem assistindo àquele programa determinado. Mesmo nos casos em que estamos com fome, ao comer diante da tevê, com certeza prestaremos mais atenção ao programa do que na comida. Não notamos como nosso organismo interage com o alimento. Não damos importância às reações das papilas gustativas. Mastigamos, mas não saboreamos. E ignoramos os sinais de saciedade que chegam do cérebro: uma parte dele tenta avisar que já comemos o bastante, mas a outra parte está muito distraída para perceber isso. E continua comendo até que acabe o programa.

Como regular o apetite e a saciedade

A televisão, portanto, induz a continuar comendo, mesmo quando já não sentimos mais fome. A falha, neste caso, é no mecanismo que regula o apetite e a saciedade e que indica – ou talvez deveria indicar – quando temos que começar ou parar de comer.

É um mecanismo sofisticado e sutil que conecta o sistema digestório e a gordura corporal com o cérebro. Vários hormônios intervêm na hora de indicar ao cérebro que "é hora de começar a comer" ou que "é hora de parar de comer". Um hormônio investigado mais a fundo é a leptina, que é secretada pela própria gordura e inibe o apetite. Assim, quando a quantidade de gordura corporal aumenta, secreta-se mais leptina e o apetite se reduz. Quando a quantidade de gordura se reduz, chega menos leptina ao cérebro e o apetite aumenta. É como um termostato da gordura corporal. Sua missão é manter estável a quantidade de gordura no corpo.

Esse termostato está programado de modo diferente em pessoas diferentes. Por isso, algumas pessoas têm tendência a ganhar peso, enquanto outras têm mais facilidade em manter o peso estável: a tendência de ganhar peso não é uma questão de vontade individual e sim de regulação hormonal.

A leptina ajuda a compreender a razão de ser tão difícil perder peso e não voltar a recuperá-lo. A partir do momento em que emagrecemos, a redução de leptina começa a pressionar o cérebro a comer mais. Jeffrey Friedman, o investigador da Universidade Rockefeller, de Nova York, que a descobriu, comparou o efeito da leptina com o ato de prender a respiração. Uma pessoa pode parar de respirar voluntariamente. Mas, ao longo de alguns segundos, a necessidade de respirar se impõe contra a decisão consciente de não respirar. Com a leptina, quanto mais rápido se emagrece, mais forte é a necessidade de comer mais. Para que essa necessidade não fique tão forte e possa ser dominada com a força de vontade, o segredo é emagrecer pouco a pouco. Desse modo, em nenhum momento ocorrerá uma queda brusca na quantidade de leptina que chega ao cérebro.

Mas a leptina não é o único hormônio envolvido. Há outros que, no lugar de regularem a fome a longo prazo para manter as reservas de gordura corporal, atuam sobre o apetite e a saciedade a curto prazo. Hora a hora e minuto a minuto. A grelina, por exemplo, é secretada pelo estômago quando está vazio. É o hormônio que envia ao cérebro a mensagem, na verdade uma ordem, "estou com fome!", indicando quando se deve começar a comer. Ou a CCK (nome completo: colecistoquinina, em caso de alguém querer saber como se chama), secretada pelo intestino delgado, que, no momento em que os alimentos saem do estômago, envia a mensagem "pare de comer". Ou o PYY (peptídio YY), secretado também pelo intestino, que inibe o apetite e ajuda a evitar as beliscadas entre as refeições. Resumindo, já foi identificada uma dezena de hormônios que regulam a fome e a saciedade e que conspiram para se impor contra a vontade consciente de comer mais ou menos.

Não é que a força de vontade não tenha importância. Mas não é a única coisa que influencia, nem o mais fundamental. A conduta alimentar está condicionada pelos hormônios da fome e da saciedade, por estímulos sensoriais como ver alimentos apetitosos ou sentir seu aroma, por situações emocionais como estresse ou desejo de estar com outras pessoas e por fatores genéticos. Existe uma crença difundida de que comer é uma conduta completamente voluntária. Mas os dados científicos, acumulados desde que Friedman descobriu a leptina em 1994 provam que temos um poderoso sistema biológico inconsciente que regula nossa maneira de comer. Acreditar que a vontade consciente possa se impor a esse sistema inconsciente é superestimar o que a força de vontade pode conseguir. Não podemos controlar voluntariamente os níveis de leptina ou de grelina, assim como não controlamos o que sonhamos.

Mas o que podemos conseguir com força de vontade é identificar aqueles estímulos que nos levam a perder o controle do que comemos. E, uma vez identificados, podemos adaptar a maneira de comer e nos proteger desses estímulos. O tamanho do prato, por exemplo: se os pratos grandes induzem a comer mais do que se deseja, é melhor utilizar pratos médios. Ou, no caso de comer com a televisão ligada: para aproveitar a comida e comer na medida justa, é melhor desligá-la.

Comer com consciência

É o que propõe o Center for Mindful Eating (centro para comer com consciência), um centro de estudos criado na Universidade de Indiana, Estados Unidos. Seus princípios são tão fáceis de explicar como difíceis de serem postos em prática. Consistem em prestar atenção ao que comemos e parar quando já não sentimos fome, mesmo que sobre comida no prato.

No lugar de centralizar os esforços no que se come ou em quanto se come, da mesma forma que a maioria dos centros de investigação de nutrição, os profissionais em psicologia do Center for Mindful Eating se concentram em como se come, ou seja, nas diferentes maneiras que as pessoas se relacionam com os alimentos. Os pesquisadores esperam que, se aprendermos a controlar o como se come, poderemos controlar melhor o que e quanto comemos.

Um dos exercícios sugeridos aos pacientes que frequentam o centro consiste em comer uma uva-passa. Uma só. Eles servem a uva desidratada em um prato e pedem que os participantes se perguntem primeiro com quanta fome estão. "Em uma escala de um a sete, onde um é estar esfomeado e sete, satisfeito, com quanto de fome estão?" Depois pedem que eles apreciem a cor e a textura da uva-passa. Que a mordam. E que experimentem, sem pressa, seu sabor na boca, como se fosse a primeira vez que comessem uma uva-passa.

A vantagem desse exercício é que pode ser feito com qualquer alimento, não somente com uvas-passas. E que qualquer um pode colocar isso em prática, com qualquer comida. Rosa propôs o exercício a Juan na época em que adotaram medidas para dar um basta no seu sobrepeso e hipertensão. Ela sugeriu o jogo em um sábado que saíram para jantar juntos. Foram a um restaurante japonês comer sushi e os dois comeram com consciência. Juan não sabe de onde Rosa tirou essa ideia; deve ter lido em alguma de suas revistas médicas. Mas foi uma experiência e tanto.

O primeiro efeito de comer com consciência, eles descobriram, é que saboreamos mais os alimentos. Também aprendemos a comer mais devagar. Aprendemos a ouvir os sinais entre o apetite por um sabor e o apetite por uma quantidade. Como no caso do chocolate. Se tivermos um desejo por chocolate, o prazer máximo estará nos dois ou três primeiros pedaços. E comer uma pequena quantidade,

Refeições em família

concentrando-se no sabor e na textura, acaba sendo mais gratificante do que engolir um pedaço de bolo inteiro sem prestar atenção. Tudo isso contribui a não comermos demais, além da fome sentida. Resultado: comemos menos e desfrutamos mais.

Mas não existe ninguém que coma sempre com consciência. Nem todo mundo pode – ou quer – fazer isso de maneira habitual. Por exemplo, dias mais tarde, algumas pessoas que haviam se proposto a seguir as recomendações do Center for Mindful Eating, mesmo se declarando satisfeitas com a experiência, preferiram voltar a comer na frente da tevê ou do computador.

É o que acaba acontecendo com Juan ao almoçar no escritório.

– Vamos ser práticos – disse Rosa –, se um objetivo parece impossível, escolha outro que seja possível. Ela diz a mesma coisa a suas pacientes quando estão obesas: – não tente conseguir um peso ideal. Tente conseguir um peso melhor.

Desde então, Juan só tenta comer com consciência uma vez ao dia. Mas essa única vez é sagrada.

Quanto tempo dedicar às refeições?

Um dos efeitos mais benéficos de comer com consciência é comer devagar, possibilitando uma boa mastigação dos alimentos, preparando-os para uma digestão correta. Mas serve principalmente para oferecer uma margem de tempo suficiente para que sejam liberados sinais de saciedade no sistema digestório e que cheguem ao cérebro.

Quando comemos muito rápido, e mais ainda, se forem alimentos hipercalóricos, o depósito de calorias lota antes que o sistema digestório tenha tido tempo de liberar o CCK, PYY e outros hormônios da saciedade. E, enquanto os sinais de saciedade não chegam ao cérebro, o depósito continua enchendo. É como encher um recipiente com um jato muito potente. O recipiente transborda. Neste caso, transborda de calorias.

Quando comemos devagar, ao contrário, o sinal de saciedade chega ao cérebro antes que as calorias transbordem. Conseguimos

153

o mesmo ao incluir legumes e verduras nas refeições. Por serem alimentos com poucas calorias, chegam ao depósito lentamente, mesmo mastigando rápido.

Em um estudo ilustrativo da Universidade de Rhode Island, Estados Unidos, ofereceram gratuitamente pratos de massa a dois grupos de garotas. Elas podiam comer quanto quisessem. Mas pediram a um dos grupos que comessem depressa e ao outro que mastigassem umas vinte vezes antes de engolir. Resultado: as garotas que comeram rápido ingeriram uma média de 646 calorias em 9 minutos; aquelas que comeram pouco a pouco, 579 calorias em 29 minutos. O triplo do tempo, mas uns 10% a menos de calorias. E, uma hora depois, aquelas que tinham comido devagar se sentiam mais satisfeitas.

Um relatório feito em 2009 pela Organização para a Cooperação e o Desenvolvimento Econômico (OCDE) analisou o tempo médio que os cidadãos de um país dedicam às refeições e relacionou-o com as taxas de obesidade. Eles confirmaram que, como regra geral, os países em que se come mais rápido apresentam taxas de obesidade mais altas. O México, por exemplo, é o país analisado onde se come mais rápido (66 minutos ao dia dedicados a comer) e o segundo em níveis de obesidade (30% da população). Ou o caso dos Estados Unidos: primeiro em obesidade (34%) e terceiro em velocidade de ingestão (74 minutos). No outro extremo, países mediterrâneos, como Itália e França, destacam-se entre aqueles que dedicam mais tempo para comer (114 e 135 minutos, respectivamente) e apresentam as taxas de obesidade mais baixas (10% em ambos os países). A Espanha, onde a dieta mediterrânea está em retrocesso, situa-se em um ponto médio, com 106 minutos diários dedicados a comer e uns 15% de obesidade: não está tão mal como os Estados Unidos nem tão bem como a França e a Itália. Portanto, com todos esses dados, quanto tempo convém dedicar às refeições?

Esta é uma pergunta recorrente, além de um tema de conversa inesgotável entre Juan e dona Maria quando estão à mesa. Juan, que sempre comeu rápido, prefere ficar pouco tempo à mesa. Dona Maria gosta de refeições mais pausadas. Cada um tem seus argumentos. O argumento de Juan é: se fico muito tempo na mesa, vou comer mais. O argumento de dona Maria é: se você fica pouco tempo, vai comer pior. E sempre chegam a um ponto onde recorrem a Rosa em busca de respostas.

Rosa não sabe a resposta. Ninguém sabe. Nenhuma pesquisa estabeleceu de maneira conclusiva se é melhor comer em 20, em 40 ou em 60 minutos. São muitas variáveis em jogo. Depende, por exemplo, de quantos pratos se come. Do tipo de comida. Se os comensais conversam muito ou pouco. De como definimos comer bem...

Tudo o que Rosa pode afirmar é que tardam uns 20 minutos entre o momento em que começamos a comer e o momento em que os primeiros sinais de saciedade chegam ao cérebro. Portanto, o corpo humano parece estar adaptado a fazer refeições em mais de 20 minutos. Então não parece ser razoável comer em menos tempo. Mas Rosa diz "parece" e não "tenho certeza". O que ela, sim, tem certeza, por ser algo bem investigado, é que é melhor comer devagar do que depressa. E, se não temos nem esses 20 minutos para comer, como acontece com ela mesma em alguns dias no hospital, é melhor comer pouco e bem do que comer muito e mal. No caso de Rosa, ela se sente melhor comendo uma salada completa, por exemplo, com frango ou ovo, e, se tiver tempo, comer uma fruta ou um iogurte de sobremesa, do que tentar engolir dois pratos com muita pressa.

Quanto comer?

Dedicar mais tempo para comer não é sinônimo de comer mais. E, principalmente, não é sinônimo de comer muito. Se você comparar a maneira de comer em um restaurante ambientado com luzes tênues e música suave com outro com cores estridentes e música alta, como fizeram pesquisadores da Universidade de Cornell, observa-se que, no primeiro, se dedica mais tempo para comer do que no segundo, apesar de que não se come mais. Simplesmente se come diferente.

Mais devagar, de uma forma mais relaxada, menos impulsiva e aproveitando mais a refeição.

Utilizar as refeições longas para se empanturrar, por outro lado, é um erro. Um erro bem espanhol, certamente. O costume de fazer comidas abundantes na hora do almoço, especialmente se ricas em gorduras animais, finalizando com sobremesas ricas em açúcares, causa danos, às vezes irreparáveis, nas paredes das artérias e aumenta o risco de sofrer de doenças cardiovasculares.

Em pessoas com fatores de risco cardiovascular como tabagismo, diabetes, hipertensão ou excesso de colesterol, os danos produzidos nas artérias coronárias depois de uma grande comilança podem ser suficientes para desencadear um infarto. Há uma abundante literatura científica de casos de mortes após refeições fabulosas, de pessoas com precária saúde cardiovascular.

Mesmo sem fatores de risco, as refeições exageradas acabam danificando o revestimento interior das artérias – o endotélio, produzindo coágulos e trombos que originam os infartos. O problema não é um banquete ocasional, do qual uma pessoa sadia pode desfrutar sem problemas, e sim a repetição de refeições que, sem chegar a ser abundantes, têm excesso de gorduras animais e açúcares.

Esses excessos provocam aumentos súbitos do nível de triglicerídes no sangue, que podem chegar aos 500 mg/dl depois de uma refeição copiosa, quando o aconselhável é não superar os 150 mg. E, dado que os triglicerídes são tremendamente agressivos para o endotélio, esses aumentos súbitos provocam lesões no interior das artérias e produzem coágulos ou trombos que podem terminar em um infarto do miocárdio ou um acidente vascular no cérebro, o AVC.

Outro problema adicional das refeições abundantes, principalmente se ricas em açúcares, é que provocam também súbito aumento do nível de insulina no sangue. O que tampouco é aconselhável, pois a insulina participa da conversão de energia em gordura, provavelmente acabamos ganhando mais peso com poucas refeições abundantes do que com muitas refeições rápidas, ainda que o número de calorias seja o mesmo.

A solução, obviamente, passa por evitar excessos de açúcares e gorduras animais nas comidas. Quando não temos como evitar uma comida farta, como ocorre às vezes nas refeições de trabalho, sempre cabe o recurso de deixar parte da comida no prato. Ou pedir ao garçom que sirva porções pequenas. Ou, pelo menos, podemos evitar os doces nas sobremesas, especialmente se houve excesso de gorduras animais no restante da comida.

Melhor ainda é evitar fazer refeições fartas por fazer, na hora do almoço. É preferível comer cinco vezes de maneira leve ao longo do dia do que comer três refeições abundantes, provocando picos de triglicérides e insulina.

O que uma refeição equilibrada deve ter?

Mas, se a refeição do almoço não deve ser tão abundante, como deve ser? Esse é outro assunto que intriga dona Maria e que muitas vezes pergunta à Rosa. E quando começa a fazer perguntas de um assunto que lhe interessa não tem quem a faça parar: – É correto comer dois pratos e sobremesa como fazemos? Ou já é muito? É correto pular a sobremesa como faz Juan? Não seria melhor pular outro prato e comer mais frutas? E qual prato é melhor pular, Rosa? O que você aconselha para suas pacientes?

O que ela diz, especialmente para as pacientes mais jovens, garotas da idade de Cris ou um pouco mais velhas, para quem a ginecologista se torna uma espécie de médico de cabeceira, é que a refeição principal do dia deve ter cerca de um terço dos nutrientes de que necessitam. Em nenhum lugar está escrito que temos que comer três pratos em uma refeição. Existem países em que as pessoas não comem três pratos, nem por isso estão menos saudáveis do que em outros. Porém, Rosa também diz às pacientes que há uma razão para esses três pratos que se comem na Espanha.

O primeiro prato costuma fornecer principalmente carboidratos complexos, que são o componente principal de qualquer dieta equilibrada. Os carboidratos, ela recorda, proporcionam a energia que o corpo necessita para funcionar. Os carboidratos complexos, que estão presentes em alimentos como legumes, cereais e batatas, fornecem energia lentamente para funcionar bem durante horas. Os carboidratos simples, que são os açúcares, apenas proporcionam um pico de taxa de calorias a curto prazo.

O segundo prato costuma ter proteínas, que fornecem os elementos necessários para que o corpo cresça na infância, na adolescência e se renove ao longo de toda a vida. Se compararmos o corpo humano com um carro – explica Rosa –, os carboidratos são a gasolina e as proteínas, as peças de reposição. E precisamos de peças de reposição todos os dias. Para que cresça o cabelo, para regenerar o sangue, para renovar as células da pele ou do coração, para ovular...

Tanto o primeiro como o segundo prato, contribuem com gorduras, que são tanto a gasolina como as peças de reposição.

– Esqueça a ideia de deixar de comer gorduras, porque cada célula do seu corpo precisa delas –, é o que ela diz se as pacientes pedem conselhos sobre dietas. O problema do excesso de gorduras não está na palavra *gordura* e sim na palavra *excesso*.

E, para finalizar, a sobremesa geralmente fornece vitaminas e minerais de que o corpo precisa, mas não é capaz de fabricar por si mesmo – micronutrientes abundantes na fruta e que às vezes são escassos no restante da refeição.

A refeição de três pratos, do modo como explica Rosa, é uma versão, em pequena escala, de uma dieta equilibrada. Portanto, se a ideia é evitar que as refeições sejam fartas, é melhor servir porções menores do que eliminar um prato. Mas ela também explica que a dieta deve ser equilibrada no decorrer do dia ou ao longo da semana, e que não vale a pena ficar obcecado para que cada refeição seja perfeitamente equilibrada. Não vai acontecer nada se um dia pular um prato, diz ela.

– E você qual pularia? – perguntam as pacientes.

– Eu, quando tenho que pular um prato, opto pelo segundo – responde Rosa.

O que devemos saber sobre as proteínas?

As garotas costumam ficar surpresas com a resposta de Rosa. Elas teriam pulado o primeiro prato ou a sobremesa. Mas pular o segundo? Não era o prato mais importante da refeição? O prato que provê as proteínas necessárias para o crescimento e para regenerar o corpo?

Sim, era. Em quase todas as culturas humanas, carnes e peixes têm sido considerados os alimentos mais valiosos. Foram transformados nos pratos centrais das refeições, mais uma prova do seu grande valor nutritivo. Mas essa atitude diante dos alimentos de origem animal é uma herança do passado. Da época em que carnes e peixes eram difíceis de conseguir e o déficit de proteínas causava doenças em amplos setores da população.

Atualmente, o pêndulo oscilou. Grande parte do mundo vive uma era de opulência alimentar e, em países como a Espanha, grande parte da população consome mais proteínas do que o necessário. Uma pessoa adulta precisa de 1 grama de proteína diária para cada quilo: 70 gramas de proteínas ao dia para uma pessoa de 70 quilos. Mas, na Europa ocidental, se consome aproximadamente o dobro.

Esse excesso de proteínas não costuma ser prejudicial à saúde. Em algumas pessoas pode causar problemas renais em razão da sobrecarga de trabalho dos rins para eliminar o excesso de ureia que circula no sangue, oriundo de uma dieta proteica. Outras pessoas sofrem ataques de gota pelo excesso de ácido úrico no sangue. Proteínas em demasia também favorecem a perda rápida de cálcio nos ossos, o que aumenta o risco de osteoporose e fraturas. Mas somente uma minoria das pessoas que ingerem mais proteínas do que o necessário sofre com algum desses problemas.

O que costuma ser prejudicial à saúde são as gorduras que acompanham as proteínas. Gorduras de origem animal que, a menos que venham do peixe, elevam os níveis de colesterol e o risco de doenças cardiovasculares quando ingeridas além da conta.

É por esses motivos que Rosa prefere renunciar ao segundo prato, que fornece nutrientes de que ela não precisa, do que renunciar

159

ao primeiro prato ou à sobremesa, que oferece nutrientes que não lhe sobram. O primeiro traz carboidratos, abundantes em fibras, que grande parte da população ingere em quantidade insuficiente. E a sobremesa oferece vitaminas das frutas, por exemplo, que também são geralmente ingeridas em quantidades insuficientes.

Mas, embora haja dias em que Rosa não coma carne nem peixe, ela se preocupa em comer proteínas suficientes e variadas no conjunto de sua dieta. As proteínas dos alimentos fornecem aminoácidos com os quais depois seu corpo vai construir suas próprias proteínas. Esses aminoácidos são como peças de um Lego. Com apenas 22 aminoácidos, formam-se os milhares de proteínas diferentes do corpo, cada uma delas com uma forma tridimensional distinta. Assim, quando comemos um pedaço de carne ou bebemos um copo de leite, as proteínas do alimento se desmontam. E, com os aminoácidos obtidos, mais tarde são construídas as proteínas próprias do corpo humano.

É mais saudável ser vegetariano?

Dos 22 aminoácidos necessários para construir o corpo humano, há 8 que só podem ser obtidos dos alimentos, enquanto os outros 14 podem ser sintetizados pelo próprio organismo. Esses outros são os chamados aminoácidos essenciais e estão em grande quantidade nos alimentos de origem animal, como carne, peixe, ovos e leite. Os alimentos de origem vegetal colaboram com menos proteínas e nenhum deles, com exceção da soja, contém os 8 aminoácidos essenciais.

* Como preparar pratos combinados e equilibrados

Uma refeição deve conter três pratos diferentes:
- Um de carboidratos complexos (batata, arroz, massa, legumes, pão...).
- Um de verduras, legumes ou mesmo frutas.
- Um de algum alimento rico em proteínas (carne, peixe, ovos...).

Variar as formas de cocção, os temperos, os molhos...

* Carboidratos complexos

Batatas
Forno, micro-ondas, cozidas em água...

Massas
Somente cozida, ou cozida e salteada na manteiga, azeite.

Arroz e suas variedades
(integral, selvagem...)

Grãos
Grão-de-bico, feijões diversos, lentilhas...

Outros grãos
Aveia, cevada, quinua, milho...

Pães
Caseiro, de fôrma, torradas, integral, de diferentes cereais...

* Vegetais

Saladas variadas

Legumes e verduras
Aferventados, salteados, no vapor, no micro-ondas, no forno, na churrasqueira...

* Alimentos ricos em proteínas

Peixes
Grelhados, cozidos, ao vapor, no micro-ondas, ao forno.

Carnes
Ao forno, assadas, grelhadas.

Ovos
Cozidos, fritos, omeletes, mexidos...

É por essa razão que uma dieta vegetariana rigorosa como a que propõe o veganismo, que significa uma dieta sem nenhum alimento de original animal, pode dar lugar a carências graves de alguns aminoácidos essenciais, a menos que se saiba combinar os vegetais de maneira adequada.

O veganismo também pode ocasionar carências de outros nutrientes que costumam derivar de animais, como cálcio, gorduras ômega 3, vitamina D e, sobretudo, vitamina B12. Por isso, se recomenda comer alimentos enriquecidos com esses nutrientes (como cereais no desjejum enriquecidos com vitamina B12) ou, então, suplementos nutricionais para prevenir doenças. No entanto, uma dieta vegetariana que inclua leite e ovos, alimentos que não exigem sacrificar nenhum animal, inclui todos os aminoácidos essenciais, assim como cálcio e vitaminas D e B12.

Entre dietas vegetarianas e dietas onívoras (que come de tudo), não há alguma que seja, *a priori*, melhor do que outra. Se seguidas corretamente, ambas podem fornecer todos os nutrientes necessários em quantidades adequadas e serem perfeitamente saudáveis para uma pessoa adulta saudável, incluindo as dietas veganas. Mas, se as dietas forem mal seguidas, qualquer uma delas pode ser prejudicial. Em geral são prejudiciais pelo excesso, no caso das dietas onívoras, que podem terminar em obesidade, diabetes, hipertensão ou níveis altos de colesterol, entre outros transtornos. E são prejudiciais por carência, no caso das vegetarianas, nas quais não são raros os casos de anemia por falta de ferro – que é abundante nas carnes vermelhas e em alguns mariscos como os mexilhões – ou as deficiências de vitamina B12, vitamina D e cálcio.

Nos casos de mulheres grávidas, crianças, adolescentes e idosos, não há unanimidade entre os médicos na hora de recomendar ou desaconselhar dietas vegetarianas e, sobretudo, as veganas. Assim, a Associação Dietética Americana e a Fundação de Nutrição Britânica defendem que dietas vegetarianas bem planejadas são apropriadas durante todas as etapas da vida. Mas a Sociedade de Nutrição da Alemanha e a Comissão de Nutrição Federal Suíça desaconselham

as dietas veganas para mulheres grávidas, crianças em fase de crescimento e pessoas idosas.

Rosa, quando tem pacientes grávidas que são vegetarianas, conversa sobre o assunto com elas. Se a dieta vegetariana da paciente
é boa, não vai prejudicar em nada o desenvolvimento do feto. Mas
ela sempre as recorda que existem muitas pessoas vegetarianas que
acreditam ter uma dieta correta e, na verdade, têm carências alimentares.

E Rosa adverte que uma carência alimentar pode passar inadver-
tida para uma pessoa adulta, sem problemas de saúde. Mas, para um
feto que está se formando, pode deixar sequelas para o resto da vida.

Como conseguir que as crianças comam de tudo

Agora que Pablo completou 8 anos, já come as vagens salteadas sem
reclamar. Até gosta. Cris também. Mas Carla logo chegará à idade de
sua primeira grande rebelião. A idade em que tudo é não. Ela vai dizer
"não" até para coisas de que gosta, só para defender sua autonomia, e
"NÃO", bem enfático, a tudo aquilo de que não goste, como – previ-
sivelmente – sua primeira folha de alface ou sua primeira couve-flor.
E a mesa das refeições virará de novo uma zona de conflito.

Mas dessa vez Rosa e Juan estão preparados. Com Cris, como
costuma acontecer com os filhos mais velhos, eles fizeram o melhor
possível e depois se deram conta de que não haviam feito tão bem
como pensavam. Muita vontade de vê-la feliz. E os conflitos que
não tiveram no início, concedendo que comesse macarrão em lugar
de verdura um dia, um sorvete no lugar de maçã no outro, voltaram
como um bumerangue nos anos seguintes em forma de caprichos
alimentares. Agora esse problema está superado.

Com Pablo decidiram ser mais rigorosos desde o princípio. Não
tiveram o efeito bumerangue anos mais tarde por dizer sim, mas tiveram efeitos imediatos tipo "bomba" por dizer não. Acessos de raiva,
birras na mesa, irritação dos pais, gritos, castigos...

– Ou lentilhas ou nada, você vai ficar sem comer!

Pablo tinha sua personalidade – ainda a tem – e já quase não se lembra do trabalho que foi aprender a comer bem, porque a memória é seletiva, mas Rosa garante que de zangas, irritações e gritos, houve uma coleção.

Agora, entre a experiência que eles acumularam, as consultas aos pediatras, as conversas com outros pais e os livros que leram, é como se já tivessem pós-graduação em reações de crianças com comidas. Pós-graduação em "babadorologia", como brincam Rosa e Juan. Com Carla vão fazer quase igual como foi com Pablo, porque a estratégia era boa, embora às vezes desse errado, mas dessa vez eles tentarão sem zangas nem gritos. Ou o mínimo possível.

Uma das lições que aprenderam em sua pós-graduação particular é que, quando uma criança se nega a comer o que seus pais prepararam com tanto carinho, para ela nem sempre o mais importante é a comida. O importante, muitas vezes, é rejeitar. A criança é um pequeno pesquisador que se dedica a descobrir por tentativa e erro quais são os seus limites. E o momento das refeições oferece um laboratório ideal, porque é uma situação em que os pais querem que a criança faça algo e ela pode tentar ver o que acontece se diz não.

Então, quando Carla começar a dizer "não" para comida, como logo o fará, eles vão encarar isso como uma etapa inevitável do seu desenvolvimento que mostrará que está ficando mais autônoma. Rosa e Juan perceberam que isso não é algo para ficar irritado, apesar do incômodo que pode chegar a ser. Ao contrário, deve ser comemorado, porque pior seria se ela não se rebelasse. E, se exige macarrão no lugar de lentilhas, farão como fizeram com Pablo, mas dessa vez com um sorriso: – Amanhã podemos fazer macarrão, hoje temos lentilhas – e, se Carla se recusar a comer as lentilhas, ficará sem comer. Nessa idade, é melhor pular uma refeição do que ceder às exigências. Porque, se cedermos um dia e oferecermos algum alimento que a criança goste mais, no dia seguinte voltará a rejeitar a comida, esperando para ver o que será feito para lhe agradar.

164

Pode acontecer, naturalmente, que as crianças não gostem de lentilhas. Todo mundo gosta mais de alguns alimentos do que outros, e as crianças não são exceção. Quando uma criança demonstra não gostar de um alimento, é importante não perder de vista qual é o objetivo de oferecer a ela uma dieta variada. O objetivo – e este foi um dos erros que Juan e Rosa cometeram com as lentilhas de Pablo – não é que a criança coma todos os alimentos que lhe são oferecidos. Ou, em todo caso, esse é um objetivo muito a prazo, de menor importância. O objetivo realmente importante a longo prazo é que a criança adquira uma dieta variada e equilibrada.

O que temos que conseguir, portanto, não é que a criança coma até a última colher de lentilhas ou de qualquer outra comida nova que servirem no seu prato. O que devemos tentar conseguir é a primeira colherada. Que ela esteja disposta a provar. E não é uma missão impossível. Basta se colocar um pouco no lugar da criança para entender como fazer. Ela vai gostar de provar uma comida nova, sabendo que, gostando ou não, ela terá que comer tudo? Provavelmente não. Concordará em provar sabendo que, se não gostar, não será obrigada a comer uma segunda colherada? Pode ser que sim. De modo que, se queremos que uma criança se disponha a provar novas comidas, é melhor respeitar seus gostos.

Respeitar os gostos não significa se render quando as crianças não gostam de alguma coisa. Pode levar cerca de dez tentativas ao longo de vários meses para ela aceitar uma comida diferente. Dez tentativas perfazem uma proeza, que poucas famílias conseguem. Observou-se que, até famílias conscientizadas em oferecer a seus filhos uma alimentação variada, costumam desistir depois de cinco ou seis rejeições. Mas, diante de cada rejeição, é importante lembrar que levar à mesa o mesmo alimento, alguns dias mais tarde, apesar das repetidas negativas da criança, é uma maneira de conseguir que se acostume a ele e o acabe aceitando – ou não.

Pode acontecer também de que o alimento rejeitado em certa idade poderá ser aceito mais tarde. O gosto evolui ao longo da infância e é normal que isso aconteça, por exemplo, com as verduras. Antes de ficar obcecado para que uma criança tenha uma dieta completa e variada aos 2 anos, idade em que as crianças custam em aceitar alimentos novos, pode ser aconselhável esperar alguns meses para que o paladar dela fique mais receptivo. E enquanto isso compensar a falta de verdura com fruta.

Para evitar rejeição de alimentos, é importante começar com porções pequenas. Essa recomendação é desnecessária para sorvetes de chocolate ou batatas fritas. Mas, quando tentamos apresentar verduras ou legumes, começar com um prato cheio desde o primeiro dia é garantia de fracasso. É melhor começar com porções pequenas, de uma ou duas colheradas, como acompanhamento de outros pratos e, se não forem rejeitadas de maneira visível, aumentar a porção nos dias seguintes.

Outra lição aprendida por Rosa e Juan, e uma das mais importantes, é que, além de respeitar o gosto da criança, é conveniente respeitar o seu apetite. A grande maioria dos conflitos com crianças à mesa não é para que comecem e sim para que terminem de comer. Quer dizer, damos mais importância para a quantidade de comida – para que acabe tudo o que está no prato – que para a qualidade – que prove de tudo. Isso pode ser justificado nas sociedades em que se passa fome, mas, nas sociedades ocidentais atuais, que têm taxas crescentes de obesidade infantil, esta atitude é um perigo. Um perigo que aumenta quando os pais têm uma percepção distorcida do peso de seus filhos, um problema bastante frequente: é comum que pais de filhos com sobrepeso ou obesidade acreditem que seus filhos estão com peso normal. E o problema aumenta quando os pais têm uma percepção distorcida do que é uma porção adequada para uma criança: é comum que sirvam porções maiores do que a criança necessita. De modo que, como regra geral, os pais têm a responsabilidade de decidir o que se come em casa (hoje lentilhas, amanhã macarrão) e quando se come. Mas as crianças devem ter autonomia de decidir quanto desejam comer.

E, finalmente, a lição mais importante. As crianças aprendem a comer observando os pais. Se os pais comem assistindo à tevê, as

Refeições em família

crianças comerão assistindo à tevê. Se os pais levantam da mesa durante a refeição, as crianças também se levantarão. Se os pais lotam de sal os pratos, as crianças farão o mesmo. E, se os pais comem fruta todo dia, será fácil que a criança coma fruta. O difícil é que elas aceitem comer fruta se ao seu lado o resto da família estiver comendo um bolo ou um sorvete de sobremesa. Portanto, se queremos que as crianças adquiram uma dieta saudável desde pequenos, com suficientes vegetais e peixe e sem excesso de açúcares e gorduras saturadas, o melhor é que os pais também se preocupem em seguir uma dieta saudável. Pelo menos quando estão à mesa com elas.

167

* Conselhos para introduzir hortaliças na dieta das crianças

- Preparar uma lasanha diferente usando legume ou verdura como massa, em camadas grossas, intercaladas com carne, e assada no forno com queijo gratinado.
- Adicionar hortaliças nos sanduíches: pimentão assado, abacate amassado com um garfo, salada...
- Cortar abobrinha, nabo, cenoura... como se fossem espaguetes com uma mandolina (tipo de ralador), aferventar por 1 minuto e servir, depois de bem escorridos, com molho de tomate.
- Hambúrguer de verduras: picar verduras, aferventar por 1 minuto, misturar com um pouco de purê de batata para dar liga ao conjunto, modelar em forma de hambúrguer e dourar na frigideira.
- Minipizzas verdes: assar no forno rodelas de abobrinha, berinjela..., colocar por cima os ingredientes que mais lembrem uma pizza (tomate, cogumelos, pimentão, milho, alcachofras, aspargos...) e gratinar com queijo.
- Fruta como guarnição: a fruta cortada e grelhada na chapa pode servir para acompanhar pratos de carne ou peixe.

- Espetinhos de hortaliças. Por exemplo, com pimentão verde, pimentão vermelho, tomate, cebola e pepino.
- Patês vegetais: fazer bastões de legumes ou verduras para mergulhar no iogurte, queijo fresco com especiarias, vinagretes, purês de legumes (como o homus – feito de grão-de-bico), molho de soja...
- Embalagens vegetais: aproveitar as mesmas verduras ou cascas como recipientes para cozinhar ou servir. Por exemplo, folhas de endívias, casca de abacaxi, casca de abacate...
- Molhos enriquecidos: adicionar legumes ou verduras, cortados, picados ou ralados, ao molho de tomate ou molho branco, bechamel.
- Cuscuz de couve-flor: triturar buquês de couve-flor ou brócolis para simular um granulado parecido ao cuscuz (marroquino, de semolina) e aferventar menos de 1 minuto. Bom para acompanhar carne ou peixe ou para ser utilizado como base para saladas.
- Molhos de hortaliças: sopa de tomate ou gaspacho pode ser utilizado como molho ou tempero para saladas.
- Salada russa de frutas: cortar frutas, misturar com creme de leite como se fosse maionese e servir como sobremesa.

8 SESTA: COMO O CORPO HUMANO PROCESSA OS ALIMENTOS
15h30

Hora da sesta, momento de fazer uma pequena pausa.

Todos nessa família tiveram uma manhã bem intensa, aprendendo a conhecer, comprar, conservar e cozinhar alimentos. Em alguns momentos, quase tiveram a impressão de estar fazendo um curso intensivo sobre culinária e saúde, concentrado em uma manhã de sábado. E eles têm mais planos para a tarde. Aprender quais são as estratégias mais eficazes para controlar o peso, que alimentos podem ajudar a prevenir o câncer, o que é mito e o que é realidade sobre os afrodisíacos... Portanto, um pequeno descanso é bem-vindo.

As sestas breves, entre quinze e trinta minutos, ajudam o cérebro a consolidar melhor o que se aprendeu pela manhã, a conseguir render mais à tarde e a chegar mais descansado no fim do dia. Um hábito útil para quem tem a possibilidade de se permitir a uma sesta.

Toda a família fecha os olhos e a imaginação começa a navegar, à deriva. Como se começassem a sonhar antes de estar dormindo. Imaginem por um momento que são uma pipoca. Ou um grão de arroz. Ou um bolo de maçã, se preferirem. Qualquer alimento comestível para a espécie humana.

Imaginem que são mastigados corretamente e deglutidos. Nenhuma surpresa até aqui: a trituração feita pelos molares, o tratamento químico e lubrificante da saliva, o caminho pela faringe, os movimentos do esôfago que os empurram suavemente para baixo e fazem com que entrem na grande sala do estômago por uma pequena porta circular.

Aqui no estômago é onde começa o espetáculo. Imaginem o corpo humano como um grande parque temático e preparem-se para desfrutar uma experiência 3D, que mostrará como funciona o corpo por dentro.

Observarão que a sala do estômago tem a forma de um grande feijão. À primeira vista, parece desenhada por Salvador Dalí. A parte superior, por onde chegaram, junto com outros alimentos, é como um vestíbulo, no qual os visitantes vão entrando, esperando para passar pelas próximas atrações. A parte inferior prepara para a entrada no túnel do terror. Está cheio de ácido clorídrico, que ajuda a digerir os alimentos, além de ser uma barreira eficaz contra as infecções que possam chegar com a comida: é o vigilante que está na porta das atrações e não deixa que os visitantes entrem com objetos perigosos.

O túnel do terror, vocês terão adivinhado, é o intestino delgado. Uma atração longa e sofisticada, com uma trajetória cheia de curvas. Lembra uma montanha-russa.

Aqui serão literalmente espremidos e decompostos. Espremidos pelos músculos que rodeiam o intestino e que os farão avançar em busca de uma saída. E serão decompostos por três enzimas que saem do pâncreas e pela bílis vinda do fígado e da vesícula biliar.

Vocês vão notar uma pequena porta lateral no começo da atração, uma porta pouco conhecida que aparece nos manuais de anatomia com o nome de esfíncter de Oddi, porta usada por essas três enzimas e pela bílis para assim completar a festa.

Sesta: como o corpo humano processa os alimentos

* O sistema digestório

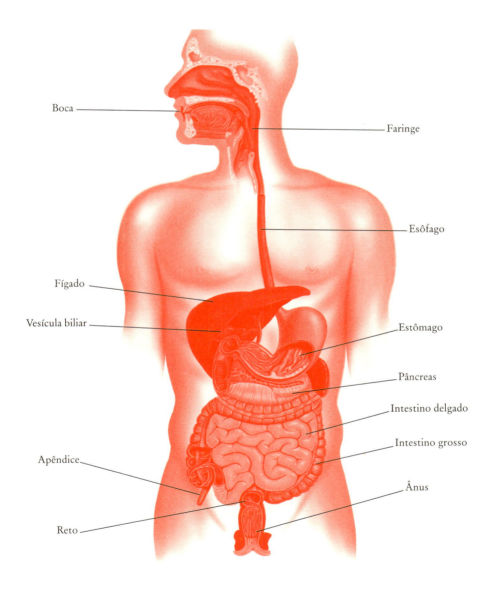

© leonello / iStockphoto

171

As enzimas, como sabemos, são substâncias que favorecem reações químicas. Uma delas, a amilase, ajudará a decompor os carboidratos dos alimentos. Outra, a lipase, ajudará a decompor as gorduras. A terceira, a tripsina, a decompor as proteínas. Desse modo, os componentes grandes dos alimentos serão despedaçados em moléculas pequenas, para que possam chegar ao sangue e serem aproveitadas pelo corpo.

Portanto, aqui temos o que sobra de uma pipoca, de um grão de arroz ou de qualquer outro alimento, quase a ponto de entrar na corrente sanguínea através da densa rede de vasos sanguíneos que forram as paredes do intestino delgado. Uma vez no sangue, pegarão a estrada da veia porta hepática para visitar, antes de tudo, o fígado. Lá é feita a limpeza das bactérias e das substâncias tóxicas que sobraram no alimento. Também lá é aplicado um último tratamento químico, para acabar de decompor as moléculas pequenas. E, quando saírem pelo túnel do fígado, essas moléculas serão enviadas finalmente pelo sangue para todos os órgãos e tecidos do corpo para que possam cumprir sua missão.

A missão depende de cada nutriente. Existem três tipos de nutrientes de tamanho grande que devem ser decompostos durante a digestão (carboidratos, gorduras e proteínas), assim como outros nutrientes de tamanho pequeno que não costumam requerer muito tratamento químico (como vitaminas e minerais). Aqueles nutrientes de tamanho grande oferecem, principalmente, as matérias-primas necessárias para construir e regenerar o corpo humano, assim como a energia para funcionar. Os de pequeno tamanho oferecem as moléculas para realizar reações químicas necessárias à vida, evitando assim que o corpo pare de funcionar.

Exemplos: as proteínas oferecem peças necessárias para construir as células, os carboidratos oferecem energia; o ferro ou, em outros casos, a vitamina C, intervêm em reações químicas vitais. Se compararmos o corpo humano com um automóvel, nestes exemplos, as proteínas seriam as suas peças; os carboidratos constituiriam o combustível; e as vitaminas, como se fossem o óleo do motor ou o

Sesta: como o corpo humano processa os alimentos

fluido dos freios. É possível dar a partida no veículo sem o óleo ou sem o fluido dos freios, mas ele não chegará muito longe. O corpo humano, naturalmente, é mais complexo que um carro. Mais sutil, se observarmos os detalhes.

Como vimos, os carboidratos são uma fonte de energia. Dividem-se em carboidratos simples (também chamados açúcares), se forem moléculas pequenas e, carboidratos complexos, se as moléculas forem maiores. Os açúcares, abundantes nas frutas, são digeridos com rapidez e são os nutrientes que proporcionam energia de maneira mais imediata. Os carboidratos complexos, abundantes em cereais e tubérculos, devem ser decompostos em açúcares, para serem utilizados pelo corpo, e, por essa razão, proporcionam energia durante várias horas depois das refeições.

O grande problema dos açúcares é que não são fáceis de controlar. Tanto níveis altos como níveis baixos de açúcar no sangue são causas frequentes de defeitos no "veículo". O pâncreas evita essas altas e baixas nas taxas de açúcar secretando dois hormônios importantes, reguladores do nível de açúcar. A insulina, secretada sobretudo durante e depois das refeições, é um hormônio que ajuda os açúcares procedentes dos alimentos a entrar nas células e não ficar circulando no sangue. O outro hormônio, glucagon, tem efeito contrário: no lugar de reduzir o açúcar do sangue, aumenta o teor de açúcar mandando o fígado liberar suas reservas de açúcar quando necessário.

Ainda existe um terceiro hormônio, a somatostatina, também secretada pelo pâncreas, para evitar que a insulina e o glucagon sejam liberados quando não são necessários. Temos que reconhecer, é um mecanismo engenhoso. Há um interruptor para fazer subir o açúcar, outro para baixar e um terceiro interruptor que controla os dois primeiros. E, no entanto, falha com frequência. Cerca de 5% da população dos países ocidentais, e só na Espanha são mais de 2 milhões de pessoas, não consegue regular bem o nível de açúcar do sangue: as pessoas têm diabetes.

As proteínas, já dissemos, fornecem peças necessárias para construir as células do corpo humano. Essas peças são os chamados aminoácidos. Cada proteína é uma complexa estrutura tridimensional formada por um enorme número de aminoácidos. Imaginem um Lego formado por centenas ou milhares de peças e terão uma ideia aproximada de como é uma proteína. Nosso corpo não consegue aproveitar as proteínas inteiras dos alimentos, razão pela qual são cortadas em pedaços pequenos.

Cortá-las minuciosamente: por isso, a digestão das proteínas é mais lenta que a dos carboidratos. Uma vez cortadas, as peças de proteínas são utilizadas para construir ou regenerar órgãos, tecidos ou fluidos. Se ingerirmos mais proteínas do que necessitamos, o corpo não as utilizará para fazer mais reformas. Faz somente as necessárias. Nem regenera mais células, nem constrói mais músculos. No lugar disso, guarda o excedente na forma de gorduras e utiliza essa energia mais tarde, se preciso.

As reservas se acumulam na forma de gorduras por uma questão de eficiência. Há 9 calorias em 1 grama de gordura e somente 4 calorias em 1 grama de proteínas ou de carboidratos. As gorduras, portanto, permitem acumular mais energia em menos espaço. É pela mesma razão que os bancos guardam ouro no lugar de palha. Máxima riqueza em mínimo espaço. As gorduras são, para o caso de alguém ter uma imagem negativa delas, o ouro dos seres vivos.

E seu valor vai mais além de preservar a energia poupada. Assim como o ouro é utilizado para fazer objetos valiosos, as gorduras também são utilizadas para construir tecidos e membranas vitais. Na realidade, não há uma só célula no corpo humano que possa subsistir sem gorduras. A célula *light* não existe. Mas, do mesmo modo que o excesso de riqueza pode trazer desgraças, o excesso de gordura pode trazer doenças. Reservas moderadas de gordura são saudáveis e permitem superar os momentos difíceis. Uma pneumonia, por exemplo. Mas as reservas excessivas, que se acumulam no interior dos órgãos e nas paredes das artérias, podem ter efeitos devastadores.

Para extrair toda energia dos alimentos, o corpo humano recorre a reações químicas de oxidação. Nós respiramos oxigênio precisamente para realizar essas reações químicas: o carbono e o hidrogênio dos alimentos se combinam com o oxigênio em reações que, além de liberação de energia, formam dióxido de carbono e água. Mas essas reações são ligeiramente ineficientes. Geram resíduos chamados radicais livres, que, em excesso, são tóxicos para as células. Por isso que os alimentos devem proporcionar não somente as peças para construir e regenerar o corpo e a energia para que funcione, mas também os ingredientes necessários para eliminar esses resíduos. Entre esses elementos que eliminam os radicais livres, destacam-se os antioxidantes, abundantes nas frutas e outros alimentos de origem vegetal.

Quando tudo isso funciona bem – a digestão fornece os nutrientes adequados em proporção adequada, a respiração fornece oxigênio suficiente, o açúcar está bem regulado, não se acumula excesso de calorias em forma de gordura, o coração bombeia sangue com eficiência e o oxigênio e os nutrientes chegam onde são necessários, os resíduos perniciosos são eficientemente eliminados –, enfim, com todo o sistema em equilíbrio, é quando, desfrutando a culinária sem privações, mas sem excessos, podemos estabelecer as bases para a saúde. Porque a saúde, não é demais recordar, não é um estado de privação, nem um estado de excesso. É um estado de equilíbrio.

9 PAPINHA DE FRUTAS
16h00

Meia maçã, meia banana e suco de laranja: a papinha de frutas que Carla comerá de lanche, agora que acordou de sua longa sesta do almoço. Juan deu comida a ela ao meio-dia, enquanto Rosa e Pablo guardavam a compra. Verdura com batatas cozidas, frango grelhado e meio iogurte. Quase tudo triturado, embora tenha deixado alguns pedaços pequenos de batata e de frango para que ela pudesse pegar com os dedos, levá-los à boca e treinar os dentes.

Carla está na idade em que gosta de pegar a comida sem ajuda e experimentar. O que, para ela, é um avanço, mas pode parecer um retrocesso para os pais, porque as refeições são mais demoradas, parte dos alimentos acabam no chão e parece que a criança comeu pouco. Pouco e pouco a pouco: Carla parece ter comido mal.

Então, para evitar que ela fique à mesa manuseando o macarrão, ou o grão-de-bico, até ficar entediada com os mesmos, Juan e Rosa continuam dando parte da comida picada. Estão introduzindo alimentos novos na papinha, embora neste momento não estejam muito preocupados com que Carla tenha uma dieta variada. Afinal de contas, não há uma dieta menos variada do que a amamentação, e, contudo, é a melhor dieta possível nos primeiros meses de vida. Na idade de Carla, 1 ano recém-completo, a variedade da dieta ainda não é uma prioridade. Isso será importante a partir dos 2 anos, e não antes.

Um seguro de saúde para a vida toda

Mesmo que a variedade não seja prioritária, isso não significa que a dieta não seja importante nesses primeiros anos. Ao contrário, a alimentação nessa etapa, e especialmente antes de nascer, pode condicionar a saúde para o resto da vida. De diversas maneiras.

Para começar, a dieta na primeira infância condiciona o desenvolvimento do sistema imunológico. A capacidade do organismo para se defender de agressões externas e não atacar, por engano, os próprios tecidos, depende de uma alimentação correta nas etapas iniciais da vida. E o risco de sofrer de algumas doenças autoimunes, como asma, varia segundo a alimentação recebida nesses estágios.

A dieta condiciona também a formação do sistema nervoso, desenvolvimento este que se inicia nas primeiras semanas da gestação, prolongando-se durante os primeiros anos de vida. Foram observadas diferentes capacidades intelectuais, dependendo da alimentação da mãe durante a gravidez, assim como da alimentação do bebê.

Condiciona igualmente o metabolismo do organismo. A eficiência com que cada pessoa queima calorias – ou a tendência de acumular gorduras – é determinada, em parte, pela alimentação na etapa pré-natal e durante os primeiros anos de vida.

E a dieta também condiciona – talvez o efeito mais importante, embora tenha sido descoberto recentemente e ainda seja pouco conhecido – a regulação epigenética dos nossos genes. A regulação epigenética é algo como um botão para aumentar e abaixar o volume do som, que, neste caso, são os genes. É o que regula que um gene seja "ouvido" mais alto ou mais baixo, isto é, que fique mais ou menos ativo. E não depende das características herdadas através dos genes parentais, mas de fatores ambientais que entram em jogo depois da concepção em si, justamente como a dieta.

Portanto, há um curto período de tempo que inclui a época pré-natal e a etapa posterior ao nascimento, no qual são assentadas as bases da saúde. A maioria das coisas que acontece nesse período decisivo faz parte da "Grande Loteria da Vida" e está fora do controle dos pais. Mas, em relação à dieta, não temos por que nos conformarmos com as incertezas de jogar na loteria.

A melhor garantia para reduzir riscos imunológicos, neurológicos, metabólicos e epigenéticos é dar uma nutrição correta, desde a etapa de embrião e feto. E ao recém-nascido durante a amamentação, mantendo-a pelo menos durante os primeiros anos de vida. Na verdade, é um seguro de saúde para o resto da vida.

Alimentos importantes durante a gravidez

Rosa começou a cuidar mais de sua dieta, pensando na saúde de seus filhos, antes de cada uma das três gestações. Sendo ginecologista, ela já estava consciente sobre a importância do ácido fólico, uma vitamina abundante em hortaliças como a beterraba e o tomate, em vegetais verdes como as ervilhas, os espinafres e nos cereais matinais enriquecidos.

O ácido fólico é imprescindível para a correta formação do tubo neural, a partir do qual, mais tarde, surge o cérebro e a medula espinhal (são como "cabos" de neurônios, passando pelo interior da coluna vertebral). Sem suficiente ácido fólico, aumenta o risco de malformações do cérebro ou da medula, assim como o risco de que o bebê nasça prematuro.

O tubo neural é formado logo no primeiro mês de gestação, muito antes de que a mulher perceba estar grávida. Por essa razão, Rosa recomenda às pacientes que desejam ter filhos que comam verduras e legumes, especialmente vegetais de folhas verdes, além de receitar suplementos de ácido fólico. E foi isso que ela fez.

– Nesta casa, o ditado é diferente, aqui é "casa de ferreiro, espeto de ferro" – disse Rosa a Juan –, temos que ser coerentes.

Desde o momento em que decidiram ter Cris, e depois Pablo e Carla, Rosa assegurou-se de comer corretamente e tomar suplementos de ácido fólico.

Na verdade, uma dieta correta durante a gravidez não é muito diferente da dieta correta para uma pessoa adulta: rica em carboidratos complexos e, preferencialmente, com cereais integrais; abundante em frutas, verduras e legumes; sem muitas gorduras animais; peixe suficiente; e, finalmente, que seja rica em fibras e água. Mas há alguns nutrientes específicos, além do ácido fólico, que merecem atenção especial e que pode ser aconselhável tomar suplementos.

O cálcio, por exemplo. É necessário para construir os ossos e os dentes do feto e para regenerar os da mãe, assim como para assegurar o correto funcionamento do sistema nervoso, bem como do sistema circulatório. Uma mulher grávida precisa de 1.000 miligramas diários de cálcio (1.300 miligramas no caso de gravidez na adolescência), o que equivale a 3 copos grandes de leite ou uns 4 de iogurte. Se a dieta não oferece cálcio suficiente, o feto o obterá dos ossos da própria mãe, que ficarão mais frágeis. Uma quantidade suficiente de cálcio, além disso, ajuda a prevenir a hipertensão da mãe durante a gravidez e dos filhos depois do nascimento.

O ferro é outro exemplo. É um mineral que o corpo necessita para criar hemoglobina, a proteína do sangue encarregada de transportar oxigênio aos diferentes órgãos e tecidos. O sangue tem trabalho extra durante a gravidez, não só transporta oxigênio e nutrientes para a mãe, mas também supre as necessidades do feto. Para realizar o trabalho extra, o volume de sangue aumenta e as necessidades de ferro duplicam. De uns 15 miligramas diários de ferro, a mulher passa a necessitar de 30 miligramas. Mas não é fácil conseguir tanto ferro, por isso no segundo e no terceiro trimestres de gravidez, quando o feto está crescendo mais rápido, receitam-se suplementos.

Sem ferro suficiente, a mãe teria anemia, se sentiria cansada – mais cansada do que o normal na gravidez – e ficaria mais vulnerável a infecções, o que poderia prejudicar não só a gestante, como também o bebê. Diferentes estudos sugerem – embora não tenham sido demonstrados de maneira conclusiva – que a anemia durante a gravidez, além de aumentar o risco de partos prematuros, aumenta a chance de o bebê nascer com pouco peso, mesmo não sendo prematuro.

No começo, esse detalhe, de que os estudos não fossem conclusivos, desconcertava Juan.

– Se não conseguiram demonstrar que a falta de ferro cause partos prematuros, deve ser porque não causam, você não acha? – perguntou Juan a Rosa durante a sua primeira gestação, aquela em que nasceu Cris.

– Pode ser que a falta de ferro cause isso.

– Mas já investigaram. Quero dizer, já investigaram e não puderam comprovar.

– Não demonstraram que isso seja verdade, mas tampouco que seja falso.

– Será que investigaram mal?

– Não, mas são pesquisas complicadas de serem feitas. Entram muitas variáveis em jogo durante a gravidez. E outras tantas variáveis em jogo na alimentação, além do ferro. Embora exista relação entre a falta de ferro e os partos prematuros, isto é, de que com menos ferro há mais partos prematuros, isso não significa que a relação seja de causa e efeito.

– Então, o que fazemos?

– O que fazemos sempre, decidir com base no que sabemos.

É a atitude das associações médicas ao fazer recomendações de saúde. Ou o que faz um cardiologista, um cozinheiro e um jornalista quando escrevem um livro juntos. Ou Rosa e Juan, quando decidiram vacinar Cris contra o vírus do papiloma ou, ainda, fazer uma análise do DNA do feto, na gravidez de Carla. Isso é assumir que ainda não sabemos tudo sobre o corpo humano e que exatamente por isso continuam sendo feitas pesquisas. Portanto, quanto a decisões que afetam a saúde, o ideal é utilizar o máximo dos dados disponíveis, que nem sempre são tão bons e tão conclusivos como gostaríamos.

O que Rosa fez em relação ao ferro, concretamente, foi aumentar o consumo de alimentos mais ricos em ferro: carnes vermelhas e, em menor medida, frango e peixe. Não que ela fosse uma grande carnívora, nunca foi, e ela teria preferido se conformar com o ferro do espinafre, como o marinheiro Popeye. Mas o corpo humano aproveita melhor o ferro das carnes do que dos vegetais: somente 2% do ferro do espinafre cozido e 7% no caso da soja chegam ao sangue, enquanto o índice absorvido de ferro das carnes aumenta para 25%. Se os vegetais ricos em ferro são acompanhados de vitamina C, ou de alimentos ricos em proteínas, a absorção de ferro é potencializada e, no caso do espinafre, aumenta de 2% para até mais de 6%. Inversamente, alimentos como ovos, lácteos, chá ou café contêm substâncias que inibem a absorção de ferro. Rosa misturava cereais, enriquecidos com ferro, com kiwi na hora do desjejum, o que nunca havia feito, ou batia espinafre com suco de laranja na hora do almoço, coisa que também nunca tinha tomado. E não se esqueceu de tomar os suplementos de ferro a partir do segundo trimestre de gravidez.

Quando Rosa aumentou o consumo de carnes, resolveu dois problemas juntos, ou, como diz, ingeriu dois nutrientes em um só bocado. Isso porque, além do ferro, as carnes fornecem proteínas em abundância, nutrientes que o feto necessita para construir seus órgãos e tecidos. O consumo suficiente de proteínas merece atenção especial durante a gestação, especialmente durante o segundo e o terceiro trimestres. Vários estudos demonstraram, e, neste caso, de maneira conclusiva, que o déficit de proteínas em mulheres grávidas aumenta o risco de os bebês nascerem com baixo peso, mesmo não sendo prematuros, além de aumentar o risco de transtornos durante o desenvolvimento neurológico.

Por causa dessa grande necessidade que o feto tem de ferro e de proteínas é que Rosa não é a favor de dietas vegetarianas durante a gravidez. Se uma paciente grávida quer manter uma dieta vegetariana, ela respeita a decisão. Mas, em compensação, ela ajuda a paciente e o feto, sugerindo uma alimentação o mais completa possível. Quando ela mesma ficou grávida, preferiu mudar sua dieta e comer mais carne, não por gosto próprio, mas porque não considerou apropriado antepor suas preferências pessoais à saúde dos seus filhos.

– Parabéns! Você realmente acredita no tal "espeto de ferro" – disse um dia Juan, impressionado em ver como ela dissecava um ossobuco.

– E você faria diferente? Para mim, é só um ano de comida diferente. O bebê, no entanto – disse com a mão sobre seu ventre crescido –, está construindo seu corpo e para a vida toda. Se alguma coisa não der certo agora, não tem como consertar depois.

Rosa também aumentou o consumo de peixe durante cada gravidez. De novo, foram dois nutrientes com um tiro só. Com os pescados, garantiu as proteínas para formar o corpo de Cris, Pablo e Carla, e, de quebra, gorduras ômega 3 para ajudar a construir o cérebro deles. Essa é uma questão que, assim como ocorre com a relação entre a falta de ferro e o nascimento de prematuros, os dados científicos são pouco conclusivos. Sabe-se que algumas gorduras ômega 3 são componentes essenciais do sistema nervoso. Observou-se que uma dieta rica em peixe favorece que o bebe nasça com peso adequado. E um estudo realizado na Grã-Bretanha concluiu que uma dieta pobre em peixe e ômega 3 pode fazer com que a criança tenha, mais tarde, na idade do ensino fundamental, transtornos de conduta ou de linguagem. Mas ninguém estabeleceu a quantidade de ômega 3 ideal a se ingerir durante a gravidez. E ninguém demonstrou que o desenvolvimento do cérebro seja pior em culturas que não consomem peixe do que naquelas que consomem. Portanto, é possível que a importância das gorduras ômega 3 para o desenvolvimento fetal tenha sido superestimado. Mas, por via das dúvidas, Rosa teve o cuidado de comer peixe duas vezes por semana nas três gestações. Apesar de que não foi fácil decidir quais peixes comer.

Alimentos que convêm evitar na gravidez

O problema do peixe é que contém substâncias tóxicas, como mercúrio e compostos organoclorados, que podem interferir no desenvolvimento do sistema nervoso do feto. Essas substâncias são acumuladas na gordura, portanto peixes mais ricos em gorduras saudáveis também são geralmente os mais ricos em matérias prejudiciais. A quantidade de contaminantes tóxicos em um peixe depende da zona de captura, mas, como regra geral, os peixes grandes estão mais contaminados do que os pequenos. Isso porque, quando um peixe captura outro, o mercúrio e outros contaminantes contidos nos animais marinhos pescados são incorporados à gordura do predador. Então, quanto maior é um peixe, ou mais presas capturar em sua vida, mais mercúrio levará a bordo.

Nos Estados Unidos, onde analisaram a presença de contaminantes em dezenas de espécies marinhas, as associações médicas e as autoridades sanitárias desaconselham, durante a gravidez e a lactação, o consumo de peixes de grande porte, como o peixe-espada, o cação. Ao contrário, o salmão, o bacalhau e os camarões, sempre que estejam bem cozidos e não procedam de águas muito contaminadas, não foram desaconselhados.

Na Espanha, fizeram poucas análises similares, não há dados suficientes para saber quais são as espécies mais apropriadas durante a gravidez e quais devem ser evitadas. Na falta de dados, Rosa optou por espécies de tamanho pequeno ou médio, como sardinhas, salmonetes e dourados, e ela evitou os peixes maiores, para garantir a não ingestão excessiva de contaminantes.

Também evitou o sushi e os peixes defumados, mas por razões distintas. Não pelos contaminantes que poderiam ter, mas pelas infecções que podem ser transmitidas pelo peixe cru. Antes de ficar grávida, Rosa não se preocupava muito com a possibilidade de ingerir listerias, salmonelas ou outros microrganismos infecciosos. Procurava comer sempre alimentos em bom estado, mas não era obcecada. Era um risco que ela assumia.

Mas, durante as gestações, pareceu um risco inaceitável. Sobretudo pelas listerias. As diabólicas bactérias, como Rosa as chama quando explica às pacientes sobre os alimentos que devem evitar estando grávidas. São umas bactérias transmitidas pelos alimentos

Papinha de frutas

e que infectam especialmente mulheres grávidas. Possivelmente pelas mudanças imunológicas que ocorrem durante a gestação, as gestantes têm risco vinte vezes maior de se infectar que o restante da população. Uma vez adquirida a infecção, as listerias podem passar para o feto através da placenta. Na mãe, costumam causar sintomas similares aos da gripe, embora também existam casos de septicemia, de meningite e algumas mortes. No feto, pode provocar aborto ou graves sequelas neurológicas. Muitos riscos, pelo mero prazer de comer peixe cru. Não vale a pena.

Durante as gestações, Rosa eliminou de sua dieta não somente o peixe cru. Retirou também qualquer alimento que pudesse conter listerias, como carnes malcozidas (o que não foi muito difícil para Rosa), queijos preparados com leite não pasteurizado como o brie ou o camembert (que Rosa deixou de comer com tristeza) e hortaliças não muito bem lavadas (o que não lhe custou nenhum esforço porque ela sempre teve o costume de lavar bem as verduras, legumes e frutas).

Também insistiu em limpar bem a geladeira, e com frequência, mais ainda do que o habitual. As listerias morrem com o calor da cocção, mas proliferam sem dificuldade no frio da geladeira e podem passar de um alimento para outro. Rosa eliminou de sua dieta maioneses caseiras e qualquer prato com ovos crus ou semicrus para não dar nenhuma oportunidade às salmonelas. E renunciou às drogas. Ou seja, às duas drogas que ainda usava, e que voltou a usar depois. O café, que consome diariamente, e o álcool, que ela consome de maneira ocasional.

De tudo que suprimiu, foi do café que mais sentiu falta. Era viciada em cafeína, segundo sua própria confissão. Pelas manhãs, não funcionava até beber sua xícara de café com leite. Sua primeira xícara de café com leite, seria mais exato dizer. Era capaz de tomar quatro ou cinco ao longo do dia. E, ao acordar, se sentia irritadiça, embora não deixasse que ninguém sofresse com as consequências do seu incômodo, que passava depois da primeira dose. Juan sugeriu que ela continuasse tomando sua xícara de café com leite pela manhã, assim poderia começar o dia melhor...

185

– Mas a cafeína – respondeu Rosa – não faz bem ao bebê.

– E faz algum mal?

– Não sei, mas bem certamente não faz.

Na verdade, não existe nenhuma sociedade médica que desaconselhe mulheres grávidas de tomar café. Esta é uma questão que foi bem pesquisada, e ginecologistas têm distintas opiniões sobre o assunto. Em dois estudos, realizados nos Estados Unidos e na Dinamarca, observaram que altas doses de cafeína, como aquelas que Rosa ingeria antes da gravidez, multiplicam aproximadamente por dois o risco de sofrer um aborto nos primeiros meses de gestação. Foram observados efeitos indesejáveis com doses superiores a 200 miligramas de cafeína diários, equivalentes, aproximadamente, ao teor de cafeína encontrado em dois cafés fortes ou três fracos. Os efeitos não são claros em relação a doses baixas e ninguém demonstrou que sejam prejudiciais ao desenvolvimento do feto a longo prazo. No entanto a cafeína interfere na absorção de ferro dos alimentos, de modo que é mais provável que uma mulher tenha anemia se continuar tomando café durante a gravidez.

A cafeína cruza a placenta e atinge os órgãos e tecidos do feto, e foi essa a principal razão pela qual Rosa renunciou ao café. E muitos desses órgãos e tecidos, não só o cérebro, têm receptores de adenosina sensíveis à cafeína nas membranas de suas células. Além disso, o corpo do feto elimina a cafeína mais lentamente que uma pessoa adulta, e pode acumular concentrações mais altas de cafeína que sua mãe. Pode ser que um ou dois cafés ao dia não tenham um efeito prejudicial significante no desenvolvimento do feto, e daí a razão de não terem sido descoberto efeitos negativos.

"Bebedores passivos" de álcool

Com o álcool, tudo é mais claro. Existe unanimidade entre as associações de medicina de que não há nenhuma quantidade segura de álcool durante a gravidez. E de que não há nenhuma fase da gravidez na qual seja seguro beber álcool. Concordam igualmente que, quando uma gestante ingere álcool, seu filho também bebe. É um "bebedor passivo".

Acontece a mesma coisa com a cafeína, o feto elimina o álcool mais lentamente do que uma pessoa adulta, acumulando em seu corpo quantidades mais altas de álcool e durante mais tempo que a mãe, com resultados às vezes devastadores.

Durante a primeira metade da gravidez, o excesso de álcool impede o correto desenvolvimento do organismo do feto. Em alguns casos, os danos são tão graves que morre. Em outros, nasce com malformações craniofaciais, com alterações em órgãos vitais como o coração, o fígado ou os rins, ou com transtornos neurológicos.

Se o abuso de álcool ocorre apenas na segunda metade da gestação, quando os principais órgãos já estão formados, as malformações não são devastadoras. No entanto, continua existindo elevado risco de transtornos em seu desenvolvimento. Mais tarde, a criança pode apresentar déficit de atenção, hiperatividade, problemas de memórias e transtornos de linguagem.

Todos esses danos fazem parte da chamada Síndrome Alcoólica Fetal, que ocorre nos casos em que a mãe bebe grandes quantidades de álcool durante a gravidez. Contudo, mesmo com a ingestão de quantidades pequenas, foram observados riscos de efeitos prejudiciais, como crianças com estatura baixa, problemas emocionais e transtornos de aprendizagem.

Para Rosa, não foi difícil renunciar ao álcool durante as gestações. Não era como seu vício em cafeína. Costumava tomar uma cerveja ocasional e às vezes um copo de vinho quando jantava a sós com Juan ou com suas amigas, não mais do que isso. Como o álcool pode afetar o desenvolvimento do embrião desde as primeiras semanas de gestação, antes que uma mulher saiba que está grávida, e que, além disso, pode reduzir as possibilidades de engravidar, Rosa deixou de beber álcool desde o momento em que decidiram ter Cris.

Para outras mulheres, em contraste, eliminar, ou ao menos reduzir, o consumo de álcool é uma das adaptações mais difíceis de encarar durante a gravidez.

Quando Rosa se depara com casos assim no seu consultório, ela recorda às pacientes de que seu filho é um ser ainda muito sensível, pergunta o que as induz a beber e aconselha que tentem evitar o consumo de álcool. Por exemplo, se a pessoa está acostumada a encontrar com amigos e beber com eles num bar, Rosa aconselha que mudem o lugar do encontro para uma cafeteria ou para a casa de alguém.

Se as pacientes bebem porque isso ajuda a relaxar, Rosa sugere que experimentem outras maneiras, como relaxar com exercícios, ouvindo música ou com o descanso de um bom banho. Se a paciente bebe mais por costume de acompanhar seu parceiro, sugere que conversem em casa e que, durante nove meses, deixem de fazer esse tipo de programa...

Em casos extremos, Rosa as encaminha para a unidade de alcoolismo do hospital para serem ajudadas pela equipe de especialistas. É claro que elas nem sempre querem ir. Nesses momentos, Rosa argumenta:

– Mas, se você não se tratar e o seu bebê nascer com alguma malformação ou outro problema grave de saúde, como você vai explicar ao seu filho que tinha um sério problema com álcool e não procurou ajuda?

Quanto comer durante a gravidez

Uma das questões que Rosa sempre aborda com suas pacientes quando estão grávidas é de quanto comer e quanto peso ganhar. Porém, nesse caso, não há uma resposta única para todas as pessoas. Em relação ao álcool, a regra é clara: quanto menos, melhor. Com o peso, depende. Como regra geral, quanto mais magra a mulher antes de engravidar, mais peso terá que ganhar durante a gestação.

Por isso, uma mulher com peso normal – ou seja, com índice de massa corporal entre 18,5 e 24,9 – teria que ganhar entre 11 e 16 quilos durante a gravidez. Mas uma mulher que apresente peso baixo teria que ganhar mais, entre 13 e 18 quilos. E uma mulher com sobrepeso moderado, somente entre 7 e 11 quilos. Nenhuma teria que perder peso estando grávida.

Estes números costumam surpreender as pacientes, especialmente as mais magras:

– Como é possível aumentar 13 quilos se o bebê pesa apenas 3 quilos?

– É que, sem esses 13 quilos a mais, seu bebê não chegará nem aos 3 quilos.

Além dos 3 quilos do bebê, no útero, entre este, a placenta e o líquido amniótico somam mais uns 3 quilos. Outros 3 quilos representam o aumento do volume do sangue e de outros fluidos. E mais 3 quilos são acumulados na forma de gorduras, como reserva de energia. E, para terminar, tem 1 quilo ainda destinado a preparar os seios para a amamentação.

Se a gestante não tem aumento de peso suficiente, há maior risco de que o bebê nasça muito pequeno ou prematuro. Se ocorrer excessivo aumento de peso, há maior risco de que a criança seja obesa na idade adulta.

Não há normas sobre como o aumento de peso deve ocorrer ao longo da gravidez. O maior crescimento do bebê acontece no último trimestre de gestação, geralmente quando também se registra maior aumento de peso da mãe. Mas também há casos de mulheres que ganham muito peso no primeiro trimestre e depois estabilizam, e de mulheres que ganham peso "picadinho", ora ganham, ora param, ora ganham, ora param. Em nenhum dos três casos foram observados problemas, sempre que o aumento total do peso ao longo da gestação seja o esperado.

Mitos e verdades sobre a amamentação

Depois do parto, é habitual que as pacientes perguntem a Rosa quanto devem comer e quanto peso, perder. A resposta dela é invariável:

– Ainda não é momento de pensar em perder peso; você tem que continuar se alimentando bem para poder amamentar bem.

O leite materno, como sabem as pacientes, é o melhor alimento para um recém-nascido. Tem a composição ideal de nutrientes, suplementada com defesas imunológicas que protegem o bebê durante a formação do seu próprio sistema imunológico. Os bebês alimentados com leite materno têm menos otites nos primeiros anos de vida. Também menos infecções respiratórias e urinárias, menor risco de desenvolver asma ao longo da infância, menor risco de diabetes, menor risco de obesidade e desenvolvimento cognitivo mais perfeito e melhores resultados em testes de inteligência.

Em relação à mãe, a lactação estimula a secreção de oxitocina, o hormônio do amor, reforçando seu vínculo com o bebê. Além de reduzir, a longo prazo, o risco de sofrer câncer de mama, ovário e endométrio.

O que as pacientes não sabem – nem ninguém – é por quantos meses convém amamentar. Os maiores benefícios ocorrem logo nos primeiros meses de vida do bebê, quando o seu sistema imunológico ainda não amadureceu, e depois vão se reduzindo. Mas não se sabe o momento exato em que a lactação deixa de ser benéfica. Sabe-se que durante todo o primeiro ano de vida da criança não deixa, nem por um segundo, de ser vantajosa. Mas os benefícios são cada vez menores: os anticorpos do leite são menos necessários à medida que o sistema imunológico do bebê vai amadurecendo, os nutrientes do leite podem ser obtidos de outros alimentos e a oxitocina liberada pelo ato de amamentar tem seus efeitos atenuados pelos vínculos afetivos da interação diária.

A Organização Mundial da Saúde e a Academia Americana de Pediatria atualmente recomendam alimentação apenas com leite materno até o bebê completar 6 meses. Essa recomendação foi baseada em estudos que compararam o que acontece quando a amamentação exclusiva se prolonga até os 6 meses e quando se abandona a partir do quarto mês. Conclusão: se a amamentação pode ser mantida por seis meses sem serem introduzidos outros alimentos, o bebê tem menor risco de sofrer infecções gastrointestinais, seu crescimento é normal e a mãe perde peso mais rápido.

Apesar dos benefícios da amamentação nesses primeiros meses, há casos em que a mãe não tem possibilidades de manter a amamentação exclusiva e deve recorrer aos diversos tipos de leites para crianças.

– Pode ficar tranquila – diz Rosa –. Atualmente, essas fórmulas infantis, ou leite para lactentes, são bem similares ao leite materno, em termos nutricionais. Obviamente não contém os anticorpos que impulsionam o sistema imunológico, mas têm todos os nutrientes de que seu filho precisa para crescer sadio.

E, se isso não for suficiente para tranquilizar suas pacientes, ela usa outro argumento:

– Se você insistir em só dar o peito, mas não produz mais o volume de leite suficiente, o bebê não receberá todos os nutrientes e todo o líquido de que precisa. Vamos tentar manter pelo menos uma ou duas mamadas ao dia. Mas você faz bem em completar com uma mamadeira, evitando o risco de desnutrição e desidratação. É o melhor para o bebê.

A dieta adequada para uma mãe que amamenta é muito parecida com a dieta feita na gestação. Rica em carboidratos complexos, com frutas em abundância, verduras e legumes, com proteínas suficientes, e na qual não falte peixe, que continua fornecendo ácidos graxos essenciais para o cérebro do bebê.

Não há alimentos proibidos. Nem aspargos, cebola, couve, pimenta, nem outro alimento que, segundo a sabedoria popular, possam estragar o sabor do leite materno a ponto de fazer com que o bebê o rejeite. Mas é verdade que o sabor do leite pode mudar segundo a alimentação da mãe. Portanto, é possível que a criança não receba bem algum sabor em particular. Mas também é possível que a variedade de sabores predisponha a criança a ter um paladar mais aventureiro quando crescer e a aceitar todo leque de sabores de uma dieta variada, embora esta seja uma hipótese que até agora ninguém investigou. Em qualquer dos casos, a princípio não há nenhum alimento que tenha que ser evitado. Um sabor que desagrade um bebê pode agradar outro.

Em resumo, se o bebê mostrar algum incômodo ao tomar o leite materno, e se não houver outra causa aparente, é aconselhável tentar recordar o que comeu nas últimas 24 horas e descobrir se existe algum alimento suspeito que possa explicar a reação da criança. Se houver alguma desconfiança, é melhor não voltar a comer esse alimento durante alguns dias.

Também é melhor não ingerir álcool nem cafeína. Apesar de seus efeitos não serem tão prejudiciais como durante a gestação, são substâncias que passam para o leite e chegam ao cérebro do bebê, em que não há nada que fazer. Uma criança com cafeína no cérebro pode ficar agitada e irritada, além de ter dificuldades para dormir. No caso do álcool, ela pode acordar com muita facilidade, além dessa substância provocar atraso no desenvolvimento psicomotor. A ideia popular de que a cerveja estimula a secreção de leite não tem nenhuma base científica. Nem a erva-doce. Tudo isso tem o mesmo embasamento precário que a história de que aspargos ou cebolas estragam o sabor do leite materno.

Primeiras papinhas

A partir dos 6 meses, é conveniente iniciar a transição de uma dieta exclusivamente láctea para uma dieta variada. É uma transição lenta, que se prolonga desde os 6 meses até os 2 ou 3 anos, e que não afeta somente a quantidade e a variedade do alimento do bebê, mas também a distribuição dos nutrientes na sua dieta.

O recém-nascido se alimenta sobretudo de gorduras. É por esse motivo que no leite materno predominam as gorduras, principalmente saturadas e com um generoso tempero de colesterol, representando 55% das calorias. Uma criança de 2 anos, assim como um adulto, deve se alimentar principalmente de carboidratos complexos e de gorduras, agora reduzidas para 30% e 35% das calorias totais.

Outra diferença são as fibras, ausentes no leite e que começam a aparecer com os vegetais introduzidos na dieta.

Outro ponto importante é a falta de alguns micronutrientes no leite materno, os quais a criança começa a precisar em quantidades cada vez maiores à medida que vai crescendo, especialmente micronutrientes que provêm de vegetais, motivo principal pelo qual se recomenda introduzir alimentos diferentes a partir dos 6 meses de idade.

Provavelmente essa transição, da dieta de lactente para a dieta variada de uma criança de 2 ou 3 anos, influencie sua saúde para o resto da vida. Algumas pesquisas indicam que a predisposição para obesidade, hipertensão e outros fatores de risco cardiovascular é decidida geralmente nessas primeiras etapas da vida. É como se as células do corpo ficassem programadas para regular o peso ou a pressão arterial para alta ou baixa. Mas ninguém conseguiu averiguar se há um período decisivo, uma época certa, de quando acontece essa programação celular. E, se existe, quando começa e quando termina. Quais células entram nessa programação e como exatamente ela se dá.

O que chama a atenção é que, apesar da importância da alimentação na primeira fase da infância para a saúde na idade adulta, existam tão poucas pesquisas sobre como deve ser a transição da dieta de um lactente para uma dieta variada. Na falta de estudos científicos conclusivos, as recomendações aos pais para percorrer bem essa etapa derivam do senso comum.

A recomendação mais importante é não introduzir nenhum alimento que a criança, que ainda está aprendendo a comer, possa engasgar e asfixiar. Ao recordar o ato da mastigação, com todos os músculos que devem ser coordenados, com os movimentos da mandíbula que são sincronizados com os movimentos da língua e da faringe, tudo isso sem deixar de perceber o sabor dos alimentos e de explorar a textura, compreendemos que não é um exercício simples, nem pode ser dominado em um dia.

É por esse motivo que o cubinho de melancia, a pirâmide de maçã e a rodela de banana que Carla comeu como papinha de café da manhã eram tão pequenos. E os pedaços de frango e batata do almoço também. Como norma geral, nessa idade devemos evitar oferecer qualquer alimento duro, como também pedaços de alimento que o bebê não possa engolir por inteiro. Se, por alguma falha de coordenação, cair dentro da faringe antes de ter sido mastigado, não haverá perigo de sufocamento.

Os alimentos devem ser bem cozidos e bem macios para serem esmagados com um garfo, como a batata aferventada ou a banana. E devem ser evitadas frutas secas (que são uma das principais causas de engasgos em crianças), azeitonas com caroço, verduras cruas ou pedaços de carne, a menos que sejam bem macios.

Também há coincidência na segunda recomendação: os novos alimentos devem ser introduzidos um a um, e deve-se deixar passar pelo menos cinco dias entre dois alimentos novos. Isso permite assegurar que o bebê tolere bem os diferentes alimentos, ou, se for alérgico a algum, ajude a identificar qual deles, desde o início. É importante esperar que a criança tenha feito 1 ano, já com seu sistema imunológico amadurecido, para introduzir os alimentos mais propensos a causar alergias, como o leite de vaca (2% dos bebês menores de 1 ano são alérgicos), o amendoim (que de qualquer maneira não deve ser oferecido para evitar risco de engasgo) ou os ovos (que têm proteínas alergênicas na clara).

Outras recomendações evoluíram nos últimos anos. Se antes o que mais preocupava nessa idade era a carência nutritiva (como a falta de proteínas, de ferro ou de vitaminas), agora o que mais preocupa são os excessos (excesso de calorias, de gorduras, de açúcar).

A nova epidemia de obesidade infantil, que já afeta uma a cada seis crianças tanto nos Estados Unido quanto na Espanha, levou a Academia Americana de Pediatria a atualizar suas recomendações dietéticas para crianças e adolescentes.

Atualmente os principais conselhos para a faixa etária entre 6 meses e 2 anos são orientados a não superalimentar as crianças: não obrigar que terminem o que está no prato; aprender a reconhecer seus sinais de saciedade; deixar que regulem por si próprias as calorias de que precisam; não introduzir alimentos que forneçam calorias, mas não nutrientes de valor, como no caso das guloseimas e salgadinhos; oferecer frutas, verduras, legumes e cereais integrais e, se os rejeitarem, não se render, e voltar a oferecer novamente dias mais tarde.

Mas a academia não faz nenhuma recomendação explícita sobre a importância de introduzir uma dieta variada a partir dos 6 meses. Alguns especialistas em nutrição pediátrica pensam que isso pode ajudar as crianças a desfrutar um amplo leque de sabores e a ter uma dieta saudável mais tarde. Ou que comer à mesa com seus pais e ter a oportunidade de provar um bocado do prato dos adultos ajuda o bebê a aprender a comer variedades. Mas essas são hipóteses não conclusivas. Ninguém demonstrou até agora que a diversidade da dieta antes dos 2 anos tenha algum efeito considerável a longo prazo.

Por isso, na falta de dados, Rosa e Juan recorrem ao senso comum. Sabores novos para Carla? Desde já. Pode ser que treinar seu paladar tão cedo acabe sendo intransigente. Mas, se ela aceitar contente o tomate, a abobrinha, o macarrão ao pesto, as vagens salteadas com presunto que poderá experimentar nesse dia, pois guardaram uma pequena porção para ela, certos de que não fazem nenhum mal. Continuam introduzindo os alimentos novos um a um para ver como ela reage.

Até agora, tudo bem. Parece que ela gosta de colocar na boca vegetais e animais desconhecidos. Mas Rosa e Juan não perdem de vista que, na idade de Carla, o importante não é convertê-la em uma exploradora gastronômica, mas, sim, deixar que brinque com a colher, que amasse a comida, que se sinta mais autônoma e que cada papinha seja uma festa. Que as suas refeições sejam momentos de satisfação, não de confronto. E que coma, decidindo ela mesma segundo seu apetite, uma quantidade suficiente de todos os nutrientes sem comer uma quantidade excessiva de nenhum deles.

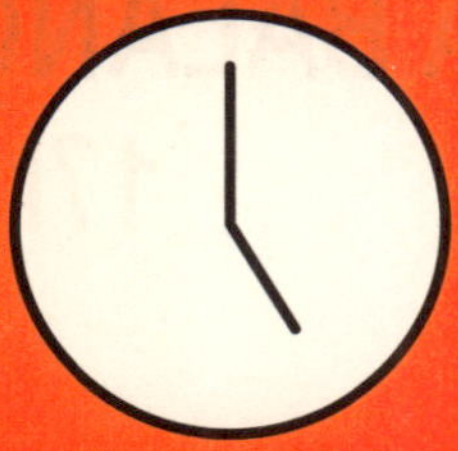

10 O ESPELHO E A BALANÇA
17h00

Depois de Carla terminar sua papinha, chega o momento do sábado em que a família se separa. Pablo tem lição de casa para terminar e Rosa irá ajudá-lo. Dona Maria vai brincar com Carla. Juan sairá para correr, algo que no início fez por obrigação, só porque o médico recomendou e porque Rosa insistiu e que agora ele descobriu gostar. E Cris se fecha no quarto para se arrumar. Combinou de ir ao cinema e quer caprichar no visual.

Paradoxos da idade, o que mais a preocupa em seu corpo é o que menos preocupa os pais e os médicos. Drogas? Ela nunca experimentou nem as encara como um problema, e sabe como agir ante a situação. Ou pelo menos é isso que pensa. Sexo na adolescência? A mesma coisa, "onde está o problema, mamãe, você não confia em mim?" Mas... espinhas? Isso sim é um grande problema, pois abala sua autoestima e afeta sua relação com os meninos.

Mau hálito? Outro problema, porque ela nunca sabe se está com mau hálito ou não; talvez aconteça como para outras garotas, que não percebem; alguém teria que inventar uma máquina na qual fosse possível assoprar e que informasse o hálito com uma nota de zero a dez. E o maior problema de todos: sua aparência. Cris ainda não se sente bem em seu corpo, mesmo que os pais digam que está tudo bem. E, embora da última vez que o pediatra a mediu, pesou e calculou seu índice de massa corporal e disse "Você está no peso ideal", ela não acha que é tão ideal assim.

Bom hálito

Mas ela tem a sorte de poder falar com Rosa. Ela conversa mais com a mãe do que com o pai. E Cris tem também a sorte de Rosa saber melhor do que ela como funciona o corpo. Como com a questão do hálito, por exemplo. Ela explica que qualquer um pode ter mau hálito de vez em quando, que não deve se sentir mal se acontecer com ela e que há maneiras de prevenir.

– E como se previne o mau hálito, mamãe?

– A primeira providência é compreender o motivo do mau hálito. O mais comum é a boca seca. Por isso, acordamos com mau hálito pela manhã. No decorrer da noite, a boca secreta pouca saliva e não bebe água durante oito ou dez horas. E, pela mesma razão, as pessoas que fumam costumam ter um hálito pior, pois o tabaco resseca a boca. E com o álcool é a mesma coisa.

Portanto, para que isso não aconteça, a primeira coisa é estar bem hidratado. Devemos beber bastante água durante o dia. E também podemos mascar um chiclete de vez em quando. Não é mascar chiclete todos os dias, nem por muito tempo, mas, ao mascar um chiclete por quatro ou cinco minutos, secreta-se mais saliva, umedecendo a boca. Esse é um método muito antigo, utilizado há séculos, mascando-se, primeiramente, salsinha, sementes de erva-doce ou lascas de canela em pau, por exemplo.

Mas, às vezes, estar bem hidratado não é o bastante. Existem alimentos que podem provocar mau hálito, mesmo sem a boca estar seca. Algumas pessoas são mais sensíveis a certos alimentos, outras pessoas a outros. Algumas pessoas são sensíveis a muitos alimentos e outras a nenhum. Por isso, o alho, que provoca mau hálito em Juan, não causa nada a Cris. Há outras pessoas que são sensíveis a cebola ou a alguns queijos, carnes, peixes... Mas não há razão de evitar qualquer alimento por esse motivo. Há pessoas propensas a ter mau hálito por algum problema nasal, como sinusite, ou alguma doença mais grave, como diabetes ou insuficiência renal.

O que acontece quando se come alguns desses alimentos, ou quando a boca está seca, é que algumas bactérias que temos na boca se proliferam e produzem odores desagradáveis. Elas se proliferam em restos de comida e em células mortas, especialmente na parte posterior da língua. Por isso, para dificultar a proliferação, o melhor é escovar bem os dentes e utilizar fio dental para retirar os restos de comida e a placa bacteriana. Também é bom lavar bem a língua com uma dessas escovas especiais, vendidas nas farmácias, para eliminar o que ainda houver de comida e bactérias.

E Rosa finaliza sua explicação para Cris:

– Você pode bochechar com um antisséptico bucal, como fazemos, eu e o papai, antes de dormir. E continue comendo bem no café da manhã, porque a passagem dos alimentos, quando são um pouco rugosos, ajudam a limpar a parte posterior da língua. Se você fizer tudo isso, beber água, lavar bem a boca, tiver um bom desjejum, e continuar sem fumar e sem tomar bebida alcoólica, não se preocupe porque você não terá mau hálito.

Chocolate não causa acne

Em relação à acne, diferente do que ocorre com o hálito, não se demonstrou que qualquer alimento piore ou melhore esse problema. Nem o chocolate nem os frios e embutidos, nem os doces, nem as batatas fritas; enfim, todos esses alimentos que já passaram pelo banco dos réus, agora parecem não ter relação alguma com a acne. Hoje em dia todos estão absolvidos.

Certo é que peles oleosas estão mais propensas a ter espinhas e que os alimentos tradicionalmente considerados suspeitos de agravar a acne costumam ser ricos em gorduras, mas não está comprovado que o consumo desses alimentos tenha algum efeito sobre a acne.

No entanto, para algumas pessoas, o surgimento de espinhas parece estar relacionado concretamente com o consumo de determinados alimentos. Porém ninguém conseguiu ainda esclarecer qual é a relação entre os alimentos e as espinhas. Pode ser que uma pessoa, em situação de estresse, consuma chocolate e depois, ao aparecer mais acne, atribua o fato ao chocolate, quando deveria culpar o estresse... Ou que só dê importância ao fato de ter comido chocolate quando aparecem as espinhas, mesmo que consuma a mesma quantidade durante todo o ano... Ou, no caso de Cris, que prefere determinados alimentos de acordo com seu ciclo menstrual, mas associa a acne com os alimentos, quando, na verdade, está associada à variação hormonal. Ou talvez ocorra um efeito placebo. Será que, se uma pessoa comer um alimento acreditando que vai ter espinhas, elas aparecem? Inúmeras hipóteses, nenhuma certeza.

Na verdade, a acne é produzida quando os folículos pilosos, onde crescem os pelos, ficam entupidos com a gordura secretada pelas glândulas sebáceas da pele. É um transtorno tão comum e tão pouco grave que seu nome científico é *acne vulgaris*. Mas afeta, em maior ou menor grau, a maioria dos adolescentes. Alguns deles chegam a criar complexos e passam a ter restrições para se relacionar com outras pessoas. A acne costuma iniciar entre 10 e 13 anos, com as mudanças hormonais da puberdade, e geralmente acaba entre 20 e 25 anos, apesar de que, em alguns casos, o problema possa se prolongar até os 30 anos.

– Não dá para evitar que você tenha espinhas, mas dá para fazer elas sumirem o mais rápido possível – disse Rosa a Cris, uma vez que a viu preocupada, em outro sábado, quando se preparava para sair.

– Como assim, mamãe?

– Em primeiro lugar, não toque nelas! Cada espinha é uma pequena infecção e só pioram se são espremidas. Quando lavar o rosto, lave com delicadeza. E, se uma espinha ficar muito feia, iremos à farmácia, porque existem produtos eficazes contra a acne.

– E se eu deixar de comer chocolate por uns dias? – insistiu Cris.

– Como você quiser, não fará nenhum mal, mas também não sei se vai ajudar em alguma coisa.

Transtornos alimentares

Rosa acha mais difícil falar com Cris de sua imagem corporal. É um território íntimo. Cris pode se entrincheirar no silêncio, escapar com evasivas ou negar qualquer problema. Mas que ela tem um probleminha, ela tem. E Rosa não está preocupada, mas está alerta para evitar que vire um problema maior.

Aliás, é um problema muito comum. Cris ainda não gosta de como ela é e não é capaz de obter uma imagem objetiva de seu próprio corpo. Ela se olha no espelho e vê uma imagem diferente daquela que seus pais ou amigas enxergam. Isso também acontece com outras garotas.

Segundo foi constatado em uma pesquisa do hospital Clínic, em Barcelona, que comparou a imagem subjetiva com a imagem real de 802 garotas, entre 11 e 24 anos, a distorção da imagem corporal é um fenômeno comum, especialmente na adolescência. Curiosamente, a distorção varia segundo a zona do corpo. Quando solicitado que as meninas dimensionassem o tamanho dos seus ombros, músculos ou panturrilhas, elas tiveram uma percepção correta do tamanho. Quando solicitado que fizessem o mesmo em relação aos seios, cintura ou quadris, elas tiveram uma percepção subjetiva, em média, entre uns 17% e 25% maiores do que eram na verdade. As maiores diferenças entre dimensões reais e dimensões subjetivas foram registradas entre os 11 e 13 anos, no período em que as proporções do corpo mais variam.

O que chama a atenção nessa pesquisa é que foi realizada com garotas saudáveis, que não tinham nenhum transtorno alimentar nem outro problema psicológico. Com o passar do tempo, a maioria delas aprenderá a se aceitar e sem os complexos do momento. Mas uma minoria pode evoluir para um transtorno alimentar grave, como a anorexia (uma preocupação obsessiva pela imagem corporal, que leva a pessoa a não comer o suficiente) ou a bulimia (que leva a pessoa a comer compulsivamente).

Rosa não acredita que isso vá acontecer com Cris. Mas ela sabe, por experiência própria em consultas com pacientes com transtornos alimentares, que os pais nunca acreditam que isso possa ocorrer em suas famílias até o dia que acontece. Portanto, como forma de prevenção, Rosa fala com Cris sobre saúde, sobre o corpo humano. Elas conversam sobre como pessoas diferentes têm anatomias diferentes, e que nenhuma é melhor que outra, simplesmente são diferentes; elas falam sobre estereótipos, de como os meios de comunicação promovem um modelo hipersexualizado de homens e de mulheres, como se todo mundo tivesse que ser igual.

– Seria muito chato se fôssemos todos iguais. Não acha Cris? Aliás, porque, quando se gosta de uma pessoa, você a aprecia por sua personalidade, por seu caráter, por coisas que podem ser vistas logo de cara e que são as mais importantes. Ninguém ama uma pessoa porque ela é alta, baixa, loira, morena ou porque tem um nariz grande ou uma pinta na bochecha, como tinha Marilyn Monroe.

Rosa fala com Cris como se falasse de outras pessoas e não dela mesma. Quando falam de aparência, as conversas são um pouco sinuosas, pulando alguns assuntos e evitando fazer comentários diretos sobre a Cris. Nunca nenhum comentário crítico sobre como ela é, e nenhuma instrução sobre o que deveria fazer. Rosa está ciente de que se sua colocação parecer um enfrentamento, se ela disser "sou sua mãe e você tem que ouvir os meus conselhos", Cris irá se fechar e não dará nenhuma atenção ao que a mãe dizer. Por isso, Rosa prefere manter os canais de comunicação abertos, ajudando Cris a melhorar sua autoestima, a aprender a se aceitar como é. Mostrar que a apoia em suas decisões, mesmo que Rosa não goste de tudo que a filha faz, porque, no fundo, as duas querem o mesmo: o que é melhor para Cris.

Desde que Cris era pequena, Rosa e Juan cumpriram as recomendações dos pediatras sobre a prevenção de transtornos alimentares.

Eles sabem que muitos estudos comprovaram que a atitude dos pais diante de sua própria aparência física e de seu corpo modulam as atitudes dos filhos. Que, quando o pai ou mais frequentemente a mãe são obcecados por seu peso, é mais provável que a filha, ao chegar à adolescência, ou às vezes antes, também se torne obcecada com isso. E, se a mãe segue dietas para emagrecer diante da filha, é provável que esta, ao crescer, também queira fazer dieta.

Por esse motivo, Rosa e Juan nunca fazem comentários a Cris sobre sua silhueta. Não fazem comentários sobre outras pessoas, criticando-as por sua aparência. Em casa, não comem alimentos diferentes do resto da família, com o objetivo de emagrecer. E, desde que Cris era pequena, assistiram com ela a filmes, programas de tevê e comerciais, para que pudesse aprender a perceber como muitos deles estereotipam homens e mulheres.

Rosa e Juan também fazem isso com Pablo. Um dos motivos é para ajudar que perceba como ele é bombardeado com mensagens que apresentam as garotas como objetos sexuais, valorizadas exclusivamente por sua beleza física. Para que aprenda também a ver como essas mesmas mensagens mostram a força como o valor supremo dos garotos. E, por fim, para ensinar que, se pensar em suas amigas e amigos, ele vai perceber que nem a beleza é o mais importante em uma garota, nem a força é o mais importante em um garoto. Que todos eles são seus amigos por outras razões.

Na verdade, a insatisfação com a imagem corporal e os transtornos alimentares também podem afetar os garotos. Se, nas mulheres, predomina o desejo de emagrecer, nos homens costuma predominar o desejo de serem mais fortes. O exercício físico pode se tornar uma obsessão, as calorias de uma dieta em outra, e não é raro que acabem recorrendo a tratamentos hormonais para ganhar musculatura.

São doenças graves e difíceis de tratar tanto em homens como em mulheres. Na anorexia, a obsessão pela magreza leva a pessoa a não comer e às vezes a praticar atividades físicas em excesso. A desnutrição leva a pessoa a um estado de debilitação geral, acompanhado de anemia, queda da pressão arterial, interrupção da menstruação, queda de cabelo e ruptura das unhas, osteoporose e risco de fraturas, crescente dificuldade de concentração e, em casos extremos, à morte.

No casa da bulimia, a pessoa come grandes quantidades de alimentos e depois tenta compensar o excesso provocando o vômito ou abusando de laxantes. Depois de uma festa, alguns indivíduos jejuam ou recorrem a atividades físicas, na tentativa de perder o peso recém--adquirido. Os sintomas incluem dores de estômago frequentes, lesões gástricas e renais, cáries pela ação corrosiva dos ácidos do estômago no esmalte dos dentes, falta de menstruação e, uma das consequências mais perigosas, hipopotassemia, uma perda de potássio que pode causar danos ao coração.

Quanto antes um transtorno alimentar for identificado e iniciado o tratamento, menores são os danos e maiores as perspectivas de cura. Mas não são transtornos fáceis de identificar, porque a grande maioria dos adolescentes que se preocupa com a aparência é perfeitamente saudável, sem nenhum problema. Por isso, não é fácil detectar o momento em que essa preocupação vira uma doença. E, às vezes, podem passar meses antes que alguém perceba que está ocorrendo um transtorno alimentar.

As pessoas que sofrem de transtornos alimentares costumam disfarçar bem. Além disso, ao serem questionadas, costumam negar que exista algum problema, dificultando ainda mais a sua detecção. O início de um transtorno alimentar é tão sigiloso e tão gradual que, muitas vezes, não são nem os pais os primeiros a perceber. No entanto, algumas condutas e atitudes são frequentes em pessoas com anorexia e bulimia; e, apesar de nenhuma dessas características por si só delatar um transtorno alimentar, se ocorrer uma soma desses comportamentos, é aconselhável buscar ajuda médica.

São sinais de alerta a obsessão por comida ou peso, a necessidade de se pesar frequentemente, a falta de menstruação, o hábito de ficar mudando e arrumando a comida no prato em vez de comer; aceitar apenas alguns alimentos e evitar outros – como lácteos, carne, massa ou pão –, mentir sobre quanto comeu, fazer muitas atividades físicas, evitar atividades sociais, sobretudo se há comida no meio, emagrecer excessivamente, entrar em depressão ou apresentar falta de energia, sentir frio com frequência. Além disso, pode acontecer de tais pessoas procurarem desculpas excessivas para ir ao banheiro após as refeições; de aparecerem arranhões ou feridas na mão por provocar o vômito; ou de recorreram a laxantes, diuréticos ou remédios para emagrecer.

Detectar transtorno alimentar é difícil, conseguir que as pessoas afetadas por ele aceitem ir ao médico costuma ser mais difícil ainda. Quando se aventa, pela primeira vez, a possibilidade de buscar ajuda, a reação costuma ser de ficar na defensiva, de irritação e de muita negação.

Nestes casos, é melhor evitar o confronto. Com ordens ou ameaças, podemos conseguir arrastar um adolescente ao médico, mas não conseguiremos que colabore para se curar. É preferível conversar, mostrar a ele que tem o seu apoio, evitando fazer críticas.

Como acontece com Rosa e Cris, é melhor não falar diretamente com ela ou ele, mas, por exemplo, de como as outras pessoas estão preocupados com a sua saúde. No lugar de dizer "você tem um problema", algo que negará, é melhor dizer "estou preocupada que você tenha perdido tanto peso em tão pouco tempo. Eu gostaria que fôssemos ao médico; assim fico mais tranquila". E, se o adolescente se negar, não se renda. Procure outras maneiras de abordar o assunto, por exemplo, consultar um especialista em saúde mental, conversar com os professores da escola onde estuda, com os amigos dele, se for preciso, até encontrar a maneira de que esse adolescente ceda e se deixe ajudar.

Como saber se a criança está com peso adequado

A recomendação de não chamar a atenção das crianças sobre seu peso para prevenir transtornos alimentares parece entrar em contradição com a recomendação da conscientização delas sobre os riscos do excesso de peso e da obesidade. Na verdade, os riscos são muitos. A curto prazo, a obesidade infantil aumenta o risco de asma, de transtornos do sono ou de malformações articulares. A longo prazo, o risco de diabetes, de doenças cardiovasculares, de artrose, de vários tipos de câncer (cólon, mama, próstata)... São todos problemas que afetam amplos setores da população, e que as associações médicas consideram prioritários prevenir desde a infância.

Mas então como falar com as crianças sobre o peso para reduzir o risco de obesidade sem aumentar o problema dos transtornos alimentares? É importante falar das calorias? Pode ser contraproducente falar de sobrepeso e de quilos a mais? Existe alguma maneira de reduzir ao mesmo tempo o risco de obesidade e o de transtornos alimentares? Ou são dois pratos de uma mesma balança, quando um abaixa, o outro sobe, e temos que buscar um ponto de equilíbrio? A resposta é que ninguém tem a resposta. É uma questão que não está bem pesquisada. Na falta de informação, Rosa e Juan decidiram não dar importância ao peso de Cris ou de Pablo e dar importância unicamente à saúde. Em outras palavras, eles tentam pôr na cabeça dos filhos que o objetivo de comer bem não é ter um peso adequado e sim estar saudável. E assumem que, se a saúde é ótima, o peso também será adequado.

Além disso, descobrir se uma criança tem peso adequado é complicado, e termina sendo um problema, porque, para os pais, é difícil saber quando os filhos estão com sobrepeso ou estão obesos e quando é o momento de consultar um médico.

Com os adultos é fácil. Basta calcular o índice de massa corporal (IMC) com base no peso e na altura. Qualquer um pode descobrir o seu, com uma simples calculadora. Para saber o IMC, temos de dividir o peso pelo quadrado da altura(ver tabela p. 213). Para Rosa, por exemplo, que pesa 64 quilos e mede 1,72 m, ela tem que dividir 64 por 1,72. O resultado é de 21,6. Ela tem o que se chama de peso ideal.

Para um adulto, qualquer IMC situado entre 18,5 e 25 é considerado ideal. Entre 25 e 30, a faixa onde está Juan, existe sobrepeso. Acima de 30, obesidade. E abaixo de 18,5, abaixo do peso, que é tão pouco saudável quanto o sobrepeso.

Mas, para as crianças, o IMC é um alvo em movimento. Muda segundo a idade, já que se reduz nos primeiros anos de vida e, a partir dos 6 anos, aproximadamente, volta a aumentar. Muda segundo o gênero, já que, diferente do que acontece com adultos, os valores a partir dos quais começa o sobrepeso ou a obesidade não são os mesmo nos meninos e nas meninas. E temos que levar em conta o ritmo de cada criança: um IMC alto para a idade pode significar que uma criança está com sobrepeso, que tem crescimento precoce ou ambas as coisas ao mesmo tempo.

No caso de Cris – 1,56 metro e 46 quilos –, Rosa e Juan calcularam que ela têm um IMC de 18,9. Adequado para sua idade, 13 anos. Mas não disseram nada a ela. Pablo – 1,33 metro e 29 quilos – tem um IMC de 16,4. Também é adequado para 8 anos; e também nada disseram. Eles não disseram nada para não chamar a atenção dos filhos para o peso, mas preferem ter certeza de que as crianças não têm problemas com peso.

De fato, a Academia Americana de Pediatria recomenda que o controle do IMC de todas as crianças e adolescentes entre 6 e 18 anos seja feito do mesmo modo como os adultos devem controlar os níveis de pressão arterial ou o colesterol. Os gráficos da página 208 oferecem um guia para que as famílias possam comprovar se o IMC de seus filhos é adequado para a idade. No caso de se detectar algum valor anormal ou de se ter algum dúvida, é importante consultar um pediatra para avaliar a necessidade de tratamento.

Como tratar o excesso de peso em crianças

É erro comum pensar que uma criança gordinha aos 5 ou 6 anos é sinal de que está bem alimentada e vai emagrecer à medida que cresça. No caso de crianças menores de 2 anos não vale a pena se preocupar, salvo em casos extremos, já que a silhueta muda nos primeiros anos de desenvolvimento e é frequente que bebês rechonchudos tenham ao crescer peso normal, se sua alimentação for correta. Duas etapas são críticas para o início da maioria dos casos de obesidade: entre 4 e 7 anos e na puberdade. Dessa maneira, se uma criança de 5 a 6 anos já tem excesso de peso, é hora de consultar um pediatra.

*Índice de massa corporal em meninos e meninas de 2 a 18 anos

Meninos Índice de massa corporal

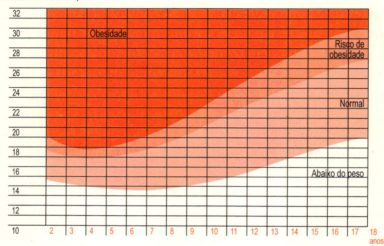

Meninas Índice de massa corporal

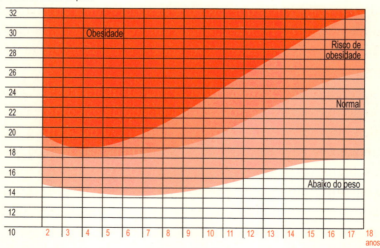

O espelho e a balança

Não é uma emergência, mas é melhor não deixar para a última hora. Não é demais lembrar que o excesso de peso não é um problema estético e sim de saúde, que a obesidade é uma doença que tende a ser crônica, e que, quanto antes o problema for abordado, será mais fácil resolver. Se esperarmos que a criança cresça com sobrepeso, ela o manterá até a adolescência, quando começar a sair com amigos e a comer o que quiser, e poderá ser muito tarde para algum dia recuperar o peso adequado: em torno de 70% dos adolescentes com sobrepeso acabam sendo adultos com sobrepeso ou obesos.

O tratamento do excesso de peso na infância consiste em introduzir mudanças no cotidiano da criança, para que melhore sua alimentação e faça mais atividade física. Para que o tratamento tenha êxito, mais uma vez, essas mudanças não devem se limitar aos hábitos da criança e sim de toda a família.

Aumentar a atividade física acaba significando, na grande maioria dos casos, limitar o tempo que a criança passa diante da tevê – o risco de obesidade infantil aumenta cerca de 12% por cada dia de televisão – e também significa estimulá-los a praticar exercícios de que gostem. A ideia não é de que a criança faça um esporte imposto, algo à revelia, mas que procure descobrir uma atividade da qual goste. Se gostar de bicicleta, então que seja bicicleta. Se não gostar, pode experimentar a piscina. Ou sair em excursão. Ou ouvir música e dançar em casa.

Naturalmente, existem crianças menos inclinadas a exercitar seu corpo do que outras. Se houver dificuldade de psicomotricidade, não é difícil que evitem os esportes com bola. Ou que evitem atividades que requeiram equilíbrio, como bicicleta ou patins. Mas há tantas maneiras diferentes de fazer exercícios que todas as crianças sempre acabam encontrando alguma atividade que apreciem. E vão estimar mais ainda se fizerem exercícios com seus pais ou com pessoas da família.

O problema, às vezes, é que a criança gostaria de sair correndo ou andar de bicicleta, mas não tem ninguém que a acompanhe. E acaba sendo um círculo vicioso, como um cachorro correndo atrás do próprio rabo. Como ninguém a acompanha, não faz exercício;

como não faz exercício, não desenvolve sua psicomotricidade, sente-se lerda e insegura, e não gosta; e, como a criança não gosta, ninguém se sente obrigado a acompanhá-la. É por tudo isso que o tratamento da obesidade infantil passa a envolver toda a família: para que uma criança comece a fazer exercício, às vezes é necessário que os pais sedentários também façam.

O mesmo acontece com a dieta. Se a criança tem uma alimentação inadequada, é porque em sua casa se come mal. E, para melhorar a alimentação da criança, melhora-se primeiro a dieta da família. A primeira coisa que os médicos e especialistas em nutrição pedem aos pais da criança obesa é a regularização nos horários das refeições. Rosa tem uma amiga no hospital, especialista em endocrinologia pediátrica, que utiliza seu bloco receituário para receitar horários aos pais. Ela passa receitas que prescrevem, por exemplo: "14h. Almoço. Dois pratos e uma sobremesa. Uma porção (não repetir)". E na linha seguinte: "17h. Lanche. Apenas uma vez ao dia". Quando os pais olham para ela com cara de surpresa, diz:

– Vocês devem estar pensando que eu deveria receitar algum remédio, que é assim que ele vai sarar, e que esses horários não têm importância. Só que, se vocês cumprirem bem as horas das refeições, vão ajudar mais o seu filho, muito mais do que qualquer remédio.

Essa endocrinologista justifica: é o único jeito para que as famílias levem a sério os horários das refeições. É escrevendo numa receita, como se as refeições fossem remédios para tomar na hora marcada.

Depois de regulados os horários, regula-se o cardápio. A médica conversa sobre o que comem em casa, os alimentos que ingerem em excesso, os que comem pouco, e propõe uma dieta equilibrada, abundante em frutas, legumes, verduras e cereais e baixo teor de açúcares e gorduras saturadas. Ela recomenda que comam juntos, em família, sempre que possível, porque as crianças que comem sozinhas tendem a ingerir alimentos muito calóricos, que elas engolem em poucos minutos. E a médica ainda pede que cuidem do desjejum, porque o desjejum completo é a primeira medida de defesa contra a obesidade.

210

Não proíbe nenhum alimento porque, adverte aos pais, isso só tornaria os alimentos proibidos mais apetitosos às crianças. Não proíbe que elas frequentem festas e se encham de bolo, guloseimas, sorvete ou refrigerantes de vez em quando. Se essa medida deixa os pais preocupados, ela explica que não devem perder a visão geral da dieta, que uma só merenda, por mais exagerada que seja, tem impacto insignificante no peso corporal, e que o importante são os objetivos a longo prazo e que comam bem em casa, no dia a dia.

Ela nunca chama a atenção das crianças sobre quanto pesam. Nunca diz que elas devem comer menos, diz que comam melhor. Tampouco receita remédios contra a obesidade, já que os que existem atualmente podem ter sérios efeitos secundários e não são recomendados para crianças. E, salvo em casos extremos, ela evita recomendar dietas de emagrecimento nas idades de crescimento.

Como saber se o adulto está com peso adequado

Em adultos, é diferente. É importante comer melhor, sim, como as crianças, e fazer atividade física. Mas, se no final da idade de crescimento, continuar com sobrepeso, justificam-se dietas restritivas para perder peso e, em casos de obesidade, tratamento com medicamentos.

Basta perguntar a Juan, que decidiu começar a se cuidar quando estava com 94 quilos e com um IMC de 29: sobrepeso elevado, apenas um ponto antes da obesidade. Os médicos chamam de sobrepeso de grau II ou pré-obesidade.

– Querido, você é pré-obeso; agora sim você vai ter que se cuidar de verdade! – disse Rosa.

Na Espanha, a obesidade já é a segunda causa de morte prematura, ficando atrás somente do tabaco. No caso de Juan, além disso, ele tinha grande parte do excesso de gordura acumulado no abdômen, considerado um sinal adicional de alarme.

A gordura abdominal, também chamada gordura visceral, não é um simples depósito de calorias, mas, sim, um tecido ativo que libera múltiplas substâncias. Entre elas, essa gordura secreta proteínas que favorecem a pressão arterial alta, inflamação crônica do sangue, tendência a formar coágulos no interior das artérias, perda de eficiência da insulina e, finalmente, maior risco de sofrer um infarto ou alguma outra doença cardiovascular grave.

Trata-se de um tipo de gordura profunda, que se acumula entre as vísceras, e é muito mais prejudicial que a gordura subcutânea, presente logo embaixo da pele, como no caso das nádegas e dos músculos. Por essa razão, se uma pessoa tem a silhueta de maçã, com a gordura acumulada no abdômen, sua saúde corre mais perigo do que outra pessoa com a silhueta de pera, com a gordura ao redor do quadril. Mesmo que os dois indivíduos tenham exatamente o mesmo IMC.

Isso demonstra que o IMC não é uma medida perfeita. É muito útil, porque é simples de calcular e dá uma ideia aproximada do peso adequado de uma pessoa. Mas não distingue que parte do peso corresponde à gordura e que parte corresponde ao músculo. E, dentro da gordura, não distingue que parte é visceral e perigosa e que parte é subcutânea e menos grave.

É por isso que existem paradoxos, como um "Mister Universo" com um IMC de 33, índice que tecnicamente o define como obeso, quando, na verdade, ele não tem excesso de gordura visceral, mas, sim, uma grande massa muscular, como aconteceu com Arnold Schwarzenegger quando ganhou o título.

Para complementar o IMC e definir melhor os riscos para a saúde em pessoas com sobrepeso, os médicos também medem a circunferência da cintura. É uma medida que qualquer um pode verificar em casa. Basta passar uma fita métrica ao redor da cintura, bem em cima do osso do quadril, assegurar-se de que está na posição horizontal, bem esticada e sem apertar a pele. Se o resultado for superior a 102 cm em homens, ou a 89 cm em mulheres, indica alto risco. Se for inferior a 94 cm em homens, e 81 cm em mulheres, indica baixo risco.

O espelho e a balança

* Índice de massa corporal em adultos

A partir de 18 anos

altura	abaixo do peso	peso ideal	sobrepreso	obesidade	obesidade mórbida
1,50	menos de 42	42-56	56-67	67-90	mais de 90
1,51	menos de 42	42-57	57-68	68-91	mais de 91
1,52	menos de 43	43-58	58-69	69-92	mais de 92
1,53	menos de 43	43-59	59-70	70-94	mais de 94
1,54	menos de 44	44-59	59-71	71-95	mais de 95
1,55	menos de 44	44-66	60-72	72-96	mais de 96
1,56	menos de 45	45-61	61-73	73-97	mais de 97
1,57	menos de 46	46-62	62-74	74-99	mais de 99
1,58	menos de 46	46-62	62-75	75-100	mais de 100
1,59	menos de 47	47-63	63-76	76-101	mais de 101
1,60	menos de 47	47-64	64-77	77-102	mais de 102
1,61	menos de 48	48-65	65-78	78-104	mais de 104
1,62	menos de 49	49-66	66-79	79-105	mais de 105
1,63	menos de 49	49-66	66-80	80-107	mais de 107
1,64	menos de 50	50-67	67-81	81-108	mais de 108
1,65	menos de 50	50-68	68-82	82-109	mais de 109
1,66	menos de 51	51-69	69-83	83-110	mais de 110
1,67	menos de 52	52-70	70-84	84-112	mais de 112
1,68	menos de 52	52-71	71-85	85-113	mais de 113
1,69	menos de 53	53-71	71-86	86-114	mais de 114
1,70	menos de 53	53-72	72-87	87-116	mais de 116
1,71	menos de 54	54-73	73-88	88-117	mais de 117
1,72	menos de 55	55-74	74-89	89-118	mais de 118
1,73	menos de 55	55-75	75-90	90-120	mais de 120
1,74	menos de 56	56-76	76-91	91-121	mais de 121
1,75	menos de 57	57-77	77-92	92-122	mais de 122
1,76	menos de 57	57-77	77-93	93-124	mais de 124
1,77	menos de 58	58-78	78-94	94-125	mais de 125
1,78	menos de 59	59-79	79-95	95-127	mais de 127
1,79	menos de 59	59-80	80-96	96-128	mais de 128
1,80	menos de 60	60-81	81-97	97-130	mais de 130
1,81	menos de 61	61-82	82-98	98-131	mais de 131
1,82	menos de 61	61-83	83-99	99-132	mais de 132
1,83	menos de 62	62-84	84-100	100-134	mais de 134
1,84	menos de 63	63-85	85-102	102-135	mais de 135
1,85	menos de 63	63-86	86-103	103-137	mais de 137

(cont.)

A cozinha da saúde: hábitos e receitas para uma vida saudável

altura	abaixo do peso	peso ideal	sobrepreso	obesidade	obesidade mórbida
1,86	menos de 64	64-86	86-104	104-138	mais de 138
1,87	menos de 65	65-87	87-105	105-140	mais de 140
1,88	menos de 65	65-88	88-106	106-141	mais de 141
1,89	menos de 66	66-89	89-107	107-143	mais de 143
1,90	menos de 67	67-90	90-108	108-144	mais de 144
1,91	menos de 67	67-91	91-109	109-146	mais de 146
1,92	menos de 68	69-92	92-111	111-147	mais de 147
1,93	menos de 69	69-93	93-112	112-149	mais de 149
1,94	menos de 70	70-94	94-113	113-151	mais de 151
1,95	menos de 70	70-95	95-114	114-152	mais de 152
1,96	menos de 71	71-96	96-115	115-154	mais de 154
1,97	menos de 72	72-97	97-116	116-155	mais de 155
1,98	menos de 73	73-98	98-118	118-157	mais de 157
1,99	menos de 73	73-99	99-119	119-158	mais de 158
2,00	menos de 74	74-100	100-120	120-160	mais de 160

O Índice de Massa Corporal (IMC) é calculado a partir da seguinte fórmula:

$$IMC = \frac{Peso\ (em\ kg)}{Altura^2\ (em\ m)}$$

Por exemplo: uma pessoa que mede 1,75 m e pesa 75 kg calculará seu índice de massa corporal da seguinte maneira:

$$IMC = \frac{75}{1,75^2} = 24,5$$

- IMC inferior a 18,5 indica abaixo do peso.
- IMC entre 18,5 e 25 é ótimo.
- IMC entre 25 e 30 indica sobrepeso.
- IMC entre 30 e 40 indica obesidade.
- IMC superior a 40 indica obesidade mórbida.

O espelho e a balança

Mas, no caso de Juan, não havia dúvidas: IMC no limite de obesidade, silhueta de maçã mais do que de pera e cintura de 105 centímetros.

– Você está na zona de perigo – disse o médico. – Deve tentar reduzir o seu peso.

Reduzir o peso é fácil de dizer e difícil de fazer. E, principalmente, difícil de manter.

Por que algumas dietas funcionam e outras falham?

A maior prova de como é difícil perder peso é a grande variedade de dietas existentes para emagrecer. Dietas baixas em carboidratos ou em gorduras, que proíbem alguns alimentos ou que impõem outros... Se alguma delas funcionasse para a maioria das pessoas, as outras não teriam por que existir. Cada fracasso com uma dieta é um novo convite para tentar a próxima.

Muitas dessas dietas se popularizaram por interesses comerciais e sem base científica sólida. Em muitos casos, são dietas radicais que prometem perdas rápidas de peso e não conseguem evitar que os quilos perdidos sejam recuperados meses mais tarde. Mas pesquisas realizadas nestes últimos anos sobre a fisiologia do apetite, a saciedade, sobre o que nos induz a comer e sobre a eficácia das diferentes dietas permitiram melhorar os tratamentos para emagrecer, utilizando dados científicos.

As pesquisas confirmam que perder peso não é fácil. Demonstram porém que é possível. E indicam como fazer para se obter êxito a longo prazo.

Uma das pesquisas mais instrutivas foi feita pela Escola de Saúde Pública de Harvard, Estados Unidos, que comparou a eficácia de quatro diferentes dietas em 811 voluntários com sobrepeso ou obesidade. Os investigadores variaram a proporção de proteínas e gorduras e carboidratos nas diferentes dietas. Resultados após seis meses: os participantes haviam perdido em média 6 quilos, sem diferenças importantes em relação ao tipo de dieta. Resultados após dois anos: mesmo os participantes que continuavam fazendo a dieta voltaram a aumentar parte do peso perdido, mas conservaram uma média de 4 quilos a menos em relação ao peso inicial, além de terem melhorado os níveis de colesterol e insulina do sangue. De novo, sem diferenças importantes segundo o tipo de dieta seguido. E sem diferenças quanto à sensação de apetite, saciedade ou de satisfação com a comida.

Em outra pesquisa importante, realizada em Israel, compararam a eficácia de três dietas comuns: uma dieta pobre em gorduras, como a receitada pela maioria dos médicos, uma dieta baixa em carboidratos, como a de Atkins, e uma dieta mediterrânea, na qual não se restringe nenhum alimento, mas enfatiza o consumo de vegetais, cereais integrais e peixes. Os resultados foram similares aos de Harvard: redução de 5 a 6 quilos de peso nos primeiros seis meses, seguido de pequeno aumento, para depois estabilizar em uma perda média de 4 quilos ao longo de dois anos.

Esses estudos oferecem várias lições importantes. A primeira é que, com dietas que funcionam, o peso vai baixando aos poucos, ao ritmo de 1 quilo por mês. Podemos perder rapidamente alguns quilos de água, que, do ponto de vista da saúde, são irrelevantes. Mas a gordura, que é o que importa na obesidade, só é perdida pouco a pouco. Porém, ao retomar os estudos do pesquisador da Universidade Rockefeller, de Nova York, Jeffrey Friedman, aquele que descobriu a leptina, mencionado no capítulo "Refeições em família", percebemos sua explicação biológica. O sistema que regula o peso corporal tenta manter uma quantidade estável de gordura no organismo. Perder peso lentamente é um jeito de não violentar esse sistema regulatório. É para que a produção de leptina não caia bruscamente, evitando assim uma síndrome de abstinência de leptina, que nos obrigaria a comer para recuperar a gordura perdida. As dietas lentas, além disso, têm uma vantagem psicológica adicional: quando se perde peso um mês após outro, embora seja pouco, costuma-se ficar mais motivado a manter a dieta do que quando se perde peso rápido, e depois a perda de peso estanca ou volta-se a ganhar o peso recém-perdido.

Segunda lição importante: seis meses após o início da dieta, chega um período crítico. Segundo foi observado nos estudos realizados até agora, continuar perdendo peso no mesmo ritmo durante mais de meio ano é difícil. As razões pelas quais isso acontece ainda não são bem conhecidas. O que se sabe é o que acontece depois: algumas pessoas desanimam, abandonam a dieta e recuperam o peso perdido; outras mantêm a dieta e, embora possam recuperar alguns quilos, conseguem estabilizar com um peso inferior ao que tinham inicialmente. Apoiar a pessoa que está tentando perder peso nesse período crítico é fundamental para que ela não se renda e continue tentando controlar o peso.

Mas talvez a lição mais importante seja o fato de que diferentes dietas conseguem resultados similares. Isso indica que, quando o objetivo é somente perder peso, o importante não é a composição da dieta, mas a quantidade de calorias ingeridas no final de uma semana. No entanto, a composição da dieta é importante se o objetivo for controlar os níveis de colesterol ou de açúcar no sangue. Se for apenas para perder peso, cada pessoa pode escolher a dieta que mais gostar. Afinal, sempre que se sentir confortável seguindo essa dieta, será mais fácil que a mantenha. E... não esperar milagres e não desanimar nesses seis meses.

Essas são boas notícias. Significa que as dietas não têm por que se basear em limitar alimentos, mas também podem consistir em agregar outros. Que é possível tentar emagrecer e, mesmo assim, pensar em comida de maneira positiva. Significa, definitivamente, que os alimentos não são os inimigos. O inimigo, em todos os casos, é nossa relação com a alimentação, quando esta se torna doentia.

Sabendo disso, Juan escolheu uma dieta mediterrânea, tal como proposto pelo estudo em Israel. Muitos vegetais, pouca gordura animal, muito azeite de oliva, abundância de frutas secas, pouco alimentos industrializados, mais carne de frango do que bovina, muito peixe e nenhum alimento proibido.

Ele escolheu essa porque, se toda a família teria que comer como ele, como Rosa fez questão, uma dieta restrita em gorduras ou carboidratos teria sido difícil de aplicar. A dieta mediterrânea parecia a mais equilibrada, mais saudável para todos e mais fácil de manter a longo prazo. Mas Juan também escolheu essa dieta porque não queria se privar de um churrasco ou de um prato de macarrão no caso de um dia ficar com vontade. A dieta mediterrânea não proíbe Juan de comer nada e permite reconstruir uma relação saudável com os alimentos.

O curioso é que, desde o dia em que foi ao médico com Rosa, Juan não comeu churrasco um só dia. E pratos de macarrão, poucos. Nem sentiu falta deles. Certamente, se estivessem proibidos, ele não pararia de pensar neles. Mas, para Juan, a possibilidade de poder comer de tudo tem sido uma maneira de não ficar obcecado.

– Muito bem – disse o médico –, para sair da zona de perigo, nós vamos tentar reduzir seu peso com uma dieta mediterrânea. Mas só a dieta – advertiu – não vai bastar, terá que fazer algo a mais.

– O que mais, doutor?

– Atividades físicas. Se quiser perder peso e não voltar a ganhar, é imprescindível que a dieta seja complementada com alguma atividade física. Do contrário, pode ser que a princípio perca alguns quilos graças à dieta, mas logo irá recuperar tudo de volta.

11 QUILÔMETROS CONTRA CALORIAS
17h30

Para começar, realmente o mundo está mal distribuído. Para Rosa, que nunca praticou esportes de verdade, não é nenhum esforço manter a silhueta esguia. Enquanto Juan, que havia jogado futebol e tênis e que estava sempre ativo nos verões, parecia agora ter uma misteriosa capacidade de multiplicar matéria. De modo enigmático, atualmente seu estômago era capaz de transmutar 100 gramas de batata frita em 200 gramas de gordura. É uma impressão subjetiva, pois Juan já sabe que é fisicamente impossível. Mas o fato é que agora teria que vigiar a dieta, uma coisa que não o agradava muito, mas que ele estava disposto a fazer. O problema maior é que teria que começar a fazer atividades físicas, o que lhe dava uma enorme preguiça.

A relação que Juan tem com a atividade física é a mesma de muitos outros homens de sua geração. Eles cresceram em uma época em que era normal ir caminhando para a escola, jogar futebol durante o intervalo e correr pelos campinhos, subir nas árvores ou andar de bicicleta nas férias. Continuaram jogando futebol como nos tempos de escola, até a universidade, formando times com grupos de amigos. Eles experimentaram vários esportes, esqui, pelota basca* (mas ninguém se interessou), caratê, mas, de cada dez amigos, somente um se interessou o suficiente para prosseguir. Depois, um após outro, abandonaram o futebol. Alguns deles pelo trabalho, outros pelas namoradas, outros ainda pelos filhos e os últimos porque já não tinham mais com quem jogar. Cada vez mais praticavam esporte de maneira esporádica. E pouco a pouco, alguns amigos mais, outros menos, começaram a ganhar peso. E, vinte anos mais tarde, um médico simplesmente lhes diz que é importante voltar a praticar alguma atividade física. E dessa vez não só por diversão, mas também para conservar a saúde.

– Será bom não só para perder peso, mas para você se sentir melhor de maneira geral –, diz o médico. A atividade física ajuda a resistir melhor ao estresse, a ficar mais contente, a render mais no trabalho, a prevenir infarto, câncer, a fortalecer os músculos e os ossos. Serve até para não envelhecer tão rápido. Por isso é que as pessoas que praticam atividades físicas costumam parecer mais jovens que aquelas pessoas que têm vida sedentária.

– E que atividade física o senhor me recomenda, doutor?

Qual atividade física escolher

O médico havia dito que, para perder peso, a atividade física ideal é correr. Mas, antes de você sair correndo por aí, permita-me fazer uma pergunta: – Você gosta de correr? Porque, se você não gostar, vai correr alguns dias e depois desistirá, aí é melhor procurar outra atividade.

Correr é a atividade física que mais queima calorias. Basta olhar o corpo de quem faz atletismo, é mais magro do que dos ciclistas, dos

---

* A "pelota basca" (*frontón*, em espanhol) é um esporte que surgiu na Idade Média, no norte da Espanha. O jogador atira a bola contra um frontão, duas paredes que formam um ângulo de noventa graus. Após atingir o frontão, a bola retorna para o jogador, mas esta só pode tocar o chão uma vez. (N. T.)

praticantes de natação ou de qualquer outro esporte. Uma pessoa de 80 quilos que corre 12 quilômetros por hora (km/h), que é um ritmo intenso, queima cerca de 1.000 quilocalorias por hora (kcal/h). Até se diminuir o ritmo e correr 8 km/h, continuará queimando 635 kcal/h. Este último valor é similar ao número de calorias que queima uma pessoa nadando estilo *crawl* ou pedalando em um bom ritmo. E é um valor superior às calorias queimadas fazendo esqui alpino (476 kcal/h), ginástica aeróbica (396 kcal/h), ioga (317 kcal/h) ou levantamento de peso (238 kcal/h).

Esses dados, de certo modo, são surpreendentes. Quando uma pessoa nada ou levanta peso, costuma ter a sensação de que faz um esforço maior do que quando corre. No entanto, a sensação de esforço não reflete de maneira confiável as calorias que são queimadas.

O esforço que se percebe ao nadar ou com os pesos é em razão de serem exercícios de resistência. Ou seja, exercícios nos quais os músculos devem vencer uma resistência. A resistência da água em um caso e a força da gravidade no outro. As flexões e as abdominais também são consideradas exercícios de resistência. São exercícios em que os músculos fazem força, muitas vezes até ao ponto de tremer ou de doer, e são adequados para fortalecer a musculatura.

Correr, em contrapartida, é, em grande medida, um exercício aeróbico. Isso quer dizer que é um exercício que aumenta a demanda de oxigênio dos músculos e no qual uma pessoa pode notar como o pulso acelera e como se respira mais rápido e profundamente. Esses tipos de exercícios, como correr, patinar, esquiar ou caminhar a passos rápidos, costumam ser ideais para melhorar a saúde cardiorrespiratória, ganhar resistência física e queimar calorias.

Na verdade, toda atividade física tem uma parte aeróbica e uma parte de resistência. Ao andar de bicicleta, por exemplo, predomina o componente aeróbico quando se anda por um lugar plano, mas também há um importante componente de resistência ao subir uma ladeira. Ao nadar, é preciso vencer a resistência da água e, ao mesmo tempo, aumentar a demanda de oxigênio dos músculos. Tanto o componente aeróbico como o de resistência são benéficos para a saúde. Mas, para perder peso e para a saúde cardiovascular em geral, o aeróbico costuma ser mais importante.

– Na verdade, doutor, não sei se eu gosto – respondeu Juan – nunca me dediquei a correr. Todas as vezes que eu pratiquei algum esporte fiz por diversão e nunca sozinho. E, em geral, eram esportes com bola.

Mas correr tinha uma vantagem. Podia fazer sozinho. Podia fazer na hora mais conveniente. Não dependia de ninguém. Não necessitava se matricular em nenhuma academia, ou pagar mensalidade. Bastava calçar o tênis, abrir a porta de casa e sair correndo. Então, Juan decidiu tentar.

Mas correr também tinha um inconveniente, advertiu o médico. As lesões. Pense que ao redor de 75% das lesões esportivas acontecem correndo. Embora correr seja uma atividade natural, o impacto de cada passo quando se está correndo sobre superfícies duras, como cimento ou asfalto, repercute nas articulações, que podem acabar danificadas a longo prazo. É importante ter um calçado adequado que absorva a energia dos impactos e, quando possível, correr sobre superfícies macias como na praia ou em lugares não asfaltados.

Não comece de uma vez, aconselhou o médico a Juan. Se faz vinte anos que está sem fazer exercício, não corra mais de dez ou quinze minutos no primeiro dia e não tente bater nenhum recorde de velocidade. Comece pouco a pouco, não tenha medo de ir bem devagar. Mais tarde, você irá correr mais rápido e durante mais tempo. Mas, no começo, procure entrar num ritmo em que você não se asfixie.

E o doutor deu um último conselho: – Não se limite a fazer atividade física apenas quando sair para correr. Durante o resto do dia, procure caminhar, suba e desça escadas em vez de ir de elevador, evite pegar o carro para trajetos curtos, evite passar o dia sentado... Tudo isso também é atividade física, embora não pareça.

E são muitas calorias perdidas no final do dia e alguns quilos no final do ano.

Exercício oculto

Essa é forma de atividade física que Rosa faz. Juan se surpreende que, sem praticar nenhum esporte a sério, ela se mantenha magra sem qualquer esforço aparente. Rosa pode comer o que quiser e parece não ganhar um único grama. Mas é uma pessoa ativa. O tipo de pessoa que prefere ficar em pé do que sentada e, se puder caminhar, melhor ainda. É alguém que sempre encontra algo para fazer antes de se acomodar no sofá. E, se recebe uma ligação telefônica, levanta e passeia com o telefone enquanto fala. Rosa prefere caminhar dez minutos a dirigir cinco minutos e depois ter que estacionar o carro. Tem um corpo inquieto, em resumo.

Todos esses pequenos movimentos espontâneos também somam. Ninguém afirmaria que está praticando esporte ao falar no celular ou enquanto vai comprar pão a pé. Mas esses movimentos podem chegar a queimar 350 kcal ao dia, as mesmas gastas ao nadar quarenta minutos. Esses dados são de uma pesquisa feita pela Mayo Clinic, de Minnesota, na qual vinte voluntários carregaram sensores durante dez dias, registrando todos os seus movimentos. Com esses dados, foi possível comparar quantas calorias gastavam as pessoas magras e as pessoas com sobrepeso.

Essa e outras investigações mostram que há uma maneira de evitar o excesso de peso, não a mais rápida, porém mais prática do que correr. Caminhar, simplesmente caminhar. Tem a vantagem sobre outras atividades físicas, de que é algo que quase todo mundo pode fazer, praticamente em todo lugar, em qualquer momento e durante muito tempo. E consome entre 200 e 300 kcal/h, conforme o ritmo do passo. O que é a mesma coisa: caminhar uma hora equivale a nadar de vinte a trinta minutos. Desse modo, se alguém não gosta de água, não tem bicicleta e não tem ânimo para correr, caminhar é a alternativa ideal. Caminhar com frequência, durante longos períodos, sempre que possível e em bom ritmo.

Passear pode parecer mais relaxante, mas, na verdade, cansa mais porque a musculatura das pernas trabalha menos e não favorece uma boa circulação sanguínea. Por isso, sair para fazer compras é tão cansativo, porque custa para o sangue sair das pernas e dos pés. Caminhar é diferente. É menos cansativo e muito mais saudável, porque se queimam mais calorias e porque se ativa todo o sistema cardiorrespiratório.

Quantos dias por semana

– Doutor, quantos quilômetros eu tenho que correr para perder peso? – quis saber Juan.

– Não se preocupe com os quilômetros, não são importantes – disse o médico. – O mais importante é com que frequência se pratica atividade física, quanto tempo leva cada sessão e qual a intensidade. Quantos quilômetros você irá correr é secundário. Se quiser, pode até contar os quilômetros por curiosidade. O que vem ao caso aqui é praticar atividade física para se cuidar e não para competir.

– Então, com que frequência, tempo e intensidade o senhor recomenda que eu pratique atividade física?

– Quando o objetivo é reduzir peso, como no seu caso, o ideal é fazer uma hora de exercícios entre moderados e intensos, pelo menos quatro dias por semana. É o que recomendam várias associações de saúde norte-americanas, com base em pesquisas científicas sobre atividade física; são recomendações seguidas por mim e muitos outros médicos.

O médico continuou explicando. Afirmou que não é necessário nem conveniente fazer o mesmo exercício durante os quatro dias. O melhor é alternar exercícios aeróbicos e de resistência. Por exemplo, correr dois dias por semana, nadar um dia e fazer um dia de academia. Ou jogar uma partida de basquete com amigos uma vez por semana. Ou sair para excursionar e fazer trilhas em família nos fins de semana. Tudo isso sem esquecer os exercícios de alongamento muscular, preferencialmente ao terminar as sessões de atividade física, que ajudam a ganhar flexibilidade e a reduzir o risco de lesões.

Alternar exercícios equivale a ter uma dieta de atividade física variada. É mais divertido. Aumenta a capacidade cardiorrespiratória, além da força muscular. São exercitados diferentes grupos de músculos. Adquire-se maior variedade de movimentos e maior coordenação do que se praticarmos sempre a mesma atividade. E, no caso de lesão física, a menos que seja uma lesão grave, pode-se continuar praticando as outras.

– Assim que você tiver conseguido reduzir o peso ao desejado, quando seu objetivo já não for continuar reduzindo e apenas tê-lo, recomendamos entre sessenta e noventa minutos diários de atividade física moderada – completou o médico. – Agora que faz vinte anos que está sem fazer atividade física isso pode parecer inviável ou sobre-humano, não é?

– Mas como conseguir mais de uma hora para fazer atividade física com a agenda lotada? – perguntou Juan, aflito.

– Lembre-se de que você não precisa fazer os sessenta ou noventa minutos de uma vez, podem ser divididos ao longo do dia. E que, quando falamos de atividade física, não nos referimos somente ao que se faz calçando tênis. Caminhar de casa até o local de parada do transporte público, se a pessoa for a passos rápidos, também é atividade física. Subir e descer escadas também é. O que conta é a soma de todas as atividades físicas feitas ao longo do dia.

E o médico continuou a explicar:

– A falta de tempo é uma questão de prioridade, sabia? O dia tem 24 horas para todo mundo. Não conheço ninguém que consiga fazer tudo o que quer nessas 24 horas, sempre ficam coisas por fazer, por isso é que todos temos que decidir o que é mais importante. Resolver se preferimos conservar nossa saúde, procurando algum momento em nossa agenda para fazer isso, ou se nos importamos mais com as outras atividades que lotam nossa agenda.

E Juan prestou bem atenção ao resto da conversa do médico:

– O que eu posso dizer é que, além de melhorar sua alimentação, você tem que praticar atividades físicas. Senão dificilmente conseguirá manter um peso saudável. Eu gostaria de poder dizer a você que basta melhorar a dieta, mas não é verdade. O que vemos nos pacientes, em todos eles, é que somente com a dieta o peso no início é reduzido, mas depois volta a subir. Se você conciliar dieta e atividade física, o peso abaixa e será possível mantê-lo.

Benefícios cardiovasculares

– Aliás, os benefícios que você vai obter ao se acostumar a praticar atividades físicas vão muito além de perder peso – continuou o médico. – Você conseguirá uma melhoria geral em todo o seu sistema cardiovascular. A atividade física, praticada com frequência, mesmo não sendo com grande intensidade, reduz o colesterol LDL, que chamamos de colesterol ruim, e aumenta o HDL, que é o colesterol bom. Além disso, reduz o nível de triglicérides no sangue, que são prejudiciais. Ajuda a reduzir a pressão arterial. Favorece a atividade da insulina e reduz o risco de diabetes... Tudo isso são benefícios que reduzem de maneira significativa o risco de sofrer um infarto do miocárdio ou um AVC.

– Desculpe, mas o que é realmente um AVC, doutor? – perguntou Juan.

– O AVC, acidente vascular cerebral, é um acidente de circulação no cérebro – explicou o médico. – Pode ocorrer por causa de uma artéria obstruída, como acontece, por exemplo, com um coágulo, trombo ou uma embolia, fazendo com que uma parte do cérebro fique sem fluxo sanguíneo. Também pode ocorrer o rompimento de um vaso sanguíneo, e, neste caso, temos uma hemorragia cerebral. As consequências são igualmente graves em ambos os casos.

E o doutor continuou a discorrer sobre as vantagens da atividade física. As melhoras no sistema cardiovascular foram observadas a partir dos vinte minutos de exercício vigoroso, três vezes por semana, embora aumentem se o exercício for praticado com mais frequência e durante mais tempo. Para pessoas saudáveis, que não têm necessidade de perder peso nem outros problemas de saúde, os centros de controle e prevenção de doenças dos Estados Unidos recomendam um mínimo de três sessões de vinte minutos de atividade física intensa por semana ou quatro sessões de trinta minutos de atividade moderada.

– Quando falamos de atividade intensa, refiro-me, por exemplo, a correr, caminhar com passos rápidos, ou andar de bicicleta a mais de 20 km/h, nadar no estilo *crawl*, jogar basquete... – explica ele a Juan. Uma atividade moderada seria caminhar a uma velocidade de menos de 6 quilômetros por hora, andar de bicicleta a um ritmo suave, jogar golfe... Mas tudo isso é muito subjetivo. Se você caminhar a menos de 6 km/h, mas notar que isso é um esforço, para você essa é uma atividade intensa. E, se for mais rápido e fizer isso com facilidade, então será uma atividade moderada.

Prevenção de câncer

Juan continuou a ouvir sobre as vantagens da atividade física.

– Se começar a praticar atividade física, você também vai notar como seu sistema respiratório passará a funcionar melhor. Vai perceber que será menos custoso realizar qualquer esforço e que será mais fácil respirar. E há ainda outros benefícios que você nem vai notar, mas que também são reais. A prevenção do câncer, por exemplo. A atividade física reduz entre 30% e 40% o risco de sofrer câncer de cólon, o tipo de tumor mais frequente na Espanha e em outros países ocidentais. O risco de câncer de mama se reduz pelo menos em 20% e talvez essa porcentagem aumente até 80%. A porcentagem exata varia segundo os diferentes estudos, porque foram avaliados diferentes níveis de atividade física, mas todos coincidem acerca da redução significativa do risco. O risco de câncer de endométrio também é reduzido entre 20% e 40%. O de pulmão, aproximadamente 20%. Sobre a próstata, os resultados não são ainda conclusivos.

Ele então explicou que ninguém sabe exatamente como a atividade física reduz o risco desses tipos de câncer. Observou-se que, quanto mais frequente e intensa for a atividade, maior o efeito preventivo. Foram levantadas várias hipóteses para explicar esse fato; muitas delas estão sendo investigadas no momento. Pode ser, por exemplo, que a atividade física module o sistema imunológico de modo que iniba o crescimento das células tumorais. Ou que, como a atividade física tem efeito anti-inflamatório em todo organismo, pode ser que isso tenha um efeito preventivo sobre alguns tumores. Ou que o efeito preventivo se deva a melhor atividade da insulina. Ou, no caso de câncer colorretal, a atividade física melhore o trânsito intestinal, reduzindo assim o tempo no qual as células dessa região ficam expostas às substâncias cancerígenas que às vezes ingerimos com os alimentos. Ou, certamente, são várias coisas ao mesmo tempo, ninguém sabe ao certo. Porém, o que sabemos é que esse efeito preventivo em relação a alguns tipos de câncer é real.

Como queimar calorias

Outro efeito que não notamos, mas que provavelmente é uma das consequências mais importantes da atividade física, quando praticada com frequência, é que as células queimam calorias com mais eficiência.

Observou-se, e não deixa de ser surpreendente, que a atividade física ajuda a perder peso além das calorias que se queimam durante o exercício. Ou seja, as pessoas fisicamente ativas queimam mais calorias que as sedentárias, não só quando estão fazendo exercício, mas também quando estão em repouso. Até calcularam que, de todas as calorias perdidas com atividades físicas, aproximadamente a metade delas se perde enquanto se está fazendo exercício e a outra metade se perde durante o resto do dia. É como se a atividade física programasse o organismo de algum modo para que ele sempre fique ativo. Ou como se o corpo continuasse fazendo exercícios em câmera lenta, inclusive em repouso.

Esse é um campo de investigação ainda incipiente, muito promissor, do qual ainda temos muitas perguntas sem respostas. Até agora sabemos que, quando uma pessoa faz atividade física aeróbica frequente, aumenta a quantidade de mitocôndrias nas células dos músculos. As mitocôndrias são como usinas elétricas das células. Quanto mais mitocôndrias nas células, mais oxigênio elas podem consumir e mais calorias podem queimar. Isso explica porque atletas bem treinados têm maior capacidade de consumir oxigênio enquanto fazem exercício do que pessoas sedentárias. E que, uma vez terminado o exercício, a grande quantidade de mitocôndrias que eles têm nos músculos continuam queimando calorias.

É possível que isso ajude a explicar também porque algumas pessoas têm mais tendência a ganhar peso do que outras, comendo a mesma quantidade de comida. Até agora é somente uma hipótese, mas talvez as pessoas que têm mais mitocôndrias nos músculos e queimam calorias com mais eficiência são aquelas que têm mais facilidade para manter um peso estável. Se isso é verdade, Rosa deve ter a musculatura cheia de mitocôndrias, enquanto Juan, após vinte anos de vida sedentária, deve ter que repovoar seus músculos com mitocôndrias.

Mas os benefícios de ter muitas mitocôndrias não termina aqui. Além disso, quanto mais mitocôndrias temos, maior é a capacidade de degradação de gorduras durante a atividade física. Contrariamente à ideia difundida, não convém que a atividade física seja especialmente intensa, se o objetivo é queimar gorduras. A atividade intensa recorre principalmente à energia proporcionada pelos carboidratos, que é aquela que o corpo pode utilizar com mais rapidez. Em contrapartida, atividades mais moderadas parecem facilitar que o corpo retire calorias dos depósitos de gordura.

Para que a atividade física ajude a queimar gordura, as sessões não devem ser muito curtas. Calculou-se que, em pessoas bem treinadas, que praticam atividade física aeróbica três ou quatro vezes por semana, os músculos começam a degradar gorduras rapidamente depois de quinze a vinte minutos de começar o exercício. Mas antes desses quinze ou vinte minutos quase não se queimam gorduras.

– De todo modo – disse o médico a Juan –, a atividade física é o melhor tratamento que existe contra o excesso de peso e contra a diabetes. Se houvesse um remédio que produzisse os mesmos efeitos que a atividade física, nós o receitaríamos para todo mundo. Porém, não espere começar a perder peso imediatamente só com exercício – advertiu o doutor. – É preciso pelo menos três semanas de treinamento para que seus músculos adquiram mais mitocôndrias e que os efeitos possam ser notados. – No entanto, existe outro efeito da atividade física que você vai perceber antes da perda de peso.

– Que efeito é esse, doutor? – perguntou Juan, intrigado.

– O bem-estar psicológico; logo seu humor vai começar a mudar e para melhor.

Mais bem-estar psicológico

Que o bem-estar físico é bom para o cérebro não é nenhuma novidade. É algo sabido desde a Roma Antiga, pelo menos, quando Juvenal, poeta romano que viveu entre o final do século I e início do século II a.C., escreveu "mente sã em corpo são". A novidade é que, nos últimos anos, com o advento de técnicas genéticas, avanços na biologia molecular e nas técnicas de neuroimagem, como também por meio de experimentos com animais e registros epidemiológicos populacionais, finalmente começamos a compreender como a atividade física modifica o cérebro. Fazer exercício aeróbico com frequência não só fornece maior bem-estar psicológico, mas também maior rendimento intelectual.

A atividade física é um antídoto contra os dois transtornos psiquiátricos mais comuns: a depressão e a ansiedade. Observou-se, por exemplo, que as pessoas sedentárias tendem ter dobrado o risco de sofrer sintomas depressivos em relação às pessoas fisicamente ativas. E que também são mais vulneráveis ao estresse, que é uma forma de ansiedade. Ou seja, diante de uma mesma situação de tensão, as pessoas sedentárias costumam se sentir mais estressadas do que aquelas que são ativas.

Experimentos realizados com ratos ilustram esse fenômeno. Os ratos são colocados em gaiolas com um labirinto. As gaiolas são um território desconhecido para eles, uma zona de estresse. O ponto-chave do experimento está em que a metade dos ratos foi exercitada durante as semanas anteriores, enquanto a outra metade permaneceu inativa, de modo que os pesquisadores pudessem investigar como cada uma reagiria diante de uma mesma situação estressante. Resultado: os ratos sedentários se mostraram ansiosos, procurando um lugar escuro do labirinto para se esconder e ficar ali agachados; os ratos fisicamente ativos dominaram o estresse explorando o labirinto. Experimentou-se também, em vez da gaiola desconhecida, colocá-los dentro de água fria, em que seriam obrigados a nadar, coisa que os ratos sabem fazer, mas detestam, e a reação foi a mesma: os ratos sedentários mostraram mais ansiedade que os ativos.

Esse efeito protetor contra a ansiedade não é sentido logo no primeiro dia de atividade física. Nos ratos, o efeito apareceu entre três e seis semanas após o início dos exercícios. Em pessoas, não se estudou quanto tempo demora para aparecer esse efeito, nem com que intensidade devem ser praticadas as atividades físicas para se obter uma boa proteção psicológica. Mas a conclusão geral é a mesma. As pessoas que praticam atividades físicas aeróbicas com frequência tendem a tolerar melhor situações de estresse do que as pessoas sedentárias.

Ninguém sabe exatamente de que maneira a atividade física protege contra a ansiedade e os estados de ânimo depressivos. Existem várias hipóteses, nenhuma demonstrada de maneira conclusiva. Uma delas é que a atividade física estimula a secreção de endorfinas, que são neurotransmissores euforizantes, quimicamente similares ao ópio, ou seja, são como um ópio natural, secretado pelo cérebro humano para sua própria satisfação. Outra explicação é que a atividade física modula a atividade da serotonina e da dopamina, outros dois neurotransmissores que regulam estados de ânimo positivos. As atividades físicas também estimulam o crescimento de novos neurônios, por meio de uma proteína chamada BDNF, embora isso não tenha sido confirmado como causa dos benefícios psicológicos de se fazer exercícios. Mas é evidente que alguma coisa importante ocorre no cérebro algumas semanas depois de ter começado sua atividade física aeróbica.

É o que Juan sentiu; o médico tinha razão. Ele teve muita dificuldade para começar, logo nos primeiros dias, e certamente teria desistido se não fosse por Rosa, porque ela quer que ele se cuide, e Juan não queria decepcioná-la, mas com o passar dos dias começou a se sentir melhor. Com mais energia. Mais alegria. Começou a dormir melhor, sem insônia e sem problemas. Juan começou a se sentir mais à vontade com ele mesmo.

Um dia ele percebeu que tinha parado de tocar a buzina do carro e que já não se irritava se os outros dirigiam mal. E percebeu também que estava rendendo mais no trabalho, como havia predito o médico. Em vez de perder faculdades mentais com a idade, parecia estar ganhando. Cada dia, trabalhava melhor.

Maior rendimento intelectual

Primeiro pensou que estava trabalhando melhor porque estava mais bem-humorado. Mas, quando parou para pensar em que ele estava melhorando, deu-se conta de que algo a mais estava acontecendo em seu cérebro. Tinha mais capacidade para se concentrar, para fazer várias coisas de uma vez, para planejar atividades, organizar o trabalho... Tudo isso não poderia ser somente pelo seu estado de ânimo.

Na verdade, o seu caso não é o único, nem muito raro. É muito comum. Desde crianças até idosos, em todas as faixas etárias, observou-se que a atividade física aeróbica melhora o rendimento intelectual. Mas não se sabe exatamente por qual motivo. Já foi observado que crianças fisicamente ativas obtêm melhores resultados médios nos testes de percepção, inteligência, habilidade verbal e de habilidade matemática do que as crianças sedentárias.

Pelo temor que o aumento da atividade física em crianças pudesse prejudicar as horas de estudo e outras atividades extracurriculares, foram feitas várias pesquisas relacionando horas de esporte e notas. Os resultados levaram à conclusão de que o rendimento acadêmico não piora, pelo contrário, melhora com a atividade física.

O efeito é mais encontrado em crianças abaixo de 7 anos e no início da adolescência. No período dos 7 aos 10 anos, assim como após os 14 anos não é tão significativo. Possivelmente, isso se deva a que o efeito benéfico do exercício sobre o cérebro seja maior naquelas idades em que este órgão amadurece mais rápido, embora esta seja uma interpretação não demonstrada.

Em todo caso, os benefícios da atividade física para o rendimento intelectual não se limitam às idades de crescimento. Estudo realizado na Suécia, com dados de mais de 1,2 milhão de jovens recrutados para o serviço militar, concluiu que o rendimento intelectual aos 18 anos está relacionado com melhor saúde cardiorrespiratória entre os 15 e 18 anos, e que, quanto maior for a saúde cardiorrespiratória aos 18, é mais provável que depois obtenham diplomas universitários.

No caso dos idosos, também foi observado que algumas capacidades cognitivas, entre elas a memória e a orientação espacial, melhoram com a prática de atividade física aeróbica vários dias por semana. Esse feito foi registrado tanto em pessoas saudáveis como em pacientes recém-diagnosticados com Alzheimer.

Na população adulta, o fenômeno foi menos estudado. Isso é natural: é a idade em que o rendimento cognitivo chega ao nível máximo e não há uma preocupação educativa para potencializar como nas crianças, nem um interesse médico para preservá-lo, como ocorre com os idosos. Além disso, é uma idade em que o cérebro nem amadurece nem se deteriora rapidamente e os efeitos parecem ser mais sutis que em outras idades. Contudo, os poucos estudos que analisaram os efeitos cognitivos da atividade física nos adultos sadios indicam a mesma direção.

Apontam primeiramente para o hipocampo, uma pequena região do cérebro que tem papel essencial na consolidação das lembranças e no sentido de orientação – uma das primeiras regiões do cérebro que se deteriora em pacientes de Alzheimer. A atividade física aeróbica induz à formação de novos neurônios no hipocampo e ajuda a frear em parte essa deterioração. Isso explicaria os efeitos benéficos da atividade física sobre a memória de longo prazo, tanto em pessoas sãs como em pacientes com Alzheimer.

O segundo ponto em comum, refere-se ao córtex pré-frontal, a parte do cérebro que fica sobre os olhos, bem atrás do osso frontal. Relembrando o capítulo "Café da manhã completo", é nesse ponto que reside a memória de trabalho, aquela memória de curto prazo que permite manter vários dados no pensamento, de maneira si-multânea, como ao fazer um teste de matemática ou de idioma. No córtex pré-frontal está também a capacidade de planejar, organizar ou fazer várias atividades físicas de uma só vez. Essas são habilida-des que deterioram com a idade, mesmo em pessoas saudáveis. Mas são também algumas das habilidades que mais costumam melhorar quando se faz atividade física aeróbica – são aquelas com que Juan percebeu uma notável melhora.

Os estudos também apontam para outras áreas do cérebro, que registram mudanças de atividade com a prática de exercícios aeróbi-cos, como o lóbulo temporal (localizado próximo das têmporas) ou o lóbulo parietal (acima das orelhas). Tudo isso indica que a atividade física aeróbica tem efeito em grande escala sobre o cérebro, constrói novas redes neurais e modula a secreção de neurotransmissores-cha-ve. Em nível microscópico, muda a arquitetura do sistema nervoso e, no plano macroscópico, favorece a aprendizagem, os diferentes tipos de memória e o rendimento intelectual. De certo modo, é como se a atividade física ajudasse a manter o cérebro jovem.

E não apenas o cérebro.

Ossos robustos

"Mente jovem em corpo jovem" é o que se pode escrever atualmente, parafraseando Juvenal, à luz das descobertas feitas com as pesquisas sobre a relação entre atividade física e envelhecimento, uma vez que os efeitos rejuvenescedores não se limitam ao cérebro, mas se prolongam a vários outros órgãos.

Os exemplos óbvios são o coração, os pulmões e os músculos. Uma pessoa que pratica atividades físicas aeróbicas mantém sua capacidade cardiorrespiratória em melhores condições do que uma pessoa sedentária. Uma pessoa que pratica atividades de resistência mantém melhor sua força muscular. Essas atividades não evitam o declínio, mas retardam. Dão mais tempo ao tempo.

Um exemplo menos evidente, mas igualmente importante, são os ossos, que perdem cálcio e ficam frágeis com a idade. Por isso, as pessoas mais velhas têm maior risco de sofrer fraturas do que as jovens. E uma fratura, em idade avançada, é uma lesão grave: 1 em cada 5 pessoas de mais de 65 anos que sofre fratura no quadril morre no decorrer do ano seguinte. Mas existem dois antídotos. Duas maneiras de construir e manter um esqueleto saudável e resistente às fraturas.

Uma maneira é uma dieta rica em cálcio e vitamina D, especialmente na infância e na adolescência, porque os ossos são construídos nos períodos de crescimento. Nisso diferem dos músculos, que podem continuar crescendo se forem exercitados durante a vida adulta. Os ossos atingem sua força máxima em torno dos 20 anos. A partir de então, já não podem mais ser reforçados. Somente poderemos manter e, no máximo, frear o declínio. Se não forem ingeridas suficientes quantidades de cálcio e vitamina D nas idades de crescimento, a pessoa chegará ao final da adolescência com um esqueleto vulnerável, propenso a sofrer fraturas; talvez não aos 20 ou 30 anos, mas a partir dos 50 ou 60 anos. Manter uma dieta rica em cálcio e vitamina D, abundante em lácteos e peixes, ou ao menos com cereais enriquecidos durante toda a vida, é uma segurança contra as fraturas e para enfrentar a velhice com boa saúde óssea.

O segundo antídoto é a atividade física. Os ossos, como qualquer outro órgão, são tecidos vivos que se adaptam aos sinais recebidos do meio ambiente. Se eles são estimulados com movimentos intensos e com a força dos músculos, interpretam, de alguma maneira, que devem se manter fortes e procuram conservar o cálcio. Mas, ao levar uma vida sedentária e não serem estimulados, os ossos interpretam que não é necessário tanto cálcio, tornando-se frágeis.

Mas nem todos os exercícios são igualmente adequados para preservar os ossos. Observou-se, por exemplo, que os ciclistas e nadadores profissionais costumam ter menos cálcio nos ossos que os jogadores de futebol ou corredores. A explicação disso é que os últimos aguentam seu próprio peso contra a força da gravidade, os primeiros não. As atividades que ajudam a proteger os ossos, e especialmente as articulações do quadril, são aquelas em que as pernas aguentam o peso do corpo, como caminhar, correr, dançar, esquiar, subir escadas, pular corda ou esportes como futebol, basquete ou tênis.

De todas elas, a que parece proteger mais é o salto, possivelmente porque os repetidos impactos contra o solo enviam um sinal mais forte aos ossos para que conservem o cálcio. Já a natação não parece oferecer nenhuma proteção em particular contra o envelhecimento dos ossos, embora seja uma atividade recomendável por seus benefícios cardiovasculares e para exercitar a musculatura do tronco, dos braços e das pernas.

Antienvelhecimento celular

Finalmente, o exemplo menos evidente de todos, e possivelmente o mais importante, de como a atividade física retarda o envelhecimento, são os telômeros. Se for a primeira vez que você se depara com essa palavra, basta dizer que os telômeros são o relógio biológico das células. Cada vez que uma célula se divide, seus telômeros se encurtam. Até que chega ao ponto em que são tão pequenos que a célula não consegue mais se dividir e morre.

(Um pequeno parêntese para quem quer saber um pouco mais: Quando uma célula se divide, seu DNA se organiza em pares de cromossomos, a maioria formando um X. Os telômeros são fragmentos de DNA encontrados nas quatro pontas dos cromossomos. Eles protegem o DNA de maneira similar aos pequenos cilindros plásticos que protegem as pontas dos cadarços dos sapatos. Com o uso, os cilindros plásticos se desgastam e o cordão desfia. Com as contínuas divisões celulares, os telômeros vão se degradando e as células perdem a capacidade de se dividir.)

Quando comparamos os telômeros de atletas com aqueles de pessoas saudáveis, mas que não praticam atividades físicas, observamos que os dos atletas são mais longos. Ou que as células dos atletas são mais jovens, o que é a mesma coisa. Essa diferença não aparece em pessoas de 20 anos, o que é compreensível, pois até pessoas sedentárias têm células jovens com telômeros longos nessa idade. Mas em pessoas com mais de 40 anos, quando a foice do tempo já começou a ceifar os telômeros, encontra-se uma boa diferença entre a idade celular de pessoas fisicamente ativas e de pessoas sedentárias.

Em uma pesquisa realizada na Alemanha, com pessoas saudáveis que tinham em média 50 anos, verificou-se que aquelas que não praticavam atividade física tinham os telômeros 40% mais curtos que os das pessoas de 20 anos. Mas, naquelas fisicamente ativas, os telômeros eram apenas 10% mais curtos. Portanto, tinham ainda mais divisões celulares pela frente. Mais vida pela frente.

Apesar dessa promissora pesquisa, temos que advertir que esses estudos estão no início e que as conclusões ainda devem ser consideradas provisórias. Até agora os estudos se limitam a analisar os glóbulos brancos do sangue, porque são as células em que a técnica de análise dos telômeros está mais desenvolvida, e não está claro se o efeito antienvelhecimento da atividade física beneficia todos os órgãos por igual. Tampouco analisaram que tipo de atividade física é melhor praticar, nem que intensidade deve ter para a obtenção desses benefícios. No caso da pesquisa alemã, os atletas estudados de 50 anos corriam em média 80 quilômetros semanais, mas falta saber se os mesmos benefícios se repetem com pessoas que correm distâncias mais curtas ou que praticam outros tipos de atividade física. Além disso, ainda não se compreende como a atividade física afeta o comprimento dos telômeros.

Mas, se futuras pesquisas confirmarem a hipótese de que a atividade física tem efeito contra o envelhecimento de todo o organismo, e que esse efeito pode ser notado em pessoas de meia-idade que praticam exercícios aeróbicos moderados com frequência, isso permitirá desenhar programas efetivos de atividade física para retardar o envelhecimento e preservar a saúde até idades bem avançadas. E explicaria por que pessoas fisicamente ativas têm frequentemente uma aparência mais jovem que pessoas sedentárias. Simplesmente porque sua idade biológica – calculada segundo o tamanho dos seus telômeros – é inferior à sua idade cronológica.

– Bem, como você pode ver, existem muitas questões em aberto – disse o médico a Juan no fim da visita. – Há muitos detalhes que ignoramos sobre a relação entre atividade física e saúde. Mas sabemos, com certeza, as regras gerais mais importantes. Sabemos que a atividade física é imprescindível para conseguir reduzir o peso e não o ganhar de volta, como no seu caso. Que melhora a pressão arterial, os níveis de colesterol e a atividade da insulina, coisas importantes para o senhor também. Sabemos também que melhora o bem-estar psicológico e o rendimento intelectual. Que faz com que uma pessoa se sinta mais jovem, com maior capacidade cardiorrespiratória e mais força muscular... Não temos nenhum dúvida sobre todos esses benefícios. E também sabemos que não contam apenas as atividades físicas que uma pessoa pratica quando está com roupa apropriada para esporte, mas também todas as atividades feitas durante o dia, como caminhar em vez de pegar o carro, ou subir as escadas em vez de usar o elevador. Mas, para obter esses benefícios para a saúde, não basta praticar atividade física de maneira esporádica. Devemos praticar com frequência, várias vezes por semana. Em relação a isso, também temos certeza absoluta.

12 LANCHE ANTIOXIDANTE
18h00

Nunca se é velho demais para praticar atividades físicas.

Enquanto Juan corria, Cris terminava de se arrumar para sair, Rosa ajudava Pablo com os deveres e Carla dormia no berço, dona Maria aproveitou para fazer alguns exercícios que a ajudam a não perder força muscular. São exercícios simples. Sentar-se e levantar-se dez vezes, com as mãos na cintura, numa cadeira sem braços. Ficar de frente para uma parede, a uns 50 cm ou mais, apoiar nela ambas as mãos e soltar o peso do corpo para frente, flexionando os braços e procurando manter o corpo reto – também dez vezes. Pegar um peso de 1 quilo em cada mão e levá-lo até o ombro, flexionando o braço. São exercícios que Rosa ensinou à dona Maria, e convenceu-a de praticá-los. Ela disse que os ensina para muitas de suas pacientes mais velhas, porque são bons para os músculos e os ossos, para o coração e o cérebro, ajudando a conservar a agilidade mental e a memória. Há estudos científicos comprovando o que Rosa disse à sogra, que pratica esses exercícios todos os dias.

Rosa também tentou convencer dona Maria a fazer *tai chi chuan*. Ela disse que era bom para o equilíbrio e também para os músculos e a respiração; que com o *tai chi chuan* ela se sentiria mais ágil e segura para não cair e correr o risco de um dia quebrar algum osso. Mas dona Rosa prefere algo mais tradicional. Ela sai todos os dias para caminhar com uma amiga do bairro e uma vez por semana elas vão juntas para a piscina. Mas não para nadar. Elas fazem hidroginástica, pois gostam mais e são monitoradas.

– E também deve ser bom para o equilíbrio, não é Rosa?

– Não tão bom como *tai chi chuan*, mas também é bom – responde ela.

Já são quase 6 da tarde, dona Maria terminou seus exercícios, Rosa e Pablo terminaram os deveres e agora estão preparando o lanche dos três. Três pedaços de um bolo de chocolate com blueberry que estava na geladeira, uma tigela com frutas secas no centro da mesa e um iogurte para cada um.

Antioxidantes e radicais livres

– Rosa, você tem certeza de que esses exercícios fazem bem para a memória? Porque agora não lembro como se chama aquilo que tem no blueberry e que você disse que era bom.

– São os antioxidantes; os blueberries estão cheios de antioxidantes, assim como o chocolate amargo e as frutas secas.

– E o que você disse que eles fazem mesmo?

– Os antioxidantes defendem o corpo humano do ataque de radicais livres – Rosa explica para dona Maria e para Pablo. – Os radicais livres são resíduos microscópicos que se formam nas células do corpo. Quando comemos, quando respiramos, quando nos mexemos, quando fazemos qualquer atividade, inclusive quando dormimos, nosso corpo gera resíduos. Alguns desses resíduos são eliminados, como dióxido de carbono pela respiração. Mas outros, como os radicais livres, ficam nas células. E, se temos muitos radicais livres, podemos sofrer doenças graves como infarto, Alzheimer, alguns tipos de câncer, ou podemos envelhecer mais rápido. São considerados os verdadeiros vilões, como aqueles dos filmes – explica Rosa.

E ela continua, animada:

– Mas por sorte temos os antioxidantes, que nos defendem deles. Os antioxidantes são como médicos microscópicos. Quando encontram um radical livre, eles o consertam, para que não nos faça adoecer.

– E também estão no chocolate? – pergunta Pablo, surpreso.

– Sim, estão presentes no cacau, com que se faz o chocolate, e também em muitos outros vegetais.

Dito assim pode até parecer simples, antioxidantes e radicais livres são, na verdade, protagonistas de um filme bem complexo. Há quatro grupos de antioxidantes, cada um deles com diferentes personagens.

Em primeiro lugar, o grupo das vitaminas, no qual nem todas elas são antioxidantes. As vitaminas antioxidantes são a vitamina A (abundante em queijos, ovos e alguns vegetais, como a cenoura e a batata-doce), a vitamina C (presente em frutas e hortaliças, como morango, laranja, kiwi e pimentão) e a vitamina E (encontrada em frutas secas e óleos vegetais).

O segundo grupo é dos minerais. O selênio é o mineral mais antioxidante (sobejando nos peixes, mariscos e frutas secas) e, em menor escala, o zinco (em carnes, peixes, e, para a delícia dos vegetarianos, nas sementes de abóbora).

Os carotenoides são o terceiro grupo de antioxidantes, abundantes nos alimentos alaranjados ou vermelhos, como cenouras, tomates, pimentões e gema de ovo. E também são encontrados em alguns vegetais verdes como o espinafre ou brócolis, embora o verde da clorofila camufle a cor laranja dos carotenoides.

E, finalmente, os polifenóis, abundantes em vegetais de cores vivas na gama que vai do amarelo ao vermelho escuro, e em especial em frutas vermelhas como cerejas, amoras, groselhas e blueberries. Essas frutas vermelhas são especialmente ricas em polifenóis chamados antocianinas – não se preocupem se não gravarem o nome, muitas palavras estranhas já apareceram nestes últimos parágrafos –, e mostraram ser capazes de reduzir o risco de câncer e de prolongar a vida até uns 29%, segundo experimentos feitos com ratos.

Essa paleta de cores vegetais – vermelho-tomate, verde-espinafre, laranja... – é mais importante do que pode parecer à primeira vista. A maneira mais rápida e fácil de reconhecer se um vegetal é rico em antioxidantes é através das cores. Como regra geral, quanto mais intensa é a cor, mais antioxidantes contém. Vermelho-beterraba? Repleto de antioxidantes. Verde-alface? Poucos antioxidantes nas folhas pálidas internas, mais antioxidantes nas folhas mais escuras externas. Cor cereja? Quanto mais maduras, mais antioxidantes. Manga ou mamão papaia? Os dois estão lotados.

E a cor também indica o tipo de antioxidante que existe em cada alimento. O betacaroteno é laranja: abundante na cenoura, batata-doce e abóbora. O licopeno é vermelho: em tomates e melancias. As antocianinas têm uma cor vermelho escura: em frutos silvestres. Portanto, se você quer proteger a saúde com toda a gama de antioxidantes, é melhor cozinhar combinando cores, pensando como um artista plástico, cuidando de cada prato como se fosse uma obra de arte.

Mas, antes de preparar o prato, há um último detalhe, importante de saber. Um detalhe pouco conhecido e que faz com que uma parte substancial dos antioxidantes presentes nos alimentos seja desperdiçada. É que alguns deles se dissolvem bem na água (os chamados hidrossolúveis), mas outros só se dissolvem bem em óleos e gorduras (os chamados lipossolúveis).

Os hidrossolúveis, como a vitamina C do suco de laranja, costumam ser bem aproveitados, pois todo alimento contém uma grande quantidade de água na qual os antioxidantes podem se dissolver. Mas os antioxidantes lipossolúveis se perdem, a menos que sejam ingeridos acompanhados de óleo ou algum tipo de gordura. Isso afeta as vitaminas A e E, assim como os carotenoides abundantes nos vegetais de cores laranja e vermelha.

Essa é uma das principais razões pela qual é melhor comer saladas temperadas com óleo, preferencialmente azeite de oliva, do que sem temperar. Ou porque os antioxidantes de alguns alimentos são mais aproveitados se ingeridos fritos do que crus. As cenouras, por exemplo, cruas e sem nenhum tempero são saudáveis, mas com óleo ficam mais ainda. Ou o tomate: para aproveitar ao máximo seu licopeno, é melhor fritá-lo. Ou até a melancia: contém licopeno – a cor vermelha a delata – que costuma se perder porque quase ninguém tem o costume de temperar essa fruta; mas uma parte desse licopeno é recuperado se a melancia é comida como sobremesa, depois de uma refeição em que se ingeriu gordura. Também é possível incluir a melancia como ingrediente de uma salada; ou preparar um purê de melancia e comer com um pouco de azeite.

Apesar de que o filme até aqui já parece difícil de acompanhar, porque os personagens têm nomes estranhos, como "antocianina" e "licopeno", nomes que não só dona Maria tem dificuldade de lembrar e relembrar, é neste ponto que o argumento se complica. Até aqui é um filme de mocinhos e vilões. Os antioxidantes são os mocinhos e os radicais livres, os vilões.

Mas os vilões têm uma parte boa. Por exemplo, quando uma pessoa pratica atividade física aeróbica, seu metabolismo se acelera, criando mais radicais livres. Esses radicais livres criados durante a atividade física, em vez de serem prejudiciais, são benéficos.

E os mocinhos, como nas melhores histórias, têm uma parte má. Em duas pesquisas, nas quais deram a fumantes suplementos de betacaroteno, com o objetivo de ajudar a prevenir o câncer de pulmão, revelou-se que o risco da doença aumentou em vez de diminuir. Em pessoas com doenças cardiovasculares, os suplementos de vitamina A e E parecem ser prejudiciais e não benéficos. Outras pesquisas sugeriram – embora a informação não tenha sido comprovada de fato – que o excesso de antioxidantes pode neutralizar os benefícios da atividade física, o que poderia ser atribuído ao fato de que os antioxidantes eliminam os radicais livres benéficos que surgem durante o exercício. Estudos em invertebrados mostraram que, no caso de vermes, altas doses de antioxidantes encurtam a vida em vez de prolongá-la.

A cozinha da saúde: hábitos e receitas para uma vida saudável

– Mas afinal, é bom ingerir antioxidantes ou não é? – perguntou dona Maria, desconcertada, que havia acompanhado o argumento até o final.

– É bom ingerir junto com os alimentos, disse Rosa. Na forma de frutas, saladas, bolo de chocolate com nozes... Com todos eles, a gente come pequenas quantidades de vários antioxidantes que nos fazem bem. Mas não é bom tomar suplementos de antioxidantes em cápsulas, a menos que tenham sido receitados por um médico, por algum motivo de saúde. De outra forma, pode nos fazer mais mal do que bem.

Uma dieta contra o câncer

Dona Maria sempre gostou das explicações de Rosa sobre como funciona o corpo humano. São como pequenas lições para ela. Ela diz que se tivesse nascido alguns anos mais tarde, teria estudado numa universidade e seria médica ou enfermeira. Porém, naquela época e no seu bairro, isso nunca havia lhe passado pela cabeça. Gostaria de saber mais para preparar pratos mais saudáveis e saborosos. Enfim, saborosos já são, mas ela nem sempre tem certeza se são saudáveis. Dona Maria gosta de ler artigos sobre nutrição nos jornais e nas revistas. Também segue programas de saúde, no rádio e na tevê. Mas às vezes, em vez de esclarecer, essas informações confundem. O que diziam ser bom ontem, hoje já é ruim, e vice-versa, o que ontem era ruim, hoje é bom. Há dias em que dona Maria pensa que, em vez de aprender, está desaprendendo. Principalmente em relação ao câncer, ela já não tem certeza de quais alimentos são bons e quais são ruins. Ainda bem que ela pode perguntar a Rosa.

* Duas receitas ricas em antioxidantes

O uso da garrafa com sifão de soda recarregável permite converter qualquer líquido em um refresco com gás. Na falta dele, sugere-se o uso de água com gás.

"Refrigerante" de cenoura
Colocar suco de cenoura no sifão recarregável ou misturar com água com gás. Servir bem frio.

"Refrigerante" de laranja feito em casa
Espremer o suco da laranja, coar e colocar dentro do sifão. Ou misturar com água com gás. Servir imediatamente.

– O que você diz aos seus pacientes?

– Eu digo que, se eles nem sempre sabem quais alimentos são bons e quais são ruins contra o câncer, é porque os médicos também não sabem. Se soubéssemos, poderíamos explicar com clareza. Existem algumas coisas que podemos aconselhar porque não temos dúvidas sobre elas. Mas existem outras, que chamamos de hipóteses, que nós, médicos, acreditamos que são corretas, mas das quais ainda não estamos seguros e temos que investigar mais a fundo. O problema é que são pesquisas muito difíceis de realizar, porque o corpo humano é complexo, todos somos diferentes e muitas vezes o que é bom para uma pessoa pode ser ruim para outra. Portanto, temos que tomar decisões sobre nossa saúde, com tudo isso, com o que sabemos, ou acreditamos, e com o que ignoramos.

O que Rosa esclarece aos seus pacientes, daquilo que não tem dúvidas, é que existem alguns componentes nos alimentos que, em doses altas, aumentam o risco de alguns tipos de câncer, portanto, é melhor consumi-los com moderação.

Rosa começa pelas carnes vermelhas, como a carne bovina e as carnes processadas – salsichas, presuntos –, porque são os alimentos com uma ligação mais clara com o risco de alguns tipos de câncer.

– Muitas pessoas que consomem essas carnes com frequência não terão câncer – explica Rosa. – Mas outras, sim, e ainda não temos como saber em qual dos grupos vamos ficar se ingerirmos muita carne vermelha ou processada. Está comprovado que o consumo excessivo dessas carnes aumenta o risco de câncer colorretal e, em menor escala, de pulmão, que são os tipos de câncer que mais causam mortes na Espanha. Não é que tenhamos que excluir essas carnes da dieta, afinal fornecem proteínas, ferro e outros nutrientes importantes, mas é melhor não comer diariamente.

Para os pacientes com sobrepeso ou obesidade, Rosa também fala das gorduras e dos açúcares, pois contribuem com o excesso de peso, que, por sua vez, aumenta o risco do surgimento de câncer, como o de mama, cólon, endométrio, esôfago e rins. Até agora ninguém comprovou que a presença de gorduras na dieta aumenta o risco de sofrer esses tipos de câncer. O que aumenta o risco é ter excesso de gordura acumulada no organismo.

Depois ela fala dos poluentes orgânicos persistentes:

– O nome pode lhes soar estranho – Rosa diz a seus pacientes –, mas, com certeza, já ouviram falar de algum deles. Dioxinas, bifenilos policlorados (ou PCB, suas iniciais em inglês), hidrocarbonetos aromáticos policíclicos (ou HAP) como o benzopireno...

Todos estamos expostos a pequenas doses desses contaminantes em nossa vida cotidiana. Não há motivo de alarme, porque não existem provas de que essas pequenas doses a que estamos expostos possam causar câncer, mas continua valendo a pena tomarmos precauções básicas para reduzir o contato ao mínimo.

As precauções são simples. Com os alimentos vegetais, como esses contaminantes costumam ficar na parte exterior, é importante lavar bem as frutas, legumes e verduras, e descascar as frutas. No caso dos alimentos de origem animal, em que os contaminantes se acumulam na gordura, convém comer mais carnes magras do que carnes com gordura, além de mais leite desnatado ou semidesnatado do que leite integral. Essas precauções são especialmente importantes se há crianças na casa, pois o corpo delas ainda está em crescimento e elas têm ainda mais anos pela frente para sofrer os possíveis danos causados pelos contaminantes.

246

E, para finalizar as notícias ruins, Rosa fala aos seus pacientes sobre o álcool:

– Eu também gosto de beber às vezes um copo de vinho ou de cerveja – diz. – Mas quanto ao álcool não há nenhuma dúvida, menos ainda quanto a gorduras ou agrotóxicos. O excesso de álcool aumenta o risco de sofrer de câncer de boca, de faringe, de esôfago, de fígado, de mama e possivelmente também colorretal.

Excesso, para as pacientes de Rosa, é beber mais de um copo de vinho (ou uma cerveja) por dia: é a quantidade a partir da qual os danos do álcool superam os benefícios. Se seus pacientes fossem homens, se Rosa fosse urologista, em vez de ginecologista, o excesso seria beber mais de dois copos de vinho por dia.

Depois ela conta as boas notícias: os alimentos que ajudam a prevenir câncer. Principalmente frutas, legumes e verduras. Está comprovado que uma dieta rica em vegetais reduz o risco de sofrer de câncer de pulmão, de boca, de esôfago e de cólon. Ou seja, de diferentes partes do trato digestório, aqueles que entram em contato com os compostos benéficos dos vegetais, além dos pulmões, onde possivelmente são limitados os danos do tabaco e outras agressões, graças a alguns antioxidantes. Mas, como não estão identificadas de fato todas as moléculas dos vegetais que protegem do câncer, nem os médicos têm certeza em quais alimentos estão exatamente, por enquanto apenas recomendam cinco porções diárias de frutas, legumes e verduras de diferentes cores. Uma porção equivale ao tamanho de uma maçã média ou uma quantidade equivalente de outra fruta, legume ou verdura.

Um componente benéfico identificado é o ácido fólico. As pessoas que não têm suficiente ácido fólico correm maior risco de sofrer de câncer de mama, de cólon e de reto, especialmente se bebem álcool em excesso. Trata-se de uma vitamina obtida de hortaliças verdes, como espinafre, aspargo, repolho, brócolis, alface, endívia e ervilhas. Também podemos encontrar ácido fólico em vegetais vermelhos, como pimentas e pimentões, tomates e beterraba, ou em leguminosas, como feijão e grão-de-bico.

De todos esses vegetais, aqueles que parecem ter um efeito anticancerígeno mais notável, segundo pesquisas realizadas até agora, são as crucíferas, agora conhecidas como brassicáceas. Ou seja, a família de vegetais que inclui repolho, couve-flor, brócolis e couve-de--bruxelas – e ainda mostarda e wasabi (raiz-forte), embora esses, mais utilizados como temperos, sejam comidos em pequenas quantidades que parecem não ter influência significativa para a saúde. Comer crucíferas de maneira habitual na dieta parece reduzir o risco de câncer de próstata e colorretal. Mas ninguém sabe exatamente quais são as moléculas desses vegetais que oferecem tal benefício, nem que quantidades deveríamos ingerir, nem se isso também reduziria o risco de outras doenças, nem se o efeito é o mesmo em todas as pessoas.

O selênio apresenta dúvidas similares, um mineral que tem efeito antioxidante, que abunda em peixes, mariscos e frutas secas e que, em quantidade moderadas, possivelmente reduz o risco de câncer de cólon, próstata e pulmão.

– Mas são necessários mais estudos para comprovar esse efeito benéfico do mineral – adverte Rosa. – E, de qualquer maneira, não é recomendável tomar suplementos de selênio, pois, em doses altas, torna-se tóxico em vez de saudável. O melhor a fazer é comer apenas alimentos ricos em selênio.

Com as crucíferas e o selênio, entramos em um terreno escorregadio. Em uma zona que existem mais hipóteses do que certezas. E onde os efeitos sobre a saúde não são seguros, mas prováveis.

– Mas o que recomenda que eu faça, doutora? – perguntou uma paciente, durante uma consulta com Rosa. – Porque tivemos vários casos de câncer na minha família e, se tiver algo que eu possa fazer para prevenir, gostaria de saber.

E ela tinha razão: os pacientes e seus familiares não podem esperar dos cientistas respostas para todas as perguntas, para decidir o que vão comer. Esperar para ter respostas é o que as sociedades médicas devem fazer para dar recomendações gerais a toda a população. Mas, enquanto isso, os cidadãos devem decidir o que comer no dia a dia.

Lanche antioxidante

– Vou dizer o que eu faço em casa – respondeu Rosa. – Nós comemos frutas, legumes e verduras todos os dias, mas não comemos as mesmas coisas diariamente. Procuramos variar. Assim conseguimos ingerir uma grande variedade de antioxidantes e outras moléculas que possivelmente protegem contra o câncer. E, ao mesmo tempo, ao ter uma dieta variada, garantimos que, se há moléculas cancerígenas em algum alimento, pois com certeza todos comemos algumas moléculas cancerígenas, elas são ingeridas em quantidades pequenas o bastante para que não nos causem dano. Também procuramos comer brócolis, ou alguma outra crucífera, uma ou duas vezes por semana.

Rosa continua explicando a dieta feita em seu lar:

– Nós comemos peixe, frutas secas, chocolate... E, na verdade, não temos certeza de que tudo isso tenha muita ou pouca utilidade contra o câncer. Mas, por sorte, essa mesma dieta que parece ser útil contra o câncer, é a mesma que é útil para prevenir doenças cardiovasculares e para proteger a saúde em geral. Disso estamos certos, é a dieta mais saudável possível. Além disso, é bem provável que proteja contra o câncer.

Chocolate amargo, castanhas, sementes e frutas secas

Chocolate, disse Rosa. Chocolate na dieta mais saudável possível. E não é um erro. O chocolate é um exemplo de alimento com má fama pelas calorias que contém e que, no entanto, parece ter um efeito cardioprotetor significativo. Ainda existem poucos estudos abalizados sobre os efeitos do chocolate na saúde. Mas todos apontam para a mesma direção. Ao estudarem os efeitos do chocolate como medicamento e pedirem para que pessoas com pressão alta o comam todos os dias, a mesma quantidade, na mesma hora, a pressão costuma baixar.

A explicação está nos polifenóis antioxidantes do cacau. Concretamente, sabe-se que um tipo de polifenóis chamados flavonoides

249

parece melhorar a dilatação das artérias. O chocolate amargo é, na verdade, uma das principais fontes de polifenóis na dieta ocidental. Mas devemos levar em conta que nem todos os chocolates são iguais no que se refere a antioxidantes. Quanto maior a porcentagem de cacau no chocolate, mais provável é que tenha alto conteúdo de flavonoides (provável, mas não é certeza, pois os flavonoides são amargos e são às vezes eliminados durante o processo de produção, sem que os fabricantes informem isso aos consumidores). No outro extremo, estão os chocolates ao leite, que não parecem oferecer uma quantidade significativa de antioxidantes. O mesmo ocorre com produtos com quantidades mínimas de cacau, apesar de ter cor de chocolate como alguns sorvetes, bolos ou sobremesas lácteas.

As castanhas, sementes e frutas secas são outro grande exemplo de alimentos reabilitados. Temidos por suas calorias, demonstraram ter também efeito cardioprotetor. Não atuam diretamente sobre a pressão arterial como o chocolate, mas sobre o colesterol: um pouco desses alimentos ao dia reduz o colesterol LDL (o ruim) e aumenta o HDL (o bom), diminuindo o risco de a pessoa sofrer infartos de miocárdio e acidentes vasculares no cérebro. Além dessa ação sobre o colesterol, é possível que esses alimentos também reduzam o risco de arritmia, embora esta seja uma hipótese não fundamentada por estudos conclusivos.

Esses efeitos são atribuídos às gorduras insaturadas das castanhas. Toda castanha é um coquetel de gorduras monoinsaturadas (características do azeite de oliva, benéficas para o colesterol), poli-insaturadas ômega 3 (aquelas do peixe, que podem ser benéficas contra alguns tipos de arritmias) e outros tipos de gorduras poli-insaturadas. As castanhas, sementes e frutas secas contêm, além dessas, outras substâncias que explicam em parte seus efeitos benéficos, como fibras, vitamina E, que é antioxidante, o aminoácido L-arginina e fitoesteróis (moléculas de origem vegetal que, em conjunto, parecem ter efeito benéfico, embora não se saiba detalhadamente como atuam na maioria das vezes).

250

Lanche antioxidante

* Comidas com chocolate

Um detalhe para acompanhar o café: lâminas de chocolate com frutas secas
- Derreter o chocolate, espalhar colheradas sobre um papel-manteiga.
- Colocar por cima castanhas ou frutas secas (nozes, avelãs, pinhões, uvas-passas...).
- Deixar esfriar na geladeira até o chocolate endurecer.

Pão com chocolate
- Colocar um bombom sobre uma fatia de pão.
- Esquentar levemente no forninho.
- Colocar um pouco de sal e azeite de oliva por cima.

Se quiser, adicione avelãs picadas.

Pirulitos de chocolate
- Derreter o chocolate em um recipiente no micro-ondas, em potência máxima, revolvendo a mistura a cada 30 segundos.
- Colocar um palito ou espeto sobre papel-manteiga.
- Com uma colher, deixar cair o chocolate derretido sobre um extremo do palito, dando a forma que desejar.
- Deixar esfriar no congelador por 2 minutos.

251

Frutas banhadas em chocolate

- Derreter o chocolate em um recipiente fundo no micro-ondas, em potência máxima. Mexer a cada 30 segundos.
- Submergir a fruta, com palito ou garfo; deixar escorrer o excesso de chocolate. Fica ideal com morangos, mas também podem ser usadas cerejas, damascos, laranja cristalizada, banana...
- Colocar em um prato. Se quiser, polvilhe alguma castanha moída, amêndoas, pinhões....
- Deixar esfriar na geladeira por uns 10 minutos até o chocolate ficar crocante.

Fondue de frutas e chocolate

- Como na receita anterior, derreter o chocolate em um recipiente fundo no micro-ondas, em potência máxima, mexendo a cada 30 segundos.
- Cortar a fruta em cubos. Pode ser feito com muitas frutas diferentes, como pera, banana, gomos de mexerica, morangos, melão...
- Com palito ou garfo, mergulhar a fruta no chocolate e comer.

Trufas fáceis de chocolate

- Levar ao fogo 100 gramas de creme de leite.
- Quando levantar fervura, adicionar 200 gramas de chocolate.
- Mexer até derreter.
- Deixar esfriar e modelar em forma de trufas.
- Conservar na geladeira ou congelador.

Variações possíveis:

- Podem-se cobrir as trufas com cacau em pó, coco ralado, canela...
- Misturar balas de mel ou de café picadas dentro das trufas.
- Colocar dentro de cada trufa uma avelã torrada ou um pistache.
- Dar formas diferentes às trufas.

Chocolate ralado ou em lascas

Ralar o chocolate, com um ralador de queijo, sobre creme de leite ou sorvete (por exemplo, de coco ou morango). Também podem ser feitas lascas de chocolate com um descascador de batatas.

Chocolate com carne

Colocar um pouco de chocolate nos ensopados de carne, por exemplo, nas almôndegas ou em um ensopado de coelho. O resultado não é um prato doce, mas, sim, bem saboroso.

Cada castanha ou semente contém porções diferentes dessas substâncias. As nozes, por exemplo, são especialmente ricas em ômega 3, gordura poli-insaturada. As avelãs e as macadâmias, em gorduras monoinsaturadas. Todas têm suas virtudes. Mas, como nem todas têm sido investigadas do mesmo modo, aconselha-se a comer todas elas, mais do que uma em particular. No entanto, se alguém gostar de pistache, bem-vindos sejam os pistaches. Se preferir amêndoas, então que sejam amêndoas. Ou nozes. Ou pinoles. Ou, pode-se fazer um coquetel de várias delas. Inclusive os amendoins, que tecnicamente não é um tipo de castanha e sim um legume, podem entrar na mistura. E podem ser combinados com chocolate amargo, como Pablo, Rosa e dona Maria fazem ao merendar, não só porque é uma combinação saborosa, mas também porque, junto com o chocolate, esses alimentos beneficiam a saúde de maneiras diferentes e seus efeitos podem se somar.

Mas, para que a somatória desses efeitos tenha resultado positivo, é importante não perder de vista que todos eles, inclusive o chocolate, são alimentos ricos em calorias. E, portanto, deve-se comê-los "no lugar de" – e não "além de" – outros alimentos. Se forem ingeridos "além de", podem contribuir para o ganho de peso, piorando os níveis de colesterol em vez de melhorar.

O *boom* dos alimentos funcionais

Os estudos sobre os benefícios das castanhas, sementes, frutas secas e do chocolate para a saúde se enquadram em uma linha de investigação emergente que analisa não só os riscos dos alimentos como se fazia no passado, mas também as suas virtudes. Na época em que Rosa estava na universidade, nos anos 1980, ensinaram a ela questões de segurança alimentar, como a presença de contaminantes na comida e os riscos da salmonela. Na década seguinte, quando começou a exercer a profissão, ficou surpresa que aquilo que ela havia estudado já não parecia importante. Foi na época em que um grande número de médicos tomou consciência de que, além dos contaminantes e das infecções, o problema fundamental trazido pelos alimentos era o excesso: excesso de gorduras saturadas, excesso de açúcares, excesso de sal, excesso de peso... O problema dos excessos está longe de se resolver, e Rosa percebe isso diariamente nas suas consultas.

Contudo, ao mesmo tempo que continuam as investigações sobre os efeitos negativos de se comer muito ou muito mal, desde o início deste século tem havido um autêntico *boom* de estudos sobre os efeitos positivos de certos alimentos e nutrientes para a saúde. Como as castanhas, precisamente. Ou alguns iogurtes. Ou alguns óleos. E palavras como *ômega 3*, *antioxidantes* ou *radicais livres*, que não faz muito tempo eram tecnicismos da área de saúde, hoje são termos correntes da linguagem cotidiana. Também no passado eram novidade palavras que atualmente consideramos corriqueiras, como *vitaminas*, *proteínas* ou *colesterol*. E, daqui a alguns anos, nosso vocabulário incluirá outras como *mitocôndrias* ou *telômeros*, provavelmente.

Parte dessas investigações sobre os aspectos mais saudáveis dos alimentos conta com o apoio da indústria. O mercado de alimentação tem pouco espaço para crescer em volume nos países ocidentais, pois a maior parte da população já dispõe da comida necessária para ficar saciada. Até mais do que o necessário. Não sobrou fome para continuar crescendo, o mercado está saturado. Para a indústria, a única possibilidade de continuar a se expandir pelo aumento de volume de vendas, quantidades, é tentar vender produtos que os consumidores não vão comer ou, então, produtos que vão comer mesmo sem ter fome. É crescer às custas do desperdício ou da obesidade. Uma estratégia que parte da indústria adotou sem remorso e sobre a qual muitos consumidores, que são os principais prejudicados, não têm nenhuma consciência da sua existência.

Porém, as pesquisas sobre os efeitos saudáveis dos alimentos agora oferecem uma alternativa para a indústria de alimentos. Crescer por meio da qualidade. Começaram a proliferar produtos que, no lugar de contribuir com um hiperconsumo de gorduras, açúcares e sal, e de contribuir, portanto, com a obesidade, a diabetes, a hipertensão e o excesso de colesterol, ajudam a controlar não só o peso, mas os níveis de colesterol, a pressão arterial e ainda reduzem o risco de diabetes.

Alguns desses produtos são saudáveis porque contêm poucas gorduras prejudiciais, pouco açúcar e sal. É o tipo de produtos que Juan e Pablo escolhem no supermercado, como fizeram no capítulo 3 com os cereais: em caso de dúvida, escolher o produto com menos gorduras, teores baixos de açúcar e sódio.

Outros produtos, os chamados alimentos funcionais, são mais sofisticados. São itens suplementados com componentes a que se atribuem efeitos saudáveis. Ovos enriquecidos com ômega 3, leite com isoflavonas, cereais com sete vitaminas e quatro minerais... Com esses produtos, Juan e Pablo, são mais seletivos. É o que Rosa aconselhou:

– Nem todos são bons, nem todos são ruins, inúteis – disse ela –; temos que analisar um por um.

E, além disso, depende do que se come em casa. Para quem tem uma dieta variada e completa, os suplementos não são necessários. Em lares em que se consomem suficientes frutas, legumes e verduras, por exemplo, doses extras de ácido fólico são desnecessárias. Mas, se não se ingere ácido fólico suficiente com a dieta, como acontece em muitos lares, ou não se come suficiente cálcio ou ferro ou ômega 3, pode ser aconselhável o uso de alguns desses suplementos.

Uma dieta contra infecções?

De todos esses suplementos, os que mais intrigam dona Maria são os que dizem ajudar a combater as infecções e os que garantem ajudar a conservar a memória. Contra as infecções, faz anos que ouve falar da vitamina C. Leu que um cientista que ganhou dois prêmios Nobel, Linus Pauling, tomava 3,0 gramas diários de vitamina C. Ele dizia que era útil para prevenir infecções e câncer, e viveu até os 93 anos.

Mas quem pode dizer que, se não tivesse tomado vitamina C, também não teria vivido tanto? Ela tem a sensação de que, quando toma suco de laranja de manhã, como tem feito nos últimos invernos, pega resfriados tanto quanto quando não tomava. E não tem tanta certeza, como tinha Linus Pauling, dos benefícios de tomar altas doses de vitamina C.

– O que você acha, Rosa? É verdade que podemos reforçar as defesas do organismo com o que comemos?

– Eu acho que, por mais laranjas que a gente coma, não vamos ficar mais protegidos contra as infecções. Mas, se estivermos com gripe, tomar suco de laranja ou suplementos de vitamina C pode ajudar a curá-la mais rápido.

Não é uma contradição. O que acontece é que, diante de uma infecção gripal, a vitamina C é mais útil para curar do que para prevenir. A explicação está em algumas células do sistema imunológico chamadas linfócitos T, especialistas em combater vírus e que necessitam de vitamina C. Em uma pessoa saudável e com uma dieta equilibrada, a vitamina C que se ingere com as frutas e hortaliças basta para que os linfócitos T funcionem bem. Ingerir suplementos adicionais de vitamina não ajuda a potencializar o sistema imunológico e a reduzir o risco de infecção em pessoas saudáveis, segundo foi comprovado em uma série de estudos, com a participação de mais de 24 mil pessoas.

Mas, se essa mesma pessoa contrair um resfriado ou uma gripe, a atividade de seus linfócitos T aumentará e ela necessitará de maior quantidade de vitamina C. Estudos realizados com pessoas já infectadas comprovaram que suplementos de mais de 200 miligramas diários de vitamina C – o que equivale a uns 200 gramas de kiwis ou 400 gramas de laranja – encurtam a duração de um resfriado em 14% em crianças e 8% em adultos. Não é uma grande melhora. O valor 14% corresponde a encurtar o resfriado de sete para seis dias. Porém esses dados demonstram que existem situações em que a dieta pode ajudar a potencializar o sistema imunológico.

Como exceções, as únicas pessoas nas quais a vitamina C provou ser eficaz para tratar, como também para prevenir resfriados, são atletas que correm maratonas, soldados submetidos a situações de estresse físico e esquiadores expostos a baixas temperaturas. Nesses casos, foi comprovado que o risco de infecções é reduzido aproximadamente pela metade. O motivo pelo qual isso acontece ainda não foi suficientemente estudado. É possível que o estresse físico possa debilitar de algum modo o sistema imunológico e uma dose extra de vitamina C ajude a reforçá-lo. Não foi investigado se esse benefício também ocorre em situações fisicamente menos extremas, como nas épocas de frio moderado ou nos períodos de extremo cansaço ou estresse.

– E os iogurtes? – pergunta dona Maria. – Eles também podem ajudar a curar mais rápido?

– Os iogurtes são o que chamamos de probióticos – explica Rosa. – Ou seja, contém microrganismos que são bons para nós. Sobretudo para o sistema digestório.

Algumas empresas anunciam, em campanhas publicitárias, que, além de proteger o sistema digestório, os iogurtes que contêm a bactéria *Lactobacillus casei* potenciam o sistema imunológico e nos protegem contra as infecções. Mas isso é algo que não está bem comprovado. Quando fizeram estudos nos quais deram esses iogurtes probióticos a um grupo de crianças e iogurtes comuns a outro grupo, as crianças dos dois grupos ficaram resfriadas na mesma proporção.

* Ideias para espetinhos de frutas

Os espetinhos são uma forma alternativa de comer frutas e que as crianças podem ajudar a preparar. Além de cortar frutas variadas e as colocar num palito, podem-se experimentar combinações bem originais:

- Combinar fruta e legume ou verdura. Por exemplo, espetinho de melancia com tomate cereja.
- Dar um toque especial com ervas frescas aromáticas, como hortelã, menta ou dill.
- Utilizar fruta natural congelada (inteira ou em pedaços) para fazer picolé "natural". Por exemplo, sorvete de morango no palito.
- Picolés caseiros. Congelar suco ou polpa de frutas em um molde para picolés ou em uma fôrma de gelo. Enfiar um palito de sorvete ou um espetinho e congelar.
- Espetinhos cristalizados. Passar o espetinho de frutas na clara de ovo batida, cobrir com açúcar e deixar à temperatura ambiente até a hora de servir.
- Dourar o espetinho de fruta em uma frigideira antiaderente e servir como espetinho quente.

Alimentos para o cérebro

Estudos também estão sendo feitos sobre alimentos que ajudam a prevenir a deterioração cognitiva e a preservar a memória em pessoas mais velhas. Os resultados, nesses casos, começam a ser promissores. É um campo de investigação ainda muito recente que eclodiu nesta última década e na qual ainda há muito para descobrir, mas que já começou a identificar qual é a melhor dieta para o cérebro e a compreender por que essa dieta funciona.

Não é uma dieta nada original, certamente. Os investigadores que estudam seus efeitos a definem como uma dieta mediterrânea e detalham que deve conter elevado consumo de peixe, frutas, legumes, verduras, cereais e ácidos graxos insaturados, principalmente na forma de azeite de oliva. Mas baixo consumo de lácteos, carnes e gorduras saturadas. E consumo habitual, porém moderado, de álcool.

Pesquisadores da Universidade de Columbia, em Nova York, estudaram os efeitos dessa dieta em 1.393 pessoas saudáveis com 77 anos em média. Nos quatro anos e meio seguintes, 275 dos indivíduos começaram a sofrer uma deterioração cognitiva leve, ou seja, diminuição de suas faculdades intelectuais superior ao que seria correspondente à idade. Essas degradações cognitivas leves são frequentemente associadas a um princípio de Alzheimer ou de outras formas de demência. Segundo os resultados do estudo, as pessoas com uma dieta mais rica em vegetais e peixes têm risco 28% menor de sofrer um transtorno cognitivo leve do que aquelas com uma dieta mais rica em carnes e gorduras saturadas.

Outras 482 pessoas que já apresentavam dano cognitivo leve ao iniciar o estudo também apresentaram diferenças. O risco de desenvolver Alzheimer nos quatro anos e meio seguintes foi 48% mais baixo em pacientes com uma dieta rica em vegetais e peixes do que em pacientes com uma dieta rica em carnes e gorduras saturadas.

Um risco mais baixo, naturalmente, não é garantia de que as pessoas com uma dieta mediterrânea não sofram de Alzheimer, da mesma maneira que uma dieta rica em carnes não seja uma condenação certa de sofrer a doença. Porém significa que a probabilidade de sofrer uma deterioração cognitiva, assim como Alzheimer, é reduzida tanto quanto melhor for a dieta.

Existem vários componentes da dieta mediterrânea que podem explicar esse efeito protetor sobre o cérebro. Para começar, a dieta mediterrânea é boa para o sistema circulatório em todo o corpo e, portanto, favorece bom fluxo sanguíneo no cérebro, o que ajuda a preservar os neurônios funcionais. Observou-se, nesse sentido, que, quando uma pessoa com Alzheimer tem saúde cardiovascular deficiente, a doença progride mais rápido.

Outro fator de possível influência são os ácidos graxos ômega 3 do peixe. Ao redor de 30% das gorduras das membranas dos neurônios correspondem a um tipo de ômega 3 chamado DHA (nome completo: ácido docosaexaenoico, conforme foi visto no capítulo "Compra inteligente"). É possível que uma dieta rica em DHA ajude a conservar os neurônios em bom estado. Também foi observado que, nos países em que se come muito peixe, os índices de depressão são mais baixos que naqueles em que se come muita carne. Isso também pode estar relacionado com o efeito protetor do peixe sobre o cérebro, ou, ao contrário, talvez seja um efeito prejudicial da carne, ou ambas as coisas de uma só vez.

Outros componentes da dieta mediterrânea que podem ter efeito neuroprotetor são os antioxidantes. A favor dessa hipótese está o fato de que o cérebro consome grande quantidade de energia e contém material oxidável em abundância, portanto poderia ser especialmente vulnerável a reações químicas danosas de oxidação. Além disso, os antioxidantes da dieta são benéficos para a saúde cardiovascular em geral, o que também contribui para frear a degradação cognitiva própria do envelhecimento.

Entre os diferentes antioxidantes que analisaram, destaca-se o ácido fólico, obtido em vários vegetais da dieta mediterrânea. Segundo um estudo holandês, do qual participaram pessoas saudáveis maiores de 50 anos, aquelas que tomavam suplemento de ácido fólico costumavam obter melhores resultados em testes de memória,

Lanche antioxidante

agilidade mental e fluidez verbal do que as que não faziam uso desse suplemento.

Outro antioxidante estudado, a luteína, abundante no salsão (aipo), alcachofra, pimentão verde e azeite de oliva e também nas ervas aromáticas, como tomilho, alecrim, hortelã ou menta e orégano, parece reduzir a inflamação em células micróglias, que são células imunológicas do sistema nervoso. Em experimentos com ratos, esta ação anti-inflamatória da luteína ocorreu no hipocampo, uma região do cérebro rica em células micróglias. O hipocampo é a peça-chave da memória e da orientação espacial, e que é uma das primeiras regiões que se deteriora em pessoas com mal de Alzheimer.

O magnésio – um mineral abundante em alimentos da dieta mediterrânea, como castanhas, sementes, frutas secas, cereais e legumes – melhora a aprendizagem e a memória, resultados também obtidos em experimentos com ratos.

Ômega 3, ácido fólico, luteína e magnésio são somente quatro exemplos dos muitos componentes da dieta mediterrânea que possivelmente ajudam a prevenir a deterioração cognitiva. Mas, até hoje, nenhum desses elementos foi estudado o suficiente para que sejam afirmados categoricamente. Não há dados suficientes para recomendar suplementos de ácido fólico, nem de ômega 3, nem de nenhuma outra substância para conservar a memória e a capacidade de aprendizagem. Conhecem-se os efeitos benéficos em pessoas mais velhas para prevenir a deterioração cognitiva. Mas ainda não temos dados suficientes para saber se os complementos seriam úteis em adultos jovens, para potencializar a capacidade intelectual. As pesquisas realizadas até agora ofereceram muitos dados sugestivos, mas pouco conclusivos.

– Rosa, se tudo está sendo investigado e não sabemos nada com certeza, o que temos que comer, então? – questiona dona Maria.

– Um pouco de tudo – responde Rosa. – Alimentos em vez de suplementos. Se nossa dieta é variada, com certeza vamos ingerir uma grande quantidade de substâncias diferentes e saudáveis. Mas, se temos que recorrer aos suplementos, é sinal de que algo importante está faltando na nossa mesa.

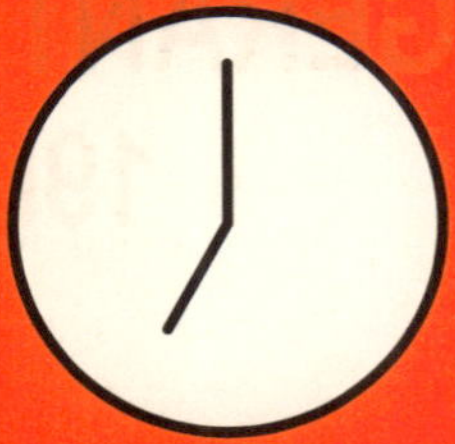

13 PIPOCAS E REFRIGERANTES
19h00

Enquanto Rosa, Pablo e dona Maria tomavam sua merenda rica em antioxidantes, Cris e as três amigas, que foram ao cinema, tomaram uma decisão nutricional completamente diferente. Depois de enfrentar uma fila para comprar as entradas, pegaram outra fila para comprar algo para comer e beber durante o filme. Pipoca e refrigerante. Um prazer em dobro. O prazer do filme, mais o prazer de comer e beber. Ou talvez um prazer e meio, porque Cris e suas amigas podem se concentrar no filme, enquanto comem as pipocas, mas dificilmente podem se concentrar nas pipocas enquanto estão absortas no filme. Depois, na saída do cinema, combinaram de encontrar com três amigos do colégio. Mas agora colocam a bebida no porta-copos das poltronas, pisam sem querer nas pipocas que caem no chão, porque o balde está cheio de pipoca, até a borda, acomodam-se nas poltronas, desligam o som dos celulares e se preparam para curtir o filme. Ou seja, curtir o filme e todo o ritual das guloseimas.

Pipocas: cheias de calorias

A história das pipocas é uma história instrutiva, digna de filme. Um bom roteiro de intriga, que conta como um alimento que trazia saúde aos antigos astecas e incas se converteu, depois de séculos, em um dos produtos que contribui para a obesidade, arteriosclerose e algumas mortes prematuras dos seres humanos modernos. No enredo temos a natureza *versus* o capital. O interesse próprio antes do interesse da comunidade. A cobiça ante a generosidade. As contradições do ser humano concentradas em uma pequena pipoca de milho.

Porque foram essas tribos indígenas da América que descobriram e cultivaram essa variedade de milho, com grãos de casca impermeável e resistente que estouravam em formas imprevisíveis quando colocadas sobre brasas. Estouravam graças à sua casca impermeável e resistente, porque a umidade não podia escapar do seu interior até que a temperatura e a pressão aumentassem produzindo a explosão. Era um alimento extraordinário, rico em fibras, rico em carboidratos completos, com cerca de 12% de proteínas e apenas 4% de gorduras. E sem sal nem açúcar. Um alimento que, apesar de ser originário da América, teria se adaptado perfeitamente à dieta mediterrânea moderna.

Mas agora tudo mudou. As pipocas, vendidas nos cinemas desde a época do filme mudo, evoluiu nas mãos da indústria cinematográfica. É o que em biologia chamamos de uma simbiose. O cinema se beneficia do faturamento extra que oferecem as pipocas, e os produtores de milho se beneficiam do faturamento extra conseguido nos cinemas. As pipocas e os filmes foram então se ajustando, paralelamente, ao gosto de um mercado que paga por um estímulo sensorial constante e rápida gratificação. É considerado um dos mercados mais difíceis. Pela ação, diversão e efeitos especiais. No caso das pipocas, pelos sabores intensos, texturas suaves e maiores porções. Ou, o que neste caso é a mesma coisa, por sal, gorduras e calorias.

As pipocas conservam, para muitas pessoas, uma imagem de alimento saudável. São cereais, ingredientes básicos de uma dieta equilibrada, contêm vitaminas do grupo B como tiamina (B1) e riboflavina (B2), têm ferro... Tudo isso continua correto. Tão correto para o espectador do filme *Avatar* quanto para os antigos astecas. Mas estudos feitos pelo Centro para a Ciência no Interesse Público (Center for Science in the Public Interest), uma ONG norte-americana

Pipocas e refrigerantes

que tenta proteger os cidadãos de abusos da indústria com dados científicos, analisaram o conteúdo nutricional das pipocas vendidas nos cinemas. Uma porção de tamanho grande, nos Estados Unidos, contribui com 1.200 calorias, o que equivale aproximadamente à metade das calorias que um homem adulto necessita ao longo de um dia. Também apresentaram 980 miligramas (quase 1 grama) de sódio, aproximadamente 80% da quantidade máxima diária recomendável; e 60 gramas de gorduras saturadas, o equivalente a 4 quilos de lombinho de novilho. Nada mal para um simples saco de pipocas, não é? Mesmo a porção pequena que vendem nos cinemas contém 670 calorias, 550 miligramas (0,55 grama) de sódio e 24 gramas de gordura.

Essa metamorfose de pipocas "cardiossaudáveis" dos astecas em pipocas "cardionocivas" do século XXI foi obtida com a adição de alguns ingredientes bem simples. Sal em abundância, um pouco de óleo vegetal e, em alguns casos, manteiga. O uso do óleo vegetal não surpreende ninguém, não é azeite de oliva de alta qualidade, que seria o mais saudável, mas também mais caro e deixaria as pipocas gordurosas. Nos cinemas dos Estados Unidos é habitual utilizar óleo de coco – muito rico em gorduras saturadas – ou de colza. Na Espanha, não foram divulgados publicamente dados referentes a esse assunto.

Para os amantes de pipoca, uma alternativa é a pipoca vendida para preparar no micro-ondas. A vantagem, em comparação com as pipocas dos cinemas, é que temos mais liberdade para escolher a quantidade que vamos comer. Com as porções vendidas nos cinemas, enquanto durar o filme, vai se comendo, sem que nos questionemos, a cada punhado, se temos fome ou não. Esse efeito do tamanho da porção foi estudado por Brian Wansink, da Universidade de Cornell, nos Estados Unidos: a quantidade servida é a quantidade que somos convidados a comer. Com as porções preparadas no micro-ondas, ao contrário, podem ser deixadas para mais tarde ou um pacote para fazer outro dia, ao sentir mais fome. Ou pode ser repartida facilmente entre várias pessoas.

No entanto, a qualidade nutricional da pipoca para micro-ondas não costuma ser muito diferente daquela do cinema, já que contém bastante sal e gordura. A intenção disso é que tenham em casa o mes-

265

mo gosto que têm no cinema. E as gorduras, como nos cinemas, não costumam ser as melhores. Resultado: hoje é mais difícil consumir pipocas saudáveis, sem sal nem gorduras adicionadas, como as que os indígenas da América se alimentavam.

Tudo isso não significa que tenhamos que erradicar a pipoca da dieta. Nem que ela mereça uma etiqueta de alimento pouco saudável. O que consideramos como pouco saudável, recordando o capítulo "Refeições em família", não são os alimentos em si, mas, sim, os excessos. Não existem alimentos bons ou ruins, mas, sim, maneiras boas e ruins de consumi-los. E as pipocas têm o seu lado positivo. Especialmente por sua textura e sabor, que a maior parte da humanidade gosta. Cris gosta, suas amigas gostam, Rosa gosta, Pablo gosta... Quem não gosta? Mas não são alimentos para se comer todos os dias, como Rosa disse um dia a Cris. São para serem desfrutados de maneira ocasional. E Cris, embora às vezes não demonstre, sempre escuta Rosa. E, mesmo que não reconheça, nunca ignora seus conselhos.

– Além disso – comentou Rosa –, se comprarem uma porção grande, vocês podem dividir entre suas amigas. Em nenhum lugar está escrito que as quantidades servidas nos cinemas sejam para uma pessoa. Para mim pelo menos, mais do que porções para humanos, parecem porções para hipopótamos.

Refrigerantes: calorias vazias

– Os refrigerantes também não devem ser bebidos todos os dias – continuou Rosa. – E, as bebidas energéticas e os sucos de fruta que são vendidos como saudáveis, tampouco.

Mas esta é uma guerra mais difícil. Refrigerantes, bebidas energéticas e sucos, quase todos eles com alto conteúdo de açúcar, estão substituindo a água e o leite e se convertendo em produtos de consumo cotidiano para amplos segmentos da população.

Nos Estados Unidos, a quantidade de calorias na dieta diária de crianças e adolescentes proporcionada pelas bebidas com alto teor de açúcar aumentou cerca de 10% em uma década. Mais de 80% de sua população juvenil já consome refrigerantes diariamente. Entre adolescentes, as bebidas açucaradas são responsáveis por, em média, 300 kcal diárias (360 kcal no caso dos garotos e 240 kcal para as garotas). Isso equivale a 20 colherinhas de açúcar (24 no caso dos garotos e 16 para as garotas).

Esses valores refletem um problema de saúde pública, de colossal magnitude, para o qual não se prestou muita atenção. Pelo menos, não tanta atenção como em relação ao colesterol, o sal ou as gorduras saturadas. Isso ocorre também porque, quando o assunto é dieta, se costuma tratar mais daquilo que se come do que daquilo que se bebe. Mas as bebidas açucaradas e os sucos de frutas introduzem seus problemas nutricionais próprios. Dois problemas concretos.

O primeiro é que oferecem o que chamamos de calorias vazias. Ou seja, calorias sem nutrientes, além do açúcar. Ao obter energia de alimentos açucarados e não de alimentos mais completos, deixamos de ingerir proteínas, fibras, vitaminas e outros nutrientes de que o corpo humano precisa, bem mais do que apenas açúcar. Isso leva algumas pessoas a ter um déficit de alguns nutrientes, como o cálcio dos lácteos ou algumas vitaminas vindas de frutas, legumes e verduras. Esse déficit pode ser agravado se, além de ingerir bebidas açucaradas com frequência, também se abusa de guloseimas, que contribuem com calorias vazias. E os adolescentes que bebem mais refrigerantes costumam ser os mesmos que consomem mais "porcarias".

O segundo problema é que, quando as calorias são bebidas, não saciam da mesma forma como quando são comidas. Uma pessoa pode beber mais calorias daquelas de que necessita sem ter a sensação de estar cheio. São calorias mascaradas, burlam os sensores da fome e a saciedade do organismo. Isso ocorre porque os mecanismos que regulam a fome e a saciedade evoluíram no período paleolítico, bem antes da invenção dos refrigerantes, uma época em que os alimentos sólidos eram a única fonte de calorias e que, após o período da amamentação, a água era nossa única bebida. É por essa razão que nosso sistema digestório não conta calorias, mas se orienta pela quantidade de alimentos sólidos que chegam, para então enviar ao cérebro um sinal de saciedade. Daí as bebidas açucaradas contribuírem tanto para o sobrepeso e a obesidade. Porque não devem ser ingeridas no lugar de outras calorias e sim com elas.

Então temos dois problemas e um paradoxo: o consumo excessivo de bebidas açucaradas, com suas calorias vazias que não saciam, contribui, por um lado, para a desnutrição, e por outro, para a obesidade. Às vezes, na mesma pessoa.

Esses problemas não se limitam a bebidas açucaradas, como refrigerantes de cola e de laranja, mas englobam um universo de bebidas que vende uma imagem saudável, como os sucos de fruta industrializados e as bebidas energéticas.

O consumo excessivo de sucos de fruta industrializados afeta, sobretudo, a população infantil. Nos Estados Unidos, em um período de dez anos, a contribuição das calorias dos sucos de frutas aumentou ao redor de 25% em menores de 5 anos, e 20% em crianças do ensino fundamental. Muitas famílias compram essas bebidas pensando que, já que as crianças comem pouca fruta, pelo menos estão tomando suco de frutas. Como se fosse uma maneira de ingerir fruta, sem comer a fruta. Mas não é a mesma coisa.

A Academia Americana de Pediatria adverte que o suco de fruta industrializado não oferece nenhuma vantagem nutricional em relação à fruta natural; além de menos fibras e nutrientes saudáveis, costumam ter muito mais açúcar. A Associação Americana do Coração, por sua parte, adverte que os sucos de frutas e bebidas açucaradas devem ser limitados a um máximo de 100 a 150 mililitros por dia para crianças de 1 a 6 anos e de 200 a 300 mililitros por dia para crianças e pré-adolescentes de 7 a 12 anos. Como podemos ver, pediatras e cardiologistas estão igualmente preocupados com o consumo excessivo de sucos pela população infantil. E isso indica que esta não é uma questão menor. Entre os diferentes sucos de frutas comerciais, os mais aconselháveis são os mais naturais. Aqueles que são 100% suco de frutas e não contêm açúcar.

O consumo excessivo de bebidas energéticas, por outro lado, afeta mais os adolescentes. São produtos que se apresentam cheio de virtudes. Ajudam a ter mais energia, a render mais, a se concentrar melhor, a ficar mais alerta... Pelo menos é isso que promete o *marketing*. E seria fantástico se fosse verdade. Mas, quando olhamos o que realmente contêm, descobrimos que são basicamente combinações de açúcar e cafeína. Algumas dessas bebidas também contêm suplementos de vitaminas e minerais, que variam amplamente de uma bebida para outra, e logo não podem ser vistas como uma fonte de alimento que ofereça as quantidades de que o corpo humano precisa. E, às vezes, também contêm ingredientes de nomes sugestivos e escassa utilidade, como guaraná (semente que contém a mesma quantidade de cafeína que o café), taurina (um aminoácido que já se encontra de maneira natural no corpo humano) ou glicuronolactona, também conhecido como ácido glicurônico (substância também produzida pelo corpo humano). Portanto, o valor nutricional dessas bebidas não é muito diferente do de um refrigerante de cola clássico. E a melhor maneira de ter energia, concentrar-se bem e ficar alerta continua sendo a forma tradicional: ter uma dieta equilibrada, beber água, praticar atividades físicas e dormir bem. Se prestarem bastante atenção, as pessoas que têm mais energia costumam seguir essas quatro regras básicas.

O efeito tela

Quando o filme termina, Cris e suas amigas já terminaram com as pipocas e tomam o último gole de refrigerante, antes de jogar fora os recipientes. Se, nesse momento, alguém perguntasse a elas se gostaram das pipocas, não saberiam responder. Ficaram comendo durante quase duas horas e nem perceberam. É o efeito tela: quanto menos atenção se presta na comida, maior é a quantidade que se come.

Por isso, quando nos alimentamos assistindo a um filme ou a um programa de tevê, acabamos comendo mais do que acompanhados por outras pessoas à mesa. Uma consequência do efeito tela é que, para cada hora que uma criança passa em frente à televisão, ou usando computador ou videogame, o risco de obesidade aumenta em aproximadamente 12%. Em um experimento da Universidade de Cornell, pessoas que assistiram à televisão durante uma hora consumiram 28% mais pipocas do que as pessoas que assistiram trinta minutos. As pessoas dos dois grupos tinham a mesma fome ao começar o experimento e o programa era o mesmo em ambos os casos. A única variável era a duração do programa, que foi suficiente para induzir um aumento de 28% na quantidade de pipocas ingeridas. O que mostra que, quanto mais longo for o programa ou o filme, mais pipocas chegam ao estômago.

Pensando bem, Cris e suas amigas até que curtiram suas pipocas. No começo, porque tinham fome, e além do mais estavam saborosas. E depois porque as pipocas ajudaram a ficar com as mãos entretidas e a aliviar a tensão durante o filme.

Ao sair do cinema, elas iriam se encontrar, como combinado, com os três amigos da escola. Só que, quando chegaram, eles estavam com mais três amigos, dois garotos e uma garota. Assim que se juntaram, formaram um bando de 10 adolescentes, 5 garotas e 5 garotos, em um sábado no fim da tarde. Alguns são muito amigos entre si, outros nem tanto. É um grupo complexo. Entre 10 pessoas, ocorrem 45 relações interpessoais, todas distintas. Misturam-se relações íntimas e outras distantes. Relações de atração e de indiferença. De cooperação e de competição. De domínio e de autonomia... Estudar todas essas relações seria o sonho de qualquer sociólogo especialista em adolescentes, se ele soubesse o que está para acontecer.

Pressão de grupo

O que acontece é que um dos garotos que apareceu na última hora, o qual Cris já tinha visto na escola, mas não o conhecia, enrola um cigarro de maconha, acende-o, dá dois tragos com expressão de profunda satisfação, tão profunda como seus pulmões ao se encherem de canabinoides até o último alvéolo, e passa o baseado para frente. Ele passa primeiro para uma menina que tinha vindo com ele, que dá um trago. Ela passa o cigarro para outro garoto, que também estava com eles. E ele passa a um dos amigos de Cris. Mais que um amigo, é o garoto de que Cris gosta, e ele também dá um trago. Olha ao seu redor. Olha para ela. E, pulando o resto do grupo, estende o braço para passar o baseado para Cris. Justamente o garoto de que ela gosta tinha que fazer isso! De repente parece que ele também gosta dela. E não esconde, diz isso com esse gesto na frente de todos. E parece que será a maconha que vai unir os dois.

Essa situação tem um nome, chama pressão de grupo. Todo mundo passa por isso de um modo ou de outro. Não somente os adolescentes, os adultos também. É a pressão que uma pessoa sente para atuar como os demais esperam que ela atue.

Às vezes pode ser positiva, como quando Cris e suas amigas se animam entre elas para estudar para um exame. Outras vezes, pode ser negativa, como quando uma pessoa se sente obrigada a fazer alguma coisa contra sua vontade.

Algumas vezes, pode ser explícita, como quando alguém diz "vamos lá, prova, todo mundo faz isso!". Outras são mais sutis, como quando se passa um cigarro de maconha sem uma palavra, dando a entender que compartilhar aquilo é normal, é o que se deve fazer, e que não fazer isso é ser esquisito ou careta, e significa ficar fora do grupo.

Nunca é fácil resistir à pressão do grupo. Em uma fração de segundos, o tempo de ver o cigarro de maconha aceso vindo em sua direção, Cris experimenta o temor de ferir os sentimentos de seu amigo se não aceitar, o medo de ser excluída por outras pessoas e de que riam dela e a tratem como uma criancinha, a confusão de não saber como reagir, a sensação de que no fundo não quer fumar e a urgência de fazer algo rápido e não ficar como uma boba. Pegar baseado ou não pegar, mas tem que decidir já.

– Não, obrigada... – diz Cris olhando seu amigo nos olhos. – Acho que as pipocas não me fizeram bem.

Desconcertado, o menino oferece o baseado para uma das amigas de Cris.

– Eu também não quero – responde. Mas aceita pegar o cigarro e passar outra vez ao garoto que o acendeu, que pega o baseado sem olhá-la nos olhos e dá outra tragada profunda e satisfeita. Ele dá a tragada como dizendo "vocês não sabem o que estão perdendo".

É interessante observar um detalhe, Cris resolveu a situação com um simples "não, obrigada". Foi Rosa que ensinou. Desde pequena sua mãe fala com ela sobre drogas, sexo, andar de moto sem capacete ou entrar em um carro com um motorista bêbado. Rosa a preparou para uma situação como a que aconteceu esta tarde. Sempre disse a ela que, quando for pressionada para fazer alguma coisa que ela não quer, que procure ser educada, mas que diga claramente o que pensa e se mantenha firme. Cris aprendeu que é melhor não ser agressiva, pois a agressividade pode se voltar contra ela. Também não deve tentar convencer todo mundo como se ela estivesse certa e as outras pessoas erradas, porque todos podem ter razão dentro do seu próprio ponto de vista. E que não mudasse de assunto nem procurasse desculpas, que afrontasse uma situação conflitiva quando surgisse, porque senão as outras pessoas achariam que ela tinha dúvidas e voltariam a pressionar.

Foi Rosa também que ensinou Cris a dizer "não" olhando nos olhos. Assim percebem que ela tem certeza e que não podem pressionar. Até aqui, tudo teoria. Tudo muito mais fácil de dizer do que de fazer. Porque, apesar dos conselhos de Rosa, ao se deparar com uma situação inesperada, Cris usou uma desculpa. Não é verdade que as pipocas lhe fizeram mal, porém foi a única coisa que pensou na hora para salvar a situação, sem ficar mal com seu amigo.

Se observarmos outro detalhe, Cris não estava sozinha diante do restante do grupo. Estava com as amigas e uma delas a apoiou. A diferença entre aceitar ou resistir à pressão do grupo pode estar no fato de estar só ou amparado, junto com amigos. Porque o poder do grupo se alimenta do temor de ficar isolado. Rosa também ensinou isso a ela. E disse:

– Se você estiver com pessoas com as quais você não se sente à vontade, não ande sozinha. Vá com alguém que possa apoiar você. E, se ela precisar, você também a apoiará. Não há melhor maneira de ajudar uma amiga em apuros do que a apoiar quando outros a pressionam.

Rosa deve ter tirado isso de algum manual de sobrevivência social.

Mas a amiga de Cris, terceiro detalhe, fez mais do que apoiá-la. Ao devolver o cigarro de maconha ao garoto que o tinha acendido, ela afastou Cris discretamente dos demais. E o fez de uma maneira que ninguém ficou ofendido. Todos puderam manter as aparências como se nada tivesse acontecido. Mas o cigarro de maconha voltou ao seu ponto de origem e o menino já não tinha motivo para passá-lo novamente. Porque o motivo não era mais fumar, mas tornar-se o macho alfa. O líder do grupo, o mais descolado. Aquele que estabelece as regras: neste grupo se fuma, e o primeiro baseado sou eu quem enrola. E estou dividindo porque sou generoso, vocês podem confiar em mim. Mas duas garotas de 13 anos não aceitaram as suas regras. "Não sabem o que perdem, eu vou fumar sozinho." Foi uma maneira de desativá-lo. De dizer "você pode nos chamar de caretas se quiser, mas não conte conosco para fumar maconha".

A maconha não é mais uma droga leve

Cris e suas amigas sabem que a maconha (ou marijuana) não é uma droga leve. Rosa explicou a Cris e ela contou a suas amigas. Para Cris, uma das vantagens de ter uma mãe ginecologista é que Rosa conhece como funciona seu corpo melhor do que ela mesma. Ela nunca dá aulas professorais. Não é o tipo de mãe que diz "senta aqui filha, agora eu vou explicar tudo o que você precisa saber sobre a menstruação". Ou sobre os métodos anticoncepcionais. Ou sobre drogas. Rosa fala de tudo, como que por acaso, como se o assunto estivesse passando por sua cabeça naquele momento, sobre algo que vê na tevê, o que lê no jornal, ou junto com os deveres de casa de Cris; ela faz comentários como se não tivessem nenhuma importância, é como uma longa conversa feita de frases soltas, um colóquio que começou quando Cris era pequena e foi se desenvolvendo com naturalidade durante os últimos dez anos.

E, agora que está chegando à idade em que algum dia alguém vai lhe oferecer um cigarro, uma bebida, um baseado ou uma carreira de cocaína, Cris já sabe que o tabaco, o álcool, a maconha e a cocaína são drogas que viciam. E que até, mesmo antes de viciar, podem prejudicar. Que a maconha, por exemplo, interfere na capacidade de concentração e na memória, por isso alunos que fumam maconha costumam ter piores notas do que os que não fumam. Ela sabe que interfere na motivação e, além disso, faz com que a pessoa não se importe em tirar notas ruins, nem se depois não vai poder escolher que carreira quer fazer. Tem ciência de que algumas pessoas acabam em uma sala de emergência de hospital, sofrendo um surto psicótico, acompanhado de alucinações por causa da maconha. E também que tudo isso piora se a pessoa sofre de esquizofrenia, uma doença mental grave em que os surtos psicóticos são frequentes e se repetem, mesmo que a pessoa já tenha parado de fumar a droga.

Tudo isso não são exageros que Rosa inculcou em Cris, com o objetivo de assustá-la e afastá-la das drogas. A estratégia do medo, como já foi comprovado, não é eficaz a longo prazo e, além disso, acaba se voltando contra os pais, que perdem a credibilidade quando seus filhos descobrem que foram enganados.

Rosa e Juan nunca enganam Cris. Eles ensinam quais sãos os valores importantes para eles, como ser responsável pelo que faz, esforçar-se para conseguir o que quer, respeitar os demais ou ajudar os outros quando precisarem, valores que guiarão Cris quando mais tarde tenha que tomar decisões sozinha e os quais também são antídotos contra as drogas. E sempre dizem a verdade da melhor maneira possível. A verdade até onde eles a conhecem.

A verdade, com relação à maconha, é que contém moléculas canabinoides muito similares a outras moléculas secretadas pelo próprio corpo, chamadas endocanabinoides. Esses endocanabinoides regulam múltiplas funções do nosso corpo, como o apetite, a fertilidade, a imunidade, além de agirem em múltiplos órgãos, no sistema digestório, cardiovascular e, principalmente, no cérebro.

Fazendo um rápido *zoom* dentro do cérebro: está repleto de receptores canabinoides, que estão lá para responder às substâncias secretadas pelo corpo humano, mas que são invadidos por moléculas de maconha. Os receptores canabinoides existem em abundância, desde o cerebelo até os gânglios basais, e regulam as funções primitivas, como o movimento e as emoções, até o córtex, que regula funções avançadas como o raciocínio e a concentração. É por tudo isso que a marijuana interfere em tantas funções cognitivas, não somente na concentração, na memória e na motivação, como Cris também já sabe, mas também na capacidade de avaliar riscos, na coordenação e reflexos ao volante.

Tudo isso não se sabia antes de 1990, quando se descobriu o primeiro receptor canabinoide no cérebro, chamado CB1. Mas, desde então, as sucessivas pesquisas sobre a atividade da maconha no corpo fizeram cair por terra o velho mito de que é uma droga inofensiva. Atualmente, médicos e neurobiólogos a consideram uma droga que afeta vários órgãos, com múltiplos efeitos no cérebro e que não há nível de consumo que possa ser considerado seguro, pois não há maneira de predizer, com antecedência, quem sofrerá sequelas, graves ou não.

Cris, como vimos, está bem informada sobre a maconha. Mas não basta só informação para que ela não se exponha a situações de risco. A informação é necessária, mas não é o suficiente. É o que Rosa vê com frequência em suas consultas. Garotas que sabem tudo sobre preservativos, teoricamente, e voltam com uma gravidez indesejada. Ou com uma doença sexualmente transmissível. Com clamídias ou com gonorreia ou, em casos piores, com HIV, o vírus da aids. Às vezes, garotas não muito mais velhas do que Cris. Quando perguntamos como aconteceu, o problema nunca é que não sabiam ao que estavam se expondo e como evitar. O problema é que tinham a informação, mas não os recursos emocionais para saírem ilesas de uma situação de risco. De uma situação que elas não controlaram, na qual elas não se sentiram com força suficiente para decidir o que fariam e como o fariam, e cederam à pressão de grupo ou à chantagem emocional. Elas sabiam perfeitamente que o sexo sem proteção poderia prejudicá-las, mas as emoções foram mais fortes do que a razão.

– É isso o que aconteceu, e agora estou grávida.

Por isso, Rosa e Juan não só procuram fazer que Cris tenha todas as informações objetivas sobre sexo, drogas e condutas de risco, mas também os recursos emocionais para enfrentar situações difíceis. Claro, educar não é fácil. Não podemos ensinar a ter um bom caráter como ensinamos fatos objetivos sobre a ovulação ou sobre receptores canabinoides. Mas, até certo ponto, o caráter pode ser moldado. Podemos ensinar a dizer "obrigado" olhando nos olhos. Podemos ensinar, como ensinaram Cris, a ser honesta consigo mesma e a confiar no seu instinto, pois, se ela se sente incomodada com alguma coisa que outros queiram que ela faça, é provável que não seja algo bom para ela. Pode-se aconselhar que, em caso de dúvida, consulte uma pessoa adulta em quem confie, mesmo que não seja um dos seus pais e que eles não tenham por que saber. Podemos dizer que não se sinta culpada por ter cometido um erro ou dois e que é melhor falar do que esconder.

E, o mais importante, podemos ajudar a pessoa desde pequena a se aceitar tal como é. Porque as pessoas inseguras e com baixa autoestima costumam ser as mais vulneráveis à pressão de grupo. Por isso, é melhor ajudar para que adquira segurança em si mesma, com elogios e críticas construtivas, evitando ridicularizá-la ou envergonhá-la, para que se sinta com forças para manter uma postura diferente do resto do grupo, se um dia precisar.

Álcool, tabaco e cocaína

Existirão ainda muitas outras situações nas quais Cris e suas amigas terão que dizer "não, obrigada". Não só para a maconha. Também ao tabaco e, sobretudo, ao álcool. Dizer não às drogas, onipresentes e aceitas, de consumo massivo. Tão massivo que, na Espanha, 60% dos adolescentes de 15 anos participam de bebedeiras. Dos jovens que chegam à sala de emergências por problemas derivados do abuso de drogas, em 76% dos casos é por overdose de álcool. Além disso, o álcool pode ser o ponto de partida para outras drogas. Estudos realizados em diferentes países observaram que os adolescentes que já usaram cocaína ou heroína muitas vezes experimentaram antes, e nessa ordem, álcool, tabaco e maconha.

A melhor propaganda contra o tabaco e o álcool, na casa de Cris, é que Rosa e Juan não fumam e bebem de maneira esporádica. Fumar e beber são coisas que na casa de Cris não se faz, e, de maneira inconsciente, ela interiorizou isso como modelo do que é normal. Essa é uma influência que os pais têm sobre os filhos e que frequentemente não têm consciência. As crianças aprendem a viver da maneira como se vive na própria casa. Se não se fuma em casa, é pouco provável que os filhos, quando mais velhos, fumem. Se, em casa, se come bem, é provável que quando maiores comam bem. No caso de Cris, o modelo que ela interiorizou é que é possível se divertir sem álcool. Para alguns garotos da escola, diversão é sinônimo de beber álcool. Para Cris, não.

Depois vem a cocaína, com a qual Cris e suas amigas irão cruzar um dia. Uma droga que também alcançou um nível de consumo massivo à medida que seu preço caiu nos últimos anos. A verdade, segundo Rosa foi contando para Cris em uma de suas longas conversas de frases soltas, é que com a cocaína é que as pessoas que a consomem perdem a alegria, porque a cocaína satura uns neurônios que regulam o prazer, o riso e a gratificação. Esses neurônios estão no centro do cérebro. E, no começo, consumir cocaína pode parecer divertido e gratificante, porque faz com que tais neurônios fiquem hiperativos. Mas logo eles se queimam e a pessoa perde a capacidade de experimentar sensações positivas. Além de perder a alegria, perde também a agilidade mental, a capacidade de concentração, a habilidade de tomar decisões e a capacidade de controlar a impulsividade. Enfim, detona o cérebro. E, às vezes, também o coração, no sentido literal e figurado. Literal porque contrai as artérias e pode provocar infarto, inclusive em pessoas jovens que são consumidores ocasionais. E no sentido figurado porque, com o vício, se perde até a capacidade de se apaixonar. E Cris precisa de um cérebro saudável para experimentar o amor.

Depois do incidente com a maconha, no caminho de volta para casa, onde tem que chegar antes das 11, Cris e suas amigas começam a pensar em muitas coisas que poderiam ter dito e não disseram. Elas vão andando pela rua, quase gritando, interrompendo umas às outras enquanto falam, rindo, liberando a tensão.

– Pois da próxima vez eu vou dizer que me desculpe, mas que preciso de todos os meus neurônios. Não, melhor, que estou me preparando para um exame de *tae kwon do* e não posso fumar – disse rindo uma das amigas.

– Pois eu direi que meu tio morreu de câncer de pulmão e não penso em fumar – falou a que estava ao lado.

– Mas você não tem tios – interrompeu a outra.

– O que importa se eles não sabem disso? Quero só ver a cara deles.

– Eu acho que vou continuar dizendo, "não, obrigada" – disse Cris. – Ou que eu passo, que esse cigarro não desce. Se forem nossos amigos de verdade, nós não precisamos dar explicações. Se não queremos fazer alguma coisa, eles terão que respeitar. E, se não respeitam, não são tão amigos assim. E, se insistirem, o que vamos fazer? Dizemos a verdade e pronto.

Educação sexual

Cris e suas amigas apoiam-se mutuamente umas às outras, traçam seus limites. Dizem "não" ao álcool. Até agora pelos menos. "Não" ao tabaco. "Não" à maconha. "Não" à cocaína. Elas fazem suas próprias regras, sua própria pressão de grupo. Sobre namorados e sexo, ao contrário, até hoje, nenhuma palavra. É algo que para elas será mais difícil ter apoio mútuo e traçar limites. Porque as drogas são coletivas, unem os grupos, seja porque são compartilhadas, seja porque são recusadas. Mas o amor é privado. Não pode ser dividido com as amigas, não poderão experimentar juntas nem ao mesmo tempo, mas, sim, cada uma por sua vez e em momentos diferentes. No entanto, existe também forte pressão de grupo em relação ao amor e ao sexo. Uma pressão que pode ter como consequência o que Rosa, de vez em quando, vê em seu consultório.

Mas Rosa nunca falou com Cris sobre sexo como fala sobre drogas. A única coisa que eles têm em comum é que podem induzir a sensações prazerosas e as duas coisas podem ter efeitos negativos irreversíveis. Todo o resto é diferente. Tratá-los como se fossem dois aspectos de um mesmo problema – a obsessão pela gratificação imediata na era da irresponsabilidade – é, para Rosa, faltar com a verdade. Uma má estratégia educativa.

Para Rosa, o problema foi descobrir qual seria a boa estratégia. Não só em casa com Cris, mas também nas consultas, porque são muitas as adolescentes que chegam com dúvidas, assim como as mães que lhe pedem conselhos. E não são perguntas para as quais ela tivesse sido preparada na faculdade. Ela se formou sendo capaz de dar uma conferência sobre proliferação anômala de células do endométrio e não de responder bem a uma pergunta muito mais básica: "Como falar de sexo com minha filha?".

Mas agora ela já tem uma resposta, obtida à base de experiências e intercâmbios de opiniões com colegas da profissão. E é o que Rosa diz para suas pacientes adolescentes e para as mães delas, que o sexo é parte da vida. Uma parte importante. Que é perfeitamente natural que as adolescentes se interessem por sexo. Afinal, a razão de existir a puberdade é o desenvolvimento sexual. Passam de meninas a mulheres que podem gerar filhos. Mas que seu corpo amadureça sexualmente não significa que seja o momento de começarem a ter relações sexuais. E Rosa não diz isso porque os adultos sejam moralistas ou reprimidos. Ela diz porque é assim que funciona a natureza. Todas as espécies de mamíferos tem um período de tempo entre o momento do amadurecimento sexual e o momento que iniciam a atividade sexual e começam a procriar.

Rosa adverte que nesta peculiar espécie de mamíferos a que pertencemos, a espécie humana, é habitual pressionar as meninas para que tenham relações sexuais. Elas foram pressionadas ou obrigadas em todas as culturas e em todas as épocas. Em nossa sociedade, a pressão é exercida pelos meios de comunicação, como cinema, música ou publicidade, que bombardeiam as garotas sem parar com imagens hipersexualizadas e transmitem a ideia de que ter relações sexuais é o que deve ser feito, o objetivo desejado. As adolescentes também podem se sentir pressionadas por outros garotos e garotas de sua idade e serem induzidas a acreditar que todo mundo faz e que é normal, embora não seja verdade. Elas podem se sentir pressionadas por seus namorados, porque é possível ocorrer que, numa relação, uma pessoa tenha maior desejo sexual do que outra. E podem se sentir empurradas pela chuva de hormônios que aflora em seu próprio corpo durante a adolescência.

Mas Rosa aconselha que não se deixem pressionar. Que não traiam suas crenças ou suas opiniões morais. Ela diz às suas pacientes que o sexo não é algo banal, apesar das imagens que chegam pelos meios de comunicação e que tem uma grande carga emocional.

– Você é a pessoa mais responsável pelo seu corpo. Não se importe com o que dizem as outras pessoas, se não for o que você sente. Mas, se praticar sexo, certifique-se de que é seguro – diz Rosa ao final da conversa.

– Sexo seguro? – disse uma mãe irritada que havia acompanhado a filha durante a consulta. – Apenas falando sexo seguro, só duas palavras, você acredita que é suficiente? Você não acha que deveria falar também dos métodos contraceptivos?

– Claro, vou explicar agora – Rosa a acalmou. – Mas o que eu posso explicar sobre os anticoncepcionais são apenas os dados, que são importantes, mas não é o mais importante. São números que muitas garotas conhecem e depois não usam. E falando novamente com a paciente adolescente: – Porque o mais importante, mais do que as informações, é que seja você quem decida o que fazer. Que você não se sinta obrigada e não se deixe levar por situações nas quais pode perder o controle.

Controle, se observarem, está sendo uma palavra frequente ao longo deste capítulo. O conceito-chave. O controle que serve como antídoto contra as drogas. O controle que serve como antídoto contra as condutas sexuais de risco. E como antídoto contra os acidentes de trânsito. E falta um último controle, como provavelmente os leitores já devem ter percebido. O controle como antídoto contra as dietas excessivas e desequilibradas.

Pressão de grupo para uma dieta saudável

Aquela mãe se preocupava com as relações sexuais e com as drogas que a filha pudesse usar. Mas ela não estava preocupada com o que sua filha comia, e isso é algo tão normal quanto incoerente. Porque a dieta durante os anos de escola tem, para a maioria das pessoas, um impacto maior sobre a saúde a longo prazo do que a iniciação sexual ou a experiência com as drogas.

A adolescência é uma etapa em que o apetite aumenta, a atividade física costuma se reduzir e cada um começa a escolher o que come. Na maioria das vezes, essa escolha é influenciada pelos amigos e pelo *marketing* de produtos ricos em açúcares, sal e gorduras saturadas. Os pais já não conseguem controlar tudo o que seus filhos comem. Também não podem ser contrários ou fazerem oposição a que escolham os alimentos de que gostem e dificilmente conseguem convencer os filhos que prefiram certos alimentos do que outros.

– Mãe, como é que eu vou pedir uma salada se todo mundo está dividindo uma pizza? Vão pensar que sou um E.T.!

Pressão de grupo, mais uma vez. Agora convertida em pressão de pizza. Tudo isso leva a aumento de sobrepeso e obesidade em um vasto setor da população adolescente, níveis arriscados de colesterol e pressão arterial e o frequente déficit de micronutrientes importantes como cálcio, ferro, zinco, potássio, ácido fólico ou vitaminas A, C e D.

Parte dessa situação ocorre porque, geralmente, ao falar da saúde dos adolescentes, se presta mais atenção ao sexo, às drogas ou aos acidentes de trânsito do que à dieta e à atividade física. A dieta e a atividade física são supostas como algo sabido e vão ficando piores com o tempo. Não é que ninguém diga explicitamente que a dieta e as atividades físicas sejam pouco importantes, apenas foram dedicados mais recursos e esforços para prevenir outras condutas de risco.

Mas, se a pressão de grupo comumente contribui para a deterioração da dieta na adolescência, também existem casos em que contribui para sua melhora. Casos em que grupos de jovens aprendem a desfrutar dietas saudáveis e que seu exemplo se estende aos outros companheiros. Ou que alguma pessoa que exerça algum tipo de liderança não se deixe arrastar por situações que a possam prejudicar, convertendo-se em um modelo positivo para os demais. É o jovem que aprende a manter o controle sobre o que come e o que bebe, assim como tenta manter o controle sobre as drogas e o sexo. O segredo é o mesmo em todos os casos: ser capaz de dizer "não, obrigado" quando não se quer. "Não, obrigado", por exemplo, às bebidas açucaradas todos os dias ou às porções descomunais de pipocas.

14 COMER BEM FORA DE CASA
21h00

Enquanto Cris ainda está com as amigas e dona Maria fica com Pablo e Carla em casa, Rosa e Juan saem para jantar. Levam o celular para o caso de Cris ligar ou dona Maria, se tiver algum problema com as crianças. Até hoje nunca aconteceu, mas, por via das dúvidas, eles deixam o aparelho ligado.

É um costume saudável sair para jantar juntos. Para eles, pelo menos é. Começaram a fazer isso, quando Cris era pequena, ao descobrir que não tinham tempo para estar a sós. Chegaram a um ponto em que já quase nem se falavam. Nunca encontravam um momento de conversar a sós, apenas os dois tranquilamente, como antes. Quando não era uma fralda, era uma papinha, ou então alguma ligação do trabalho, ou qualquer interrupção imprevista, ou simplesmente chegavam tão esgotados no fim do dia que já nem tinham mais vontade de falar. Até que um dia eles deram um basta.

– Ou levantamos os dois às 5 da madrugada, antes de todo mundo acordar, ou saímos para jantar juntos uma vez por semana.

E isso já faz mais de dez anos. E desde então eles mantiveram o hábito. Um jantar por semana para manter o casal unido. O velho ritual de dividir os alimentos, se lembrarem do capítulo "Refeições em família", a dimensão social da comida.

Qual restaurante escolher?

– Aonde vamos hoje? – pergunta Rosa.

Pergunta difícil, na verdade, mais difícil do que parece, porque obriga o cérebro a processar uma enorme quantidade de informação em grande velocidade. Obriga a recuperar da memória uma longa lista de restaurantes conhecidos, formar uma imagem mental do tipo de comida que oferecem, perguntar-se o que gostaria de comer nesse momento e a cotejar a imagem da comida com as vontades. E com uma dificuldade extra, a menos que se tenha um desejo específico, as vontades são abstratas e os pratos de comida, concretos, de modo que nunca há um encaixe perfeito entre uma e outra, na hora de escolher o restaurante.

Parte dessa dificuldade surge do fato de que há muitos tipos de restaurantes. Há restaurantes diurnos, especializados em comidas para o almoço, que podem ser rápidas e práticas, e outros com horários mais noturnos, com pratos geralmente mais elaborados e ambiente dedicado a comer sem pressa. Existem restaurantes que preservam a tradição gastronômica de um país, como pequenas ONGs que mantêm vivos os pratos em perigo de extinção. Outros apresentam uma gastronomia mais global, baseada em alimentos que se comem em todos os continentes, incluindo a Antártida. Há restaurantes com garçons que anotam os pedidos e trazem a comida e outros, onde cada cliente é seu próprio garçom. Esse detalhe pode parecer uma diferença superficial, mas condiciona o tipo de comida servida. E, uma diferença-chave na hora de escolher, há restaurantes que Rosa gosta mais e outros que Juan gosta mais.

Os restaurantes do tipo *fast-food* que vendem hambúrguer, por exemplo. Estes sempre foram motivo de discussão entre eles. Uma discussão sem fim. Depois de mais de quinze anos vivendo juntos, ainda não entraram em acordo. Juan acha que são práticos e baratos. E a comida, como ele diz, não é ruim. Rosa acha que são frios e de baixa qualidade. E não gosta da comida em si.

Ambos têm razão e, embora não tenham se dado conta, estão dizendo a mesma coisa, exceto no que se refere aos gostos de cada um. Os restaurantes *fast-food* são práticos porque a pessoa pode confiar que encontrará um estabelecimento igual para comer em cinemas, ao fazer compras, em outra cidade ou até em outro país. E sabe o que poderá pedir, mesmo sem entender o idioma local, e que toda a família poderá comer também. O estabelecimento será espaçoso, com muitas mesas, e provavelmente pouca fila. O pagamento é feito no começo e depois a pessoa poderá escolher onde sentar, comer no tempo que quiser e ir embora quando sentir vontade. Mas todas essas vantagens práticas que Juan vê é precisamente o que faz com que os estabelecimentos de *fast-food* sejam frios para Rosa. *Yin* e *Yang*.

Elogiar a comida barata desse lugar e criticar sua baixa qualidade é ver uma mesma realidade de duas maneiras distintas. Se o preço da comida é barato, como os restaurantes devem ser rentáveis, os pratos não podem ser preparados com ingredientes caros. Os hambúrgueres não são feitos com lombinho de novilho e as batatas não são fritas com um óleo de alta qualidade. A sensação de saciedade e as calorias vêm, quase sempre, na forma de açúcares e gorduras baratas.

Isso não significa que as redes multinacionais de *fast-food* não cumpram as rigorosas condições de higiene. Os alimentos que servem são selecionados e manipulados com garantia de que não vão causar infecções nem intoxicações. Seu consumo, exceto em caso de acidentes, não representa nenhum risco para a saúde a curto prazo. Mas, se o consumo é excessivo e frequente, apresenta um risco a longo prazo.

O caso não é que os restaurantes de comida rápida não saibam preparar comidas mais saudáveis. Simplesmente respondem a uma enorme demanda de comida barata, que os induz a utilizar ingredientes de menor preço. Se os consumidores parassem de consumir essa comida e exigissem mais qualidade, as empresas teriam que se adaptar. Rosa e Juan, por exemplo, estariam dispostos a pagar mais por um *fast-food* melhor. Se pudessem, trocariam o *fast-food* pelo *fast-good*.

Mas hoje não é o dia de *fast-food* nem de *fast-good*. É dia de aproveitar um jantar tranquilo a sós. Uma jantar sem pressa, de preferência com uma vela na mesa. É dia para ir a um restaurante.

– E se a gente for naquele restaurante que faz arroz com mariscos e aqueles peixes? – Juan propôs.

– Boa ideia! – disse Rosa. – Faz muito tempo que não vamos lá.

Manual de sobrevivência para as tentações do cardápio

Nos restaurantes, é fácil acabar comendo mais gorduras e sal do que se tem consciência, além de comer uma quantidade maior do que se deseja. No cardápio, não costumam indicar como se prepara cada prato, se vai sal, manteiga ou creme de leite. Além disso, se um prato tem um preço alto, a porção pode ser generosa. Pelo menos mais generosa do que se tivéssemos preparado e servido o mesmo prato em casa.

Tudo isso não é problema para pessoas sem excesso de peso, sem pressão arterial elevada ou colesterol alto, e que só comem em restaurantes ocasionalmente. Porém, para as pessoas que comem fora com frequência por causa do trabalho, como acontece com Juan, e para as pessoas que devem controlar o peso, a pressão arterial ou o colesterol, os restaurantes podem ser o lugar onde se acaba com a saúde.

Por isso, Juan, desde que começou a ir ao médico para controlar a pressão arterial e combater o sobrepeso, elaborou um documento intitulado *Pré-hipertensos no restaurante: manual de sobrevivência*. Um decálogo com regras simples, a maioria de sentido comum, para não perder o controle do que se come. Juan guardou o documento no computador e enviou por *e-mail* para seus amigos e colegas, que até melhoraram e ampliaram o "manual".

A primeira regra é que, quando ele sai com Rosa, come o que tem vontade. O médico disse que ele podia se permitir: comer o que quisesse uma vez por semana não iria mudar o seu metabolismo.

O importante é controlar o que come no dia a dia. Por isso, escreveu: "1. Uma vez por semana, você pode comer o que quiser".

Segunda regra: "Resista ao instinto de pedir sempre o prato mais gostoso". Com certeza deve conter gorduras e sal, mesmo que não visíveis.

Depois vem a regra dos primeiros pratos, que costumam conter menos calorias, menos gorduras e mais carboidratos complexos que os segundos, por isso são, em geral, mais aconselháveis para controlar tanto o peso como o colesterol: "Peça dois primeiros pratos no lugar de um menu completo. E, se quiser comer sobremesa, peça apenas um prato".

A regra dos segundos pratos, prevista para quando não se cumpre a regra dos primeiros: é melhor comer carnes magras e peixes do que salsichas ou costeletas.

A regra dos acompanhamentos: melhor salada do que batatas fritas.

A regra dos molhos: melhor que sejam feitos com tomates ou outros vegetais do que molhos feitos de queijos ou creme de leite.

A regra dos temperos: melhor azeite de oliva que maioneses, molhos rosés e similares.

A regra do pão: não comer pão antes de chegar o primeiro prato.

A regra da água: beber somente água.

E a regra final, proposta por uma companheira de oficina de arquitetura e adicionada ao decálogo por aclamação popular: "Em caso de dúvida, prefira a marmita (é mais barato e você sabe exatamente o que está comendo)".

Mas hoje todas as regras, desde a regra número 2 até a 10, ficaram guardadas no computador, que está desligado no escritório. Juan só pensa em cumprir a primeira regra: aproveitar o jantar com Rosa, sem se privar de nada que tenha vontade.

Eles olham o cardápio, que já conhecem de outras vezes, e decidem dividir os dois pratos. É como se voltassem a serem namorados uma vez por semana. De entrada, uma dúzia de ostras para os dois.

Depois uma paella feita com arroz negro, preparada em tinta de lulas. Para beber, água e vinho branco. Sem pedir sobremesa, por enquanto. Se continuarem com apetite depois do arroz, pedirão a sobremesa mais tarde. É outra das regras que Juan queria incluir no decálogo, a regra da sobremesa: "Não peça sobremesa no início da refeição, pois você não sabe quanta fome terá no final".

A culinária tradicional sobrevive em restaurantes

Enquanto esperam as ostras, Rosa e Juan observam o ambiente do restaurante. Luzes quentes, mesas cobertas com toalhas de puro algodão, decoração feita com peças de artesanato pesqueiro, penduradas em vários pontos nas paredes.

Rosa se sentou em um lugar estratégico, que permite que tenha uma boa visão das outras mesas. Ela sempre faz isso, pois gosta de brincar de adivinhar as relações entre as pessoas, observando apenas seus gestos. Quais são os casais, quem são colegas, quem são amigos, ou quem é família. Entre os casais, quais vivem juntos e quais ainda apenas namoram. Quais casais têm um bom futuro e quais têm uma relação frágil. Ela sabe de tudo isso pela maneira que duas pessoas estão sentadas numa mesa, comendo juntas. Ela repara como falam, embora não as escute, a maneira que celebram o ritual de compartilhar alimentos.

Juan, pela formação profissional de arquiteto, presta mais atenção em como é o restaurante. Como os espaços são distribuídos. Em como existe um equilíbrio entre ter o máximo número possível de mesas e mantê-las separadas o bastante para respeitar as conversas privadas. Como o local está decorado com materiais naturais e evitando os sintéticos. Enfim, como tudo foi pensando para criar um ambiente de cozinha tradicional. Jantar aqui é como voltar, por um momento, ao passado. É retornar a uma época em que se cozinhava apenas com o fogo e o plástico ainda não tinha sido inventado.

Restaurantes como esse que Juan e Rosa foram são os que preservam a cozinha tradicional de cada região, o tipo de culinária que antigamente se fazia nas casas. Agora a culinária caseira se converteu, sobretudo nos dias laborais, em um novo tipo de culinária rápida. Uma culinária que frequentemente opta por ingredientes saudáveis e uma dieta equilibrada, mas não deixa de ser uma culinária rápida. E aquela comida caseira tradicional, que requer mais tempo tanto para selecionar como para preparar os alimentos, se profissionalizou, e é preparada sobretudo nos restaurantes.

Entre os restaurantes, os estabelecimentos que preservam a cozinha tradicional, hoje temos os restaurantes de alta gastronomia, que são o resultado de uma história e filosofia distintas. A cozinha tradicional é descendente da cozinha popular dos lares, que era preparada com produtos nativos, baseada em receitas típicas de cada região. A alta gastronomia, no entanto, surge da culinária elaborada para a nobreza, por cozinheiros especializados, desde antes da Revolução Francesa. Essa culinária nunca se limitou a produtos autóctones, requer um grande domínio técnico e busca a inovação, mais que a repetição. Mas isso não significa que alguns tipos de restaurantes sejam melhores do que outros. Os dois oferecem atualmente uma culinária profissional que pode ser de alto nível, e as fronteiras entre ambos tendem a desaparecer.

Prós e contras do cardápio infantil

Rosa e Juan acharam estranho que, mesmo em um restaurante especializado em peixes e frutos do mar, exista um cardápio infantil. O mesmo encontrado em restaurantes em lugares de veraneio ou de estradas, em povoados pequenos, em restaurantes italianos ou chineses das grandes cidades. O cardápio infantil universal: macarrão ou pizza como primeiro prato; hambúrguer ou frango com batatas fritas como segundo prato; muito ketchup; e sorvete de sobremesa, ou às vezes também um pudim, iogurte ou algum lácteo de chocolate. Tudo por aproximadamente 25 reais.

Com três filhos em casa, Rosa e Juan deveriam ser a favor desses cardápios. São uma aposta certa, as crianças gostam. São acessíveis e evitam o risco de pedir um prato caro que elas só provarão uma garfada. Tendo pouco para escolher, oferecem pouco para discutir. E cumprem a grande função de manter a tropa calma enquanto os adultos se dedicam a destripar crustáceos, futucar conchas de caracóis, saborear tentáculos de cefalópodes ou desfrutar à sua maneira qualquer outro manjar sofisticado.

Mas Rosa e Juan são contra isso. É sobre isso que discutem enquanto esperam as ostras. Eles são contra o conceito de cardápio infantil. E não é que eles nunca tenham recorrido a eles com Cris e Pablo. Eles já o fizeram e não se arrependem.

– Por isso, nós não podemos ser tão críticos, você não acha Rosa?

Mas depois de tantas pizzas e tantos hambúrgueres chegaram à conclusão de que propor um cardápio infantil diferente do resto do cardápio principal é traçar uma fronteira entre o que comem as crianças e os adultos. É como colocar uma etiqueta que diga "comida para crianças" e privá-las da oportunidade de descobrirem novos sabores.

Quando Rosa e Juan eram pequenos, não existiam cardápios infantis nem era tão comum ir a restaurantes como agora. As crianças comiam a mesma coisa que os adultos em porções menores. Nem sempre era uma festa. A comida podia ser às vezes monótona e às vezes insossa, eram outros tempos. Mas ambos lembram a surpresa e a emoção de descobrir sabores maravilhosos em momentos inesperados. Como o sabor da castanha de caju, descoberto por Rosa aos 8 anos. Ou de camarões ao molho de alho, descobertos por Juan durante umas férias no País Basco, no norte da Espanha. E foram experiências tão intensas, que eles ainda lembram onde estavam e com quem, no momento em que comeram essas deliciosas novidades.

Juan e Rosa acham que a oportunidade de experimentar essas emoções parece estar se perdendo. É como se fosse um vestígio do passado, emoções fósseis.

– Agora é como se educássemos as crianças para comer apenas pizzas, macarrão, hambúrgueres e batatas fritas – disse Rosa. – As deixamos com o sentido do paladar sempre saturado.

– Mas elas gostam – diz Juan.

– Sim, mas, quando se gosta de tudo, nada entusiasma. Eu nunca vi Cris se emocionar por nenhum sabor como eu fiquei emocionada com as castanhas de caju.

– Então, devemos parar de pedir o cardápio infantil? – pergunta Juan.

– O que você acha de pedirmos a mesmo comida para todos quando formos a um restaurante? Podemos pedir um prato vazio para Pablo e, mais tarde, um para Carla quando crescer um pouco, e dividimos a comida com eles. Afinal, com as porções que costumam ser servidas nos restaurantes, se pedirmos dois pratos, poderemos comer em três pessoas sem problemas.

Afrodisíacos, mito ou realidade?

Chegam as ostras, "sabor de mar". Um molusco que, quanto mais salgada for a água em que foi criado, mais intenso será o seu sabor. Rico em proteínas e minerais como ferro, zinco, magnésio e fósforo. Com teor mínimo de gorduras. E ao qual se atribui propriedades afrodisíacas desde a Antiguidade. Uma sátira escrita pelo poeta romano Juvenal já cita o efeito afrodisíaco das ostras. E, no século XVIII, segundo a lenda, Casanova comia cinquenta ostras no café da manhã, para não "falhar" depois. Um pioneiro, esse Casanova. Dois séculos e meio antes de os esportistas profissionais começarem a cuidar de suas dietas, ele já tomava um desjejum pensado para otimizar o seu rendimento físico.

Na verdade, as ostras são um dos muitos alimentos a que se atribui a capacidade de aumentar o desejo ou o rendimento sexual. Em diferentes épocas e em diferentes civilizações, também foram considerados afrodisíacos os aspargos, que, na França do século XIX, eram servidos aos noivos no jantar antes da boda, que, segundo dizem, era composto de três pratos de aspargos.

Outro alimento considerado afrodisíaco é o abacate. Parece que seu nome asteca original, *ahuacuatl*, significava... [ATENÇÃO: O

FINAL DESTA FRASE PODE ALTERAR, DE MANEIRA IR-REVERSÍVEL, SUA VISÃO DOS ABACATES; SE PREFERIR CONTINUAR COM A QUE JÁ TEM, VÁ DIRETAMENTE AO PARÁGRAFO SEGUINTE.] Como dizíamos, acredita-se que significava literalmente "árvore de testículos", pela aparência do fruto quando está pendurado nos galhos da árvore.

Outro conhecido afrodisíaco é o chocolate. Segundo depoimentos de conquistadores espanhóis, o imperador asteca Montezuma ingeria cacau em grandes quantidades antes de entrar para visitar o seu harém (outro pioneiro, Montezuma!). Ou o abacaxi, que ainda hoje é utilizado contra impotência em tratamentos da medicina alternativa. Entre muitos outros.

Em alguns casos, o suposto efeito afrodisíaco é derivado da forma, o aspecto físico do alimento. Como exemplo disso, temos o caso dos aspargos, cenouras, abacates, ou o chifre de rinoceronte para os homens. Ou morangos, figos e as ostras, no caso das mulheres.

Também podem ser derivados de alguns componentes do alimento que atuam em nível molecular no corpo humano. Isso explicaria o suposto efeito do cacau, que pelo menos contém duas moléculas relacionadas com o sexo e o amor: triptofano (imprescindível para que o cérebro fabrique a serotonina, um neurotransmissor que participa na produção da sensação do prazer e da excitação sexual) e a feniletilamina (um neurotransmissor relacionado com a paixão). O efeito afrodisíaco das ostras admite uma explicação molecular, já que contém zinco (um mineral necessário para a produção de espermatozoides) e NMDA (um ácido que aumenta os níveis de testosterona, segundo resultados de experimentos com camundongos).

Mas Casanova e Montezuma não poderiam saber tudo isso. Sua relação com os afrodisíacos deveria ser empírica. Se eles comiam ostras ou chocolate antes de suas proezas sexuais, devia ser porque acreditavam que funcionavam. Do contrário, teriam deixado de comer.

Intrigados pelo suposto poder afrodisíaco do cacau, pesquisadores da Universidade de Milão e da Universidade Vita-Salute San Raffaele, também em Milão, estudaram o efeito do consumo de chocolate sobre a atividade sexual, em 163 mulheres, entre 26 e 44 anos. Os resultados mostraram que, nessa faixa etária, as mulheres mais jovens têm uma vida sexual mais intensa do que as mais velhas, pelo menos no norte da Itália: mais atividade aos 30 do que aos 40 anos. Mas não foi observada nenhuma diferença significativa entre aquelas que comiam mais ou menos chocolate. O chocolate, concluíram os pesquisadores, não tem nenhum efeito significativo sobre a atividade sexual.

E não somente o chocolate. Até os dias de hoje, nenhuma pesquisa científica conseguiu detectar atividade afrodisíaca em nenhum alimento. Também ninguém conseguiu explicar, supondo-se que o chocolate seja afrodisíaco graças ao triptofano ou à feniletilamina e as ostras graças ao zinco ou ao NMDA (N-metil-D-aspartato), como os outros alimentos que contêm essas mesmas substâncias não são afrodisíacos.

Isso levanta um paradoxo: como é possível que tantas pessoas no decorrer da história tenham percebido um efeito afrodisíaco em certos alimentos e depois os cientistas dizem que não, que esses alimentos não têm nenhum efeito? Será que Montezuma e Casanova estavam errados? Ou os cientistas estão equivocados?

– E você Rosa, acha que as ostras são afrodisíacas?

– Eu acho que ninguém está equivocado – responde Rosa –, todos devem ter sua parte de razão.

– E como todos podem ter razão se dizem o contrário? – insiste Juan.

– Por efeito placebo. Quando você come alguma coisa acreditando que fará efeito, há um mecanismo psicológico que ajuda a produzir o efeito desejado. É por isso que um alimento pode ter efeito afrodisíaco psicológico, que é real, embora não tenha nenhum efeito fisiológico. Ou talvez não seja nem isso. Talvez o que acontece é que, quando uma pessoa recorre a um alimento afrodisíaco, é porque já está com desejo de fazer sexo antes de comer o alimento, e o que a mantém ativa não é o alimento, mas o desejo.

– Ou seja, você acha que no fundo não existe nenhum alimento que ajude a melhorar a atividade sexual – diz Juan decepcionado.

– Claro que existe – corrige Rosa –, existem muitos. Mais do que um alimento de fato, existe toda uma dieta para ter uma boa atividade sexual. Pelo menos para os homens.

– E que dieta é essa? Isso me interessa! – insiste Juan.

– Uma dieta que manterá suas artérias saudáveis, porque é importante ter bom fluxo sanguíneo no pênis para conseguir uma boa ereção. Muitos vegetais e peixe, poucas gorduras e pouca carne. – E Rosa conclui: – Muita atividade física e zero de tabaco.

– Mas é precisamente o que eu faço! – disse Juan, abrindo um sorriso.

O sabor, experiência multissensorial

A paella de arroz negro se encaixa bem nessa dieta proposta por Rosa para uma boa atividade sexual. É um prato cardiossaudável, adequado para cuidar das artérias. Um prato que Juan não gostava quando era pequeno. Agora é louco por ele. É curioso como o gosto evolui ao longo da vida. É curioso também o quão importante chega a ser a cor na preparação de um prato.

Juan gostava do arroz vermelho quando era pequeno. Em segundo lugar, de arroz amarelo. E arroz branco antes do negro. Melhor sem nada do que com tinta de lula ou polvo. Ele gostava de que tivesse cor de tomate. Se fosse vermelho, para ele tinha gosto de tomate. Se fosse preto, gosto de polvo. Mais tarde compreendeu porque isso acontecia com ele: o aspecto de um prato condiciona o sabor que ele tem. A expectativa condiciona a percepção. Está comprovado que, se uma pessoa come batata enquanto olha uma maçã, pode ter a sensação de que está comendo uma maçã. Ou, como bem sabem os fabricantes de bombons, se a cor é de chocolate, muitas pessoas acham que é chocolate, embora a quantidade de cacau seja insignificante. São exemplos que mostram, mais uma vez, até que ponto o cérebro pode chegar a manipular a si próprio. É o que também acontece com os afrodisíacos.

Esse autoengano é possível, pois o sabor, na verdade, não se origina na boca, mas no cérebro. É uma experiência multissensorial que integra estímulos provenientes dos cinco sentidos. Do sentido do gosto, o paladar, que é a parte do sabor que se origina na boca. Do olfato, muito mais sutil do que o gosto, que é capaz de identificar uma grande variedade de moléculas, permitindo que apreciemos centenas ou milhares de sabores diferentes. É por esse motivo que, ao tomar um bom vinho ou comer um bom ensopado, temos o hábito de sentir o aroma, antes de comer ou beber, e que, quando temos o nariz entupido, quase não apreciamos os sabores.

Depois vem o sentido da visão: vermelho-tomate, preto-marisco. O sentido do tato, muito importante, que permite uma pessoa apreciar as diferentes texturas e temperaturas dos alimentos, e que é o segredo do êxito de produtos globalizados, como a massa ou os sorvetes. E até o sentido da audição entra nesse mecanismo, ajuda a perceber se o alimento é mais ou menos crocante.

Portanto, não é nenhum exagero afirmar que, para apreciar um prato, é importante degustar com os cinco sentidos. Com todos os sentidos e, ao mesmo tempo, com a memória, porque, como a expectativa condiciona a percepção, entra em jogo todo o arquivo de lembranças de sabores passados. Milhões de neurônios em ação para cada garfada de arroz.

– Pois eu sempre gostei de arroz negro – diz Rosa –, quando era pequena e continuo gostando. Quando eu era pequena gostava mais com tomate, agora gosto mais com tinta, mas eu sempre gostei de pratos com arroz.

Juan sempre invejou a capacidade de Rosa para apreciar sabores e desfrutar nuances que ele não percebe. Desde que eram namorados, Juan fica intrigado em descobrir a razão de ela ser mais sensível aos sabores do que ele. E por que ela gosta mais de alguns sabores e ele, de outros.

Ninguém ainda encontrou resposta para essas perguntas. Quem chegou mais perto talvez seja a pesquisadora Linda Bartoshuk, da Universidade da Flórida. Ela encontrou diferenças genéticas entre as pessoas que explicam as maneiras distintas de reação aos mesmos sabores.

Com base nessas diferenças, calculou-se que cerca de 25% das pessoas têm alta sensibilidade para os sabores. Bartoshuk chama essa gente de superdegustadores (*supertasters*, em inglês). Eles têm a sorte de poder apreciar mais aqueles sabores de que gostam, mas em compensação também são mais incomodados pelos sabores de que não gostam. Rosa faz parte do grupo desses 25%. Entre os superdegustadores, não é raro encontrar pessoas que não gostam de café, bebidas com gás ou certos vegetais, como couve-de-bruxelas, couve-flor ou espinafres. Por motivos desconhecidos, essa alta sensibilidade a sabores é mais comum em mulheres do que em homens. Na população europeia, estima-se que uma a cada três mulheres, em comparação com um a cada seis homens, são superdegustadores.

Outros 50% da população têm uma sensibilidade média em relação aos sabores. É o grupo de Juan. São pessoas que desfrutam da comida, mas que não têm tanta capacidade para distinguir toda a riqueza de aromas complexos de um vinho ou de certos pratos elaborados. A diferença deste grupo com aquele dos superdegustadores é que estas pessoas têm menos papilas gustativas na língua.

No último grupo, 25% apresenta baixa sensibilidade para os sabores. Bartoshuk as chama de não degustadores. Costumam ser pessoas mais sensíveis à textura, à temperatura ou à aparência de um alimento do que ao seu gosto ou aroma. Em geral, são pessoas pouco inclinadas a pagar grandes somas por um prato extraordinário ou por um vinho muito bom. Para elas, a diferença de preço não compensa a diferença de sabor. Mas essa baixa sensibilidade aos sabores não é um defeito, como também uma alta sensibilidade não é uma virtude. É algo que faz parte da diversidade natural humana, como ser mais alto ou mais baixo ou ter o cabelo mais claro ou mais escuro, e não é sinal de nenhum problema de saúde.

A genética também explica porque alguns sabores são mais agradáveis para quase todo mundo e outros, quase unanimemente recusados, especialmente entre as crianças. Como regra geral, sabores doces e salgados são atrativos, enquanto os ácidos e, sobretudo, amargos são repulsivos. É o resultado de milhões de anos de seleção natural, aperfeiçoando nosso sentido do paladar. A atração por doces, por exemplo, é uma estratégia evolutiva. O gosto pela ingestão de açúcares – e, portanto, energia –, elementos necessários para a sobrevivência, foi uma vantagem para os hominídeos. A aversão pelo amargo é a estratégia que ajuda a evitar morrer envenenado por plantas tóxicas, que costumam ser ricas em substâncias alcaloides amargas.

O resultado dessas influências genéticas é que uma pessoa não escolhe o sentido do paladar. Não é possível escolher que uma pessoa goste de chocolate ou que não goste de queijo roquefort. E, se uma criança é do grupo dos superdegustadores e tem aversão à couve-de-bruxelas, não é a obrigando a comer que vamos conseguir que ela o aprecie. No entanto, até certo ponto, dentro das margens que a genética permite, é possível educar o sentido do paladar. A prova é que pessoas de culturas diferentes têm gostos gastronômicos diferentes. E, como Juan comprovou com o arroz negro, os gostos evoluem ao longo da vida.

Observou-se, por exemplo, que as crianças são mais sensíveis aos sabores amargos do que os adultos. Inclusive entre adolescentes e adultos, alguns alimentos que, ao ser provados provocam uma sensação desagradável, podem se tornar agradáveis depois de comidos várias vezes. Entre eles, o caviar, a grapefruit (também conhecida como toranja) e até o café. E alguns contrastes de sabor, como os pratos agridoces da culinária oriental, que combinam a atração pelo doce com a aversão ao acre, também não costumam provocar amor à primeira vista. Mas ao ser provados várias vezes, muita gente acaba gostando. Mas, se nunca forem degustados, corre-se o risco de ficar preso para o resto da vida na comodidade do cardápio infantil.

Comer à noite engorda mais?

Mudando de assunto. O garçom retira os pratos de arroz e traz o cardápio de sobremesas. Tiramisus, chocolatíssimos,[*] babas ao rum,[**] suspiros... Um mais apetitoso do que o outro. E um mais calórico do que o outro. Depois das ostras e do arroz, Rosa e Juan não têm mais tanta fome para a sobremesa. Eles gostariam de comer alguma coisa para acabar o jantar com um toque final, mas se conformariam com um pequeno doce.

– Aliás – pergunta Juan –, você acha que comer uma sobremesa assim à noite engorda mais que comer ao meio-dia?

Essa é uma ideia muito difundida, o perigo das calorias noturnas. Algumas dietas incorporaram esse conceito e recomendam que não se coma muito tarde da noite. Até circula uma teoria para explicar por que jantar tarde induz ao ganho de peso. O problema, de acordo com essa teoria, é que não dá tempo para queimar as calorias do jantar antes de ir dormir. E, como durante o sono são queimadas menos calorias que durante o dia, o excedente do jantar ficaria acumulado em forma de gordura, antes que o corpo tivesse tempo de as gastar em forma de energia.

No entanto, embora em algumas dietas para emagrecer recomendem não jantar muito tarde – mesmo que exista uma teoria justificando, uma teoria que muitas pessoas achariam plausível –, não significa que a teoria esteja certa.

Na verdade, quando fizeram pesquisas sérias e rigorosas para comprovar se os horários das refeições influíam na tendência ao ganho de peso, descobriu-se que sim, que uma das refeições do dia tem essa influência. Mas não é o jantar, é o desjejum. E o que ajuda a controlar o peso não é ter um desjejum leve, mas tomar um bom café da manhã.

---

[*] Chocolatíssimo é um tipo de bolo feito de chocolate, parecido com brownie, tradicional britânico. (N. T.)

[**] Babas ao rum é um doce comum na França e na Itália. É um bolo seco, mergulhado em calda com rum ou outra bebida alcoólica. (N. T.)

Quanto ao jantar, observou-se efetivamente que a obesidade é mais comum entre pessoas que comem muito à noite. Mas, quando os dados são analisados em detalhe, nota-se que a origem do problema não está no jantar, mas na quantidade ingerida nessa refeição.

Se comermos muito na hora do almoço e jantamos muito à noite, é fácil acumular peso. Se tentarmos fazer com que ou almoço ou o jantar sejam leves, pelo menos uma das duas refeições, fica mais fácil manter um peso adequado.

– Portanto, eu discordo – responde Rosa –, não acredito que comer uma sobremesa à noite faça engordar mais do que comê-la ao meio-dia. Para ganhar ou perder peso, o que importa não é a que horas você come e sim quantas calorias está comendo durante o dia ou a semana. Se comer mais calorias do que gasta, ganha peso. Se gasta mais do que come, perderá peso. Simples assim. E, já que estamos aqui, que tal pedirmos mais algumas calorias em forma de tiramisu? E, assim que chegarmos em casa, as gastamos, o que você acha?

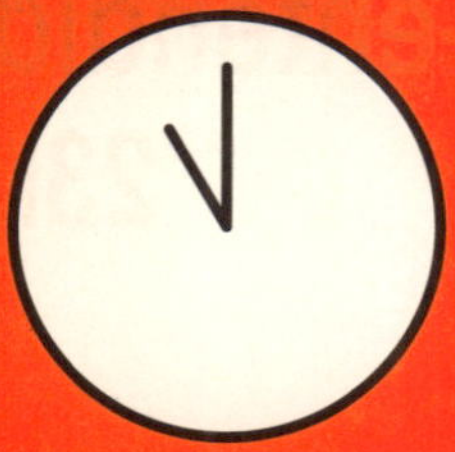

15 O álcool e seus mal-entendidos
23h00

Para arrematar o jantar, depois do tiramisu, Rosa e Juan pedem um café descafeinado e um gim tônica para cada um. Um final excepcional para um jantar excepcional. Não é exatamente o tipo de final que Rosa recomendaria às suas pacientes. Ela nunca recomendou a ninguém que beba vinho ou qualquer outra bebida alcoólica, mesmo quando perguntam durante a consulta se é bom para a saúde. Mas hoje eles podem se permitir a tomar um gim tônica, depois das duas taças de vinho que beberam durante o jantar.

O álcool é um dos paradoxos da medicina. Poucos médicos recomendam sua ingestão, e, no entanto, muitos deles bebem. Pesquisam os seus benefícios, mas advertem sobre os seus riscos. Em quantidades moderadas, o álcool é saudável, admitem, mas, na quantidade que a maioria da população bebe, é prejudicial. Porque são muitas as pessoas que bebem em excesso, sem chegar a serem alcoólatras nem terem consciência dos danos que o consumo de álcool pode ocasionar a longo prazo.

Portanto, pela facilidade de se exceder no consumo de álcool, as recomendações se resumem em: se você não bebe, continue sem beber; se você bebe uma ou duas taças por dia, pode continuar bebendo; e, se bebe mais de duas taças por dia, procure beber menos.

A cozinha da saúde: hábitos e receitas para uma vida saudável

Antes das escrituras sagradas, já existia o álcool

A contradição que os médicos encontram em relação ao álcool, o seu difícil equilíbrio entre benefícios e riscos, remonta à Antiguidade. O *Charaka Samhita*, o texto mais antigo da medicina ayurvédica indiana, já assinalava que "o vinho é a primeira de todas as coisas que leva à alegria; o excesso de vinho é a primeira de todas as coisas que leva à perda da inteligência e da memória". E recomendava o vinho "bebido como medicamento e não para se intoxicar".

A humanidade elabora vinho e cerveja desde a Pré-História: antes das escrituras, existia o álcool. Cinco mil e quatrocentos anos antes de Cristo, os colonizadores das cordilheiras de Zagros, no atual Irã, já haviam descoberto a curiosa experiência de beber suco de uva fermentado. O vinho foi venerado no antigo Egito, onde está enterrado Tutancâmon e provavelmente outros faraós com grandes ânforas, supostamente para facilitar a viagem para o além. O vinho também foi venerado na antiga Índia, onde lhe atribuíram propriedades curativas. Foi venerado nas antigas Grécia e Roma, onde o deus Dionísio (Baco para os romanos), filho de Zeus, inspirava o êxtase. E, de certo modo, também é venerado nos dias de hoje. Inclusive a uva é a fruta mais cultivada no mundo, e 70% desses cultivos são dedicados à fabricação de vinho.

A cerveja não foi tão venerada quanto o vinho. Nas culturas que conheceram as duas bebidas, os ricos tomavam vinho e os pobres, cerveja, no antigo Egito e na antiga Roma por exemplo. Mas a cerveja também faz parte da história da humanidade desde a Pré-História e sua descoberta foi mais meritória. Com o vinho, bastava esperar que o açúcar da uva madura fermentasse para se obter álcool e que os aromas da fruta dessem um sabor agradável. A cerveja é obtida de cereais que não têm nem o açúcar nem os aromas da fruta madura. Foi preciso aprender a decompor os carboidratos dos cereais em açúcares, para começar a fermentação, e que os mestres cervejeiros aguçassem o seu engenho para melhorar o sabor da bebida ao longo dos séculos.

Prova dessa enorme atração que a humanidade sente pelo álcool é que, apesar da dificuldade de preparar bebidas alcoólicas com cereais, as cervejas foram descobertas de maneira independente em três lugares diferentes na Pré-História: na América, onde as mulheres incas decompunham os carboidratos do milho com uma enzima presente em sua própria saliva; no extremo Oriente, onde aprenderam a decompor os carboidratos do arroz com um tipo de fungo; e no Oriente Médio, onde se descobriu a técnica de preparação da cerveja mais usada no mundo atualmente, baseada na decomposição dos carboidratos com enzimas do próprio cereal.

As bebidas de alto teor alcoólico, por outro lado, não foram desenvolvidas até que se descobrisse a técnica da destilação, na Idade Média. No começo as bebidas eram destiladas para fins medicinais. O grande médico catalão Arnau de Vilanova percebeu que o álcool tinha efeitos interessantes no corpo humano. A esse médico se atribui a expressão *aqua vitae*, a água da vida, para designar o álcool destilado do vinho, expressão que derivou os nomes do *aquavita* da Escandinávia e do uísque britânico (prévia tradução de *aqua vitae* para o idioma gaélico: *uisge beatha*). Somente dois séculos mais tarde, no século XV, é que os destilados começaram a ser bebidos por prazer. Os gins, como o que Rosa e Juan beberam hoje, foram feitos pela primeira vez na Holanda, no século XVI. Durante séculos, atribuíram-lhe virtudes medicinais como, por exemplo, efeito diurético.

Até em épocas mais modernas, a história da medicina tem continuado estritamente ligada à história do álcool. O químico Louis Pasteur, fundador da microbiologia moderna, dedicou parte de sua carreira a investigar as reações de fermentação e as doenças do vinho. Os primeiros microrganismos isolados em laboratório foram leveduras de vinho e de cerveja. E hoje em dia continua sendo comum dizer "Saúde!" quando brindamos com bebidas alcoólicas.

Virtudes do álcool na culinária

O álcool, e aí reside grande parte de seu interesse, tem a curiosa propriedade de ser solúvel em água e em gorduras ao mesmo tempo.

Portanto, é hidrossolúvel e lipossolúvel. Isso é o que permite estar dissolvido em água, em bebidas como o vinho ou a cerveja, mas, uma vez ingerido, procura as membranas celulares que são formadas, em sua maioria, por gorduras. Sua facilidade para interferir com as membranas e para ter acesso ao interior das células é o que explica sua ação não se limitar a alguns órgãos, como acontece com outras drogas, mas que tenha vastos efeitos no organismo.

Para o cozinheiro, a capacidade de se dissolver tanto em água quanto em gorduras faz do álcool um ingrediente versátil, incorporado em uma grande variedade de receitas. Os pratos preparados com álcool abrangem desde sopas (como o consomê ao xerez) até carnes (lombo de novilho ao vinho do porto), peixes (merluza na cerveja), sobremesas (bolos com uísque) e até o café (café flambado). Os leitores mesmos podem tentar pensar em pratos preparados com álcool e perceberão como rapidamente se lembrarão de uma meia dúzia deles.

O motivo principal pelo qual todas essas receitas levam álcool não é aproveitar seus efeitos psicotrópicos para que os comensais fiquem alegres. O álcool se evapora a 78 °C, uma temperatura baixa em comparação com os 100 °C necessários para ferver a água, pois grande parte se perde durante a cocção. Se tantas receitas levam álcool como ingrediente, é, sobretudo, por se tratar de um composto volátil e propenso a reagir com outras moléculas, favorecendo a extração dos componentes aromáticos presentes nos alimentos. Assim, rins ao xerez (haviam pensado neste exemplo?) costumam ser mais aromáticos que rins abstêmios. Mas o aroma que se intensifica não é o do xerez, mas, sim, o dos rins.

No entanto, quando se cozinha com cerveja, vinhos ou licores, sempre acaba ficando certa quantidade de álcool no prato. Fica uma quantidade maior ou menor, segundo a temperatura e o tempo de cocção. Em um refogado cozido a fogo lento pode ficar não mais de 5% da quantidade inicial, enquanto em cozimentos mais rápidos podem ficar entre 10% e 50%; em sobremesas flambadas, até 75%; e em sorvetes de massa com álcool, 100%. Essa quantidade não representa nenhum problema para pessoas adultas saudáveis. Uns 5% da pequena quantidade de vinho adicionado em um refogado, compartilhado com oito pessoas, não tem nenhum efeito significativo sobre a alcoolemia, termo para a quantidade de álcool no sangue. Mas nos casos em que se cozinha para pessoas que devem evitar todo tipo de álcool, como crianças, doentes hepáticos ou ex-alcoólatras, é preferível preparar receitas sem álcool.

O limite entre o consumo saudável e o consumo excessivo

– Você acha que bebemos muito esta noite? – pergunta Juan.

– Seria muito se bebêssemos todas as noites essa mesma quantidade – diz Rosa analisando seu copo. – Meia garrafa de vinho e um gim tônica todas as noites seria algo insustentável. Mas acho que não acontecerá nada conosco por beber um pouco mais do que o habitual, de vez em quando, sem ficarmos bêbados.

Rosa disse que acha, porque não tem certeza. Ninguém tem. Existe uma enorme confusão sobre qual é o nível de consumo adequado de álcool para uma pessoa. Depende se é homem ou mulher. De quanto pesa. De como é sua pressão arterial. Se tem problemas de fígado ou de coração. Também depende de como é o seu gene ADH1C, envolvido na metabolização do álcool, e com duas versões, uma delas que protege e a outra que faz o indivíduo mais vulnerável. Há tantas variáveis em jogo que, no fim, ninguém pode saber qual é exatamente a quantidade indicada de consumo de álcool para uma pessoa.

O que Rosa disse coincide com as recomendações atuais do Instituto Nacional de Abuso de Álcool e Alcoolismo dos Estados Unidos. Essas recomendações estabelecem um limite máximo de: 14 doses de bebidas alcoólicas por semana para homens e 7 para mulheres. O equivalente a uma média de duas doses diárias para homens e uma dose para mulheres. São recomendações bastante flexíveis, assim, em dias excepcionais, o limite pode ser aumentado para quatro doses para homens e três para mulheres, como Rosa e Juan fizeram hoje. Sempre que o total da semana não ultrapasse os limites de 14 e 7, respectivamente.

Uma dose, no caso, equivale a uma lata de cerveja, uma taça de 150 mililitros de vinho ou uma mistura com 40 mililitros de uma bebida de alto teor alcoólico. Todos os três contêm uma quantidade similar de álcool: entre 10 e 20 gramas de álcool puro.

A diferença entre os gêneros se deve ao fato de que os homens geralmente metabolizam o álcool com mais eficiência do que as mulheres. Em média, para cada 10 gramas de álcool ingeridos por um homem, 3 gramas são destruídos no aparelho digestório e 7 gramas chegam ao sangue. Nas mulheres, apenas 1 grama é destruído no aparelho digestivo e 9 gramas chegam ao sangue. Além disso, os homens, com uma massa corporal maior que a das mulheres, têm maior volume de sangue para diluir o álcool. Tudo isso explica a razão pela qual, após beber a mesma quantidade de álcool, na maioria dos casos as mulheres experimentam um aumento da concentração de álcool no sangue mais rápido do que os homens. E explica, portanto, a razão de as mulheres serem mais sensíveis aos efeitos do álcool.

Para evitar o aumento súbito da alcoolemia, é aconselhável não começar a beber com o estômago vazio, já que a presença de outros alimentos no aparelho digestório ajuda a retardar a passagem do álcool para o sangue. Também é importante consumir pouco a pouco, à medida que se come. Degustar mais que engolir. Pratos ricos em carboidratos complexos e em gorduras, macarrões com molho, por exemplo, parecem ser especialmente eficazes para retardar a absorção do álcool. No caso do álcool das bebidas espumantes, este passa mais rapidamente para o sangue do que as bebidas sem gás. Por essa razão, muitas pessoas têm a impressão de que uma taça de espumante produz maior efeito do que uma taça de vinho. Mesmo a quantidade de álcool sendo similar em ambos os casos.

O álcool é uma droga de ação rápida e metabolização lenta. Seus primeiros efeitos começam a ser percebidos antes de dez minutos e são mais fortes entre trinta e sessenta minutos depois de beber. Depois de beber um copo, o álcool demora horas para desaparecer do sangue. Desaparece à medida que o fígado decompõe o álcool em um ritmo de, em geral, 10 a 15 gramas de álcool por hora. Portanto, o álcool leva entre uma hora e uma hora e meia para ser eliminado, sem deixar rastro de uma lata de cerveja, um copo de vinho ou um coquetel. Com duas cervejas, é necessário o dobro: entre duas e três horas. E no caso de Rosa e Juan, que tomaram quase 50 gramas de álcool cada um, entre as duas taças de vinho e o gim tônica, precisarão entre três e cinco horas antes de recuperar uma alcoolemia praticamente indetectável.

Benefícios do consumo moderado

Já não há dúvidas de que o consumo de uma pequena quantidade de álcool ao dia é saudável para o coração e as artérias. Mais de uma centena de estudos prospectivos – estudos que observam a quantidade de álcool ingerida por diferentes pessoas e analisam como a saúde dessas pessoas evolui durante os anos seguintes – detectaram que o consumo moderado de álcool reduz consideravelmente o risco de sofrer infartos, embolias, doença vascular periférica e morte por qualquer problema cardiovascular.

Esse benefício para o coração e as artérias foi observado tanto em homens como em mulheres, em adultos jovens e em idosos, em pessoas que já tinham alguma doença cardiovascular diagnosticada e em pessoas que estavam saudáveis no início dos estudos.

Diferentemente dos antigos praticantes da medicina ayurvédica, dos sacerdotes egípcios ou dos alquimistas medievais, os médicos atualmente têm condições de explicar por que o álcool, tomado com moderação, é saudável para o sistema cardiovascular. É bom para o colesterol, porque eleva o nível do HDL (o colesterol bom, que elimina o colesterol ruim), e ajuda a manter as artérias em bom estado. É bom por causa do seu efeito anticoagulante, reduzindo o risco da formação de coágulos sanguíneos que desencadeiam um infarto ou uma embolia. É bom para regular o nível de açúcar no sangue, pois melhora a sensibilidade à insulina. E a soma de todos esses efeitos é positiva para o endotélio, a parede interior das artérias, local onde se originam os infartos.

Além disso, graças ao efeito sobre a insulina, é possível que o consumo moderado de álcool ajude a prevenir a diabetes tipo 2, a mais comum. Observou-se que também é útil para prevenir a formação de cálculos (ou pedras) na vesícula ou nos dutos biliares. E parece ter efeito preventivo em relação ao Alzheimer, provavelmente porque melhora o fluxo sanguíneo no cérebro e talvez porque contenha substâncias que limitam os estragos da doença.

Apesar de todos esses benefícios, não há nenhuma sociedade médica de prestígio que recomende beber álcool por motivos de saúde. Se uma pessoa não bebe, a recomendação universal é de que continue sem beber.

Resveratrol, antioxidante da moda

De todos os componentes do vinho, aquele que está sendo mais pesquisado atualmente por causa de seus prováveis efeitos saudáveis é o resveratrol. É um antioxidante abundante na casca e sementes da uva, encontrado em quantidades consideráveis no vinho tinto. O vinho branco, que é preparado separando o mosto das cascas antes da fermentação, contém quantidades muito inferiores. E bebidas alcoólicas elaboradas sem uva, a princípio, não contém quantidades significativas de resveratrol, com a possível exceção de bebidas elaboradas com frutas vermelhas, como os licores de abrunho.*

As pesquisas sobre o resveratrol foram feitas na melhor campanha de *marketing* do vinho tinto na primeira década do século XXI. Tem uma ação anticancerígena, segundo foi observado em dezenas de estudos, é anti-inflamatório, regula o nível de açúcar no sangue,

---

* Também conhecidos como licor de pacharán ou patxaran. Bebida tradicional do País Basco, na Espanha, feita com a maceração de abrunhos, frutos silvestres parecidos com as ameixas. (N. T.)

previne o envelhecimento em camundongos, que conservam em bom estado o coração, os ossos, os olhos e os músculos até a idade avançada, e prolonga a vida em leveduras, vermes, moscas e peixes, embora não se tenha observado esse efeito em camundongos.

O resveratrol tem suscitado expectativas tão grandes que foram iniciados ensaios clínicos nos quais se administrou a substância como medicamento, avaliando o seu efeito em pacientes com câncer colorretal, com diabetes tipo 2 e com Alzheimer, entre outras doenças. E várias companhias já colocaram à venda suplementos dietéticos de resveratrol, em forma de cápsulas ou comprimidos, sem nem esperar os resultados dos ensaios clínicos.

As pessoas que adquirem esses comprimidos ou cápsulas, no entanto, geralmente ignoram que nenhum dos efeitos do resveratrol observado em vermes, leveduras, moscas, peixes e camundongos foram confirmados até agora em seres humanos, que as doses com as quais esses efeitos têm sido observados são enormes (o equivalente a uma pessoa tomar dezenas de garrafas de vinho ao dia) e que os efeitos secundários de doses muito altas tomadas durante prolongados períodos não foram investigados.

Além disso, o vinho é uma bebida complexa com muitas substâncias biologicamente ativas, além do resveratrol, que podem explicar o efeito benéfico de se tomar uma a duas taças ao dia. Uma delas é o álcool, sem ir mais longe, que, em doses baixas, tem demonstrado ação cardiossaudável. E talvez outros antioxidantes como as antocianinas (recordando o capítulo "Lanche antioxidante", antocianinas são substâncias abundantes nos blueberries do bolo, que reduziam o risco de câncer e prolongava a vida dos camundongos até 29%), ou como as flavonas, responsáveis pela cor amarelada dos vinhos brancos, ou como os taninos, que dão um sabor adstringente a alguns vinhos tintos e têm uma potente ação antioxidante.

De modo que é provável que o resveratrol explique uma parte dos efeitos saudáveis do consumo moderado de vinho, mas não todos. Mais que um componente ou outro do vinho, mais que apenas o resveratrol ou só os taninos, é todo o coquetel de antioxidantes da bebida, somado ao efeito cardiossaudável do álcool, que parece explicar os benefícios de tomar uma ou duas taças de vinho por dia.

Uma ou duas, nada mais.

Porque, a partir da terceira taça, ou da terceira lata de cerveja, acabam os benefícios e começam os danos. Uma pesquisa que sintetizou dados de 370 mil pessoas, acompanhadas durante doze anos e meio, não observou nenhuma vantagem para a saúde quando o consumo de álcool supera os 48 gramas diários. E em pessoas mais sensíveis ao álcool, como a maioria das mulheres, os benefícios desaparecem em doses mais baixas.

Usuários de bebidas alcoólicas na zona de risco: sinais de alerta

– Então, se os benefícios desaparecem acima de três taças, hoje devemos estar no limite – comenta Juan.

– Eu diria que estamos em um ponto que, provavelmente, não irá nos beneficiar nem prejudicar – responde Rosa.

– Ou seja, que já passamos da quantidade ideal.

– Eu não acho. O álcool deve ser desfrutado sem que prejudique. Ou você conhece alguém que bebe gim tônica porque é anticoagulante e não porque goste?

– Mas então, se você beber duas ou três taças por dia, como pode saber em que ponto isso deixa de beneficiar e começa a prejudicar?

– Porque existem sinais de alerta que advertem que, embora você continue se sentindo bem e acredite não ter nenhum problema com o álcool, você está na zona de perigo. É como quando estamos dirigindo em uma estrada e encontramos uma placa indicando que há curvas logo à frente. Você não espera chegar à curva para frear. Freia quando vê o sinal de alerta. Então, prevenir é a mesma coisa. É frear antes de chegar na curva, para não se encontrar no meio de um problema que talvez você não saiba como sair.

– E esses sinais de perigo com o álcool, quais são?

Beber uma quantidade de álcool superior às três 3 taças de vinho por dia de maneira habitual, ou umas 14 taças por semana, já é um primeiro sinal de alerta. Significa que se está em uma situação de abuso de álcool embora não se tenha chegado ao alcoolismo.

A diferença entre abuso de álcool e alcoolismo, à qual não se prestou muita atenção, é importante. Hoje continua sendo extensa a opinião de que os problemas com o álcool começam quando começa o alcoolismo, ou seja, o vício em álcool. Mas o abuso do álcool é um nível de consumo prévio ao alcoolismo que costuma prejudicar a saúde, as relações com outras pessoas e o rendimento profissional.

Para muitas pessoas, o abuso é a antessala do vício, de se tornarem dependentes. Nos Estados Unidos – não há dados similares referentes à Espanha –, uma em cada seis pessoas que abusam do álcool diariamente ou quase diariamente desenvolvem alcoolismo nos três anos seguintes. Ou, se olharmos o problema de maneira invertida, todas as pessoas alcoólatras passaram antes por uma etapa de abuso de álcool.

Portanto, o simples fato de consumir uma quantidade de álcool superior a dois copos diários de vinho já é um primeiro sinal de que algo não vai bem. Mas esse é um sinal que muitos consumidores habituais de álcool, e muitas pessoas que convivem com consumidores de álcool, ignoram.

Há outros sintomas que podem alertar o estabelecimento de uma relação não saudável com o álcool. Por exemplo, se uma pessoa se propõe a não beber mais do que certa quantidade e depois a extrapola e, se isso não acontece somente uma vez, por circunstâncias excepcionais, mas, sim, de maneira habitual, é um indício de que o álcool está sendo mais forte do que sua força de vontade. Se a pessoa tiver o desejo de parar de beber e não o faz, é outro indício. Se beber, mesmo sabendo que terá de dirigir, configura mais outro indício, ou se a pessoa passa muito tempo bebendo, ou se está de ressaca com frequência.

Tudo isso pode acontecer com uma pessoa e, no entanto, continuar levando a mesma vida de sempre, sem que o álcool interfira em sua vida familiar ou em sua vida profissional e sem que haja sofrido nenhum problema relevante de saúde. Os indivíduos nessa situação são chamados, pelos especialistas em alcoolismo, de usuários de risco de bebidas alcoólicas. São as pessoas que fazem a curva em alta velocidade.

O que não significa que necessariamente ocorrerá um acidente com elas. O risco do excesso de álcool é comparável ao excesso de colesterol. Do mesmo modo que nem todas as pessoas com elevado nível de colesterol venham a ter problemas de saúde graves mais tarde, nem todas as pessoas que bebem muito terão problemas derivados do álcool. Mas, quanto maior o excesso de colesterol, maior a probabilidade de sofrer infarto ou AVC posteriormente. E, quanto maior for o consumo de álcool, mais alta é a probabilidade de sofrer graves consequências.

O motivo de buscar ajuda médica nessa etapa, quando uma pessoa ainda se encontra bem e não acredita ter motivo para mudar seu estilo de vida, é o mesmo que no caso do colesterol. Evitar problemas mais adiante. Frear antes de chegar à curva.

Outros sintomas preocupantes, indicadores de que o abuso de álcool já pode ter degenerado em alcoolismo, incluem crescente desinteresse pelo trabalho, atitude defensiva ao ser perguntado sobre o álcool, tendência a ocultar o consumo de álcool de outras pessoas, além de crescente isolamento social, descaso pela aparência física e deterioração da dieta.

Contrariamente a uma ideia comum, o conceito de alcoolismo não se limita unicamente a alguém já maltratado pelo abuso de álcool, que tem pago um alto preço em sua vida pessoal e em sua carreira profissional e que continuam bebendo em excesso. Uma forma é o alcoolismo extremo, que afeta principalmente homens e costuma começar em idades precoces. Outra é do alcoolismo moderado, que recebeu escassa atenção até agora, e tem início, em geral, entre 30 e 40 anos, sendo mais comum entre as mulheres.

Riscos do consumo excessivo

Até sem chegar ao alcoolismo, o consumo excessivo de álcool pode ocasionar danos à saúde que, em alguns casos, levam à morte. Por exemplo, problemas no fígado, órgão responsável por metabolizar o álcool e que, após uma sobrecarga de trabalho, pode acabar adoecendo. Quanto maior o período de anos que se bebe álcool, maior a quantidade bebida, é maior a probabilidade de que o fígado adoeça. As bebedeiras aumentam a probabilidade de danos ao fígado, mas até usuários de álcool que não ficam bêbados podem acabar precisando de um transplante. A doença começa com uma inflamação no órgão chamada hepatite alcoólica e evolui para uma doença chamada fígado gorduroso. Os sintomas podem ser múltiplos e variados, como alteração da cor da pele, sede incomum, perda de apetite, fadiga, náuseas ou dor abdominal. Até esse ponto os danos ainda são reversíveis, sempre que a pessoa parar de ingerir bebidas alcoólicas. Mas, se o indivíduo continuar bebendo, a deterioração do fígado se converte em cirrose, uma doença irreversível, que requer transplante. Em alguns casos, desenvolve-se câncer de fígado.

Os danos menos conhecidos são os danos ao coração e às artérias. Embora em doses baixas o álcool previna doenças cardiovasculares, em doses altas eleva a pressão arterial, eleva o nível de triglicérides indesejáveis no sangue e aumenta o risco de arritmias, de cardiomiopatia dilatada (uma doença do músculo cardíaco) e de morte súbita. Tudo isso sem a necessidade de se embebedar nem de ser alcoólatra, apenas com um consumo sustentado e excessivo de álcool, um dia após o outro, ao longo de vários anos.

De todos esses efeitos prejudiciais no sistema cardiovascular, o que afeta maior número de pessoas é a pressão arterial. A pressão máxima aumenta em 10 (mm/Hg) e a mínima, em 5 mm/Hg, a partir da terceira taça diária em mulheres e da quinta em homens. Além disso, o álcool é hipercalórico e contribui para o excesso de peso, que, por sua vez, eleva a pressão arterial. As calorias do álcool são, como as do açúcar, calorias vazias, ou seja, calorias desprovidas de valor nutritivo. Mas há uma diferença: o álcool contém quase o dobro de calorias do açúcar: 7 kcal por grama de álcool em comparação com as 4 kcal por grama de açúcar. Por essas razões, reduzir o consumo de álcool é uma das primeiras medidas que os médicos recomendam para as pessoas que têm pressão alta ou sobrepeso, como é o caso de Juan.

Se o fígado e o coração se safarem dos efeitos danosos do álcool, temos o próximo candidato: o pâncreas. O consumo excessivo de bebidas alcoólicas é uma das causas mais frequentes de inflamação do pâncreas (pancreatite). O sintoma mais comum é uma dor na parte superior do abdômen, em alguns casos se espalha até as costas pelos lados como um cinto. Pode parecer que o pâncreas seja um órgão menos importante do que o coração ou o fígado, mas não é possível viver sem ele, como não se pode viver sem o coração. E uma pancreatite, sem o tratamento adequado, pode ser tão mortal como uma cirrose ou uma cardiomiopatia.

Outro problema trazido pelo álcool é o aumento do risco de câncer. Como Rosa contou à dona Maria durante o lanche, o abuso de álcool aumenta o risco de uma pessoa sofrer de câncer em pelo menos seis partes do corpo: mama, fígado, boca, faringe, laringe e esôfago. Também é provável que aumente o risco de câncer colorretal, o mais comum de todos os tipos de câncer na população ocidental, embora nesses casos os dados sobre a influência do álcool não sejam definitivos.

No caso do câncer de mama, um dos melhores estudos, do qual participaram mais de 320 mil mulheres, verificou aumento de aproximadamente 9% de risco de sofrer a doença por cada 10 gramas de álcool ingeridas diariamente. Esse porcentual impede que se façam recomendações universais sobre o consumo de álcool para mulheres. Em homens saudáveis está confirmado que, com menos de dois copos ao dia, os benefícios superam os riscos. Mesmo assim, em nenhum caso se recomenda às pessoas que não bebem que comecem a beber, nem que usuários ocasionais de bebidas alcoólicas virem usuários habituais. Mas, em mulheres, os benefícios do consumo moderado para o coração e as artérias contrastam com o maior risco de câncer de mama.

Se compararmos os pratos da balança com critérios estatísticos, os benefícios pesam mais que os riscos: as doenças cardiovasculares causam dez vezes mais mortes do que o câncer de mama entre a população feminina. Mas, quando se trata de medicina, as pessoas não podem se reduzir a estatísticas e muitas recomendações que parecem razoáveis para o conjunto da população não são aconselháveis mais tarde para pacientes individuais.

Pode acontecer, por exemplo, que uma mulher tenha antecedentes familiares com câncer de mama e prefira abster-se de tomar bebidas alcoólicas. Ou talvez, como no caso de Rosa, que tem uma dieta saudável e uma vida ativa, com risco cardiovascular quase zero a médio prazo, uma taça diária de vinho não ofereça nenhum benefício significativo.

E, finalmente, depois do fígado, pâncreas, sistema cardiovascular e diversos tipos de câncer, os danos mais evidentes são aqueles que afetam o sistema nervoso. Tanto danos estruturais como funcionais.

Danos estruturais: o consumo contínuo e excessivo de álcool reduz o tamanho do cérebro, segundo foi observado em estudos nos quais se analisa por ressonância magnética o cérebro de voluntários. O efeito é maior em mulheres do que em homens para uma mesma quantidade de álcool e, quanto maior a quantidade consumida ao longo da vida, mais o cérebro irá encolher. O abuso de álcool também interfere na formação de novas células cerebrais, o que afeta especialmente o hipocampo, peça principal da memória e orientação espacial. E a falta de vitamina B1 (a tiamina), habitual em pessoas alcoólatras, causa danos ao cerebelo, peça-chave da coordenação dos movimentos.

Danos funcionais: em casos de intoxicação aguda, ocorre alteração global das funções cognitivas, com perda de reflexos e incapacidade de avaliar riscos, que leva a pessoa a ter condutas arriscadas, elevando a probabilidade de sofrer acidentes. Um papiro egípcio de 1.500 a.C. já advertia que o consumo excessivo de álcool leva a quedas e fraturas ósseas e, 35 séculos depois, o álcool continua envolvido em 33% das mortes por quedas, 38% das mortes por afogamento e 46% das mulheres mortas por queimaduras, segundo dados norte--americanos. Também está envolvido em alta porcentagem de acidentes de trânsito e de episódios de violência.

Em casos de intoxicação crônica, os danos do álcool no cérebro podem alterar o estado de ânimo, levar à depressão, à encefalopatia hepática (na qual a deterioração do fígado causa dano no cérebro e consequentes transtornos cognitivos e psiquiátricos), à síndrome de Wernicke-Korsakoff (com confusão mental, falhas contínuas de memória, perda da capacidade de aprendizagem), e, claro, ao vício.

Quando é melhor se abster

Vistos os riscos do consumo de álcool, há pessoas para as quais é melhor a total abstenção de bebidas alcoólicas. Em primeiro lugar, mulheres grávidas ou que estejam tentando engravidar. Como vimos na hora da papinha de frutas e, como Rosa lembra às suas pacientes, os fetos são usuários passivos de bebidas alcoólicas e eliminam o álcool mais lentamente do que uma pessoa adulta e podem sofrer danos irreversíveis no cérebro e em outros órgãos vitais.

Depois, pessoas com doenças de fígado ou de pâncreas, que apenas tendem a piorar com o consumo de álcool. Nesses casos, os possíveis benefícios cardiovasculares de consumo mínimo não compensam os prejuízos aos órgãos já danificados. O fígado e o pâncreas são órgãos abnegados, têm menos receptores de dor do que a pele, e estão acostumados a suportar agressões sem reclamar. Banhar esses órgãos em álcool ao já estarem lesados é tão absurdo como cutucar uma ferida aberta. A diferença é que a pele grita de dor, mas o fígado e o pâncreas, não; eles sofrem em silêncio.

O álcool também deve ser evitado por pessoas com lesões pré--cancerosas na boca, faringe, laringe ou esôfago, para que não se transformem em câncer. O mesmo conselho vale para as pessoas que sobreviveram a um AVC, pois o risco de ter outro acidente vascular se eleva com a ingestão de bebidas alcoólicas, e para as com cardiomiopatia dilatada, para as quais até mesmo um consumo moderado de bebidas alcoólicas prejudica o coração.

Pessoas com intolerância ao álcool, que o metabolizam mal e que se sentem mal depois de beber, também devem evitar qualquer tipo de bebida alcoólica. Os sintomas da intolerância ao álcool variam de uma pessoa para outra e podem incluir: dor de cabeça, taquicardia, náuseas, dor abdominal, congestão nasal ou erupção cutânea.

E, como ocorre com qualquer outra droga, as pessoas que foram viciadas no passado e superaram o vício devem evitar provar qualquer bebida alcoólica para não ter uma recaída.

Finalmente, desaconselha-se qualquer ingestão de bebida alcoólica concomitante ao uso de alguns medicamentos bastante comuns. A aspirina, por exemplo, aumenta o risco de hemorragia gastrointestinal quando combinada com álcool. O paracetamol somado ao álcool aumenta o risco de danos ao fígado. Alguns antibióticos perdem a eficácia em combater as infecções e aumenta o risco de náuseas e vômitos, mesmo com doses baixas de álcool. Alguns anticoagulantes, ao contrário, ganham eficácia, aumentando o risco de hemorragias. Ansiolíticos, antidepressivos e anti-histamínicos também podem ter seus efeitos calmantes potencializados pelo álcool, o que é perigoso se a pessoa tiver que dirigir ou manejar uma máquina. E assim poderíamos continuar citando exemplos: soníferos, betabloqueantes, antiepiléticos... A lista é longa. Em caso de dúvida, quando uma pessoa que tem o costume de tomar bebida alcoólica começa a tomar uma nova medicação, é aconselhável que descubra se os efeitos do medicamento podem ser alterados.

Regras para uma administração correta

Com tudo o que foi dito até aqui, o álcool quase poderia ser comparado a um remédio. Como fizeram Arnau de Vilanova, os antigos médicos ayurvédicos e os europeus com os gins. Naturalmente, hoje em dia as bebidas alcoólicas não devem ser bebidas como se fossem fármacos. O álcool é bebido por prazer e oferece benefícios colaterais para algumas pessoas e danos colaterais para outras. O que foi dito neste capítulo pode ser resumido na forma de uma bula de remédio.

Princípio ativo: álcool.

Modo de uso: beber com as refeições.

Posologia: 2 taças de vinho ao dia para homens e 1 taça para mulheres. Não exceder as doses recomendadas.

Gravidez: o álcool pode causar danos graves ao feto. Evite o uso.

Efeito na habilidade de dirigir e operar máquinas: o álcool, mesmo em doses moderadas, altera as funções cognitivas superiores. Não dirija nem opere máquinas perigosas depois de sua ingestão.

Reações adversas: seu consumo contínuo em doses mais altas que as recomendadas poderá ocasionar hipertensão, pancreatite, danos hepáticos irreversíveis, câncer em seis partes do corpo e vício.

Superdosagem: doses muito altas podem ocasionar alteração do sentido de equilíbrio. Transtornos da fala, visão turva, perda do senso de ridículo, tonturas, vômitos, ressaca, *delirium tremens* e morte por acidente. Não existem remédios eficazes contra a ressaca.

Manter longe do alcance das crianças.

– Se, na farmácia, me dessem um medicamento com todos esses efeitos colaterais, eu não sei se tomaria – disse Juan ao acabar de beber o gim tônica.

– Você pode tomar tranquilamente, enquanto souber frear antes da curva. A melhor recomendação, no entanto, é que, se a pessoa nunca bebeu, é melhor não começar.

16 BOA NOITE!
24h00

Sábado, meia-noite. Rosa e Juan voltam para casa andando. Fazem isso sempre que podem, a menos que o restaurante seja muito longe ou esteja chovendo muito. É mais agradável que andar de carro. E, se puderem, caminham conversando sem pressa. Pelo menos, uma vez por semana.

Cris já está em casa, chegou faz tempo. Eles a encontraram escovando os dentes, quase indo dormir. A filha mais velha se despede com um boa-noite e não comenta o episódio do baseado. E, certamente, nem contará. Carla, Pablo e dona Maria já estão dormindo.

Uma família incomum, de certo modo. Às 8 da manhã pedimos que imaginassem uma família qualquer, mas pode ser que alguns leitores tenham encontrado essa família demasiado exemplar. Muito melosa, talvez. Uma família feliz por viver junta, com tempo para dedicar aos filhos, ensinar-lhes a conhecer os alimentos e a cozinhar, com uma filha adolescente pouco problemática e que sabe cuidar de si mesma, uma família sem brigas entre irmãos nem grandes conflitos entre pais e filhos; uma família da qual o casal pode sair para jantar a sós e na qual em um sábado à meia-noite todos já estão dormindo ou indo para a cama.

E, no entanto, se prestarem atenção nos detalhes, nem tudo foi tão exemplar. Nunca tudo sai bem. No final das contas, cada dia é uma sucessão de imprevistos e imperfeições, de adaptações constantes a situações mutáveis e algumas vezes sabemos reagir melhor e em outras situações nem tanto. O que é uma sorte. Pior seria que tudo estivesse tão programado que não houvesse lugar para a surpresa. Se nos concentrarmos na atividade física, o leitor perceberá que, nesse aspecto, essa família não transmite um bom exemplo, apesar dos enormes benefícios que acarreta tal atividade, como foi detalhado no capítulo "Quilômetros contra calorias". Por outro lado, é uma família exemplar ao evitar o consumo de tabaco e outros agentes estranhos para o organismo, fruto de uma educação bem-sucedida. No caso da alimentação também é um modelo, algo fácil de verificar, fazendo um balanço do que a família comeu ao longo do dia, por exemplo.

Rosa, que foi uma espécie de mãe exemplar ao longo de *A cozinha da saúde*, sempre muito atenta no cuidado com os demais, exagerou hoje no açúcar: sopa de submarino amarelo como sobremesa no almoço, bolo de chocolate com blueberries na hora do lanche e tiramisu no jantar.

Cris, com sua porção de pipoca no cinema, provavelmente exagerou no sal e com as gorduras pouco recomendáveis.

Se todos os dias comessem a mesma coisa, as dietas de Rosa e Cris seriam insustentáveis.

E pensem também no que está faltando nessas dietas e não apenas no que está sobrando. Onde estão as frutas? Depois da meia banana de Rosa, a maçã de dona Maria e os sucos de laranja no café da manhã, as frutas não voltaram a aparecer. Pode ser que Pablo e dona Maria tenham comido alguma fruta na hora do jantar, não sabemos. Mas enquanto não provarem que o tiramisu é o fruto da árvore de tiramisu, Rosa e Juan hoje comeram pouca fruta.

Tampouco vimos Cris tomar suficiente cálcio, abundante nos lácteos e importante na sua idade para construir um esqueleto robusto e prevenir fraturas mais tarde. Nem suficiente ferro, abundante em carnes vermelhas e importante para recuperar os glóbulos vermelhos perdidos na menstruação.

Se analisarmos somente os micronutrientes (carboidratos, gorduras e proteínas), hoje todos os membros da família tiveram uma alimentação bastante equilibrada, com predomínio dos carboidratos complexos, mais gorduras vegetais do que gorduras animais e proteínas suficientes, mas não em excesso. Mas, se analisarmos os micronutrientes (vitaminas e minerais), faltaram vários importantes. Não só o cálcio e o ferro. Também o magnésio, o fósforo, a vitamina B 6, a vitamina E...

No entanto isso não é nenhuma catástrofe. O equilíbrio da dieta, como vimos na hora do café da manhã, não está em cada bocado, nem em cada refeição, mas, sim, no conjunto de tudo o que se come e que se bebe. A refeição perfeita, aquela que contém todos os nutrientes necessários nas proporções adequadas, não existe. E, se existir uma dieta perfeita, é a soma das refeições imperfeitas. De modo que procurar comer bem todos os dias é plausível, porém o importante é comer bem toda a semana.

Esta é precisamente a primeira regra que Juan incorporou a seu "Decálogo para desfrutar uma alimentação saudável". Ele o redigiu depois do êxito do seu "Manual de sobrevivência no restaurante", como foi visto no capítulo "Comer bem fora de casa", e também enviou o documento por e-mail a seus amigos e colegas:

1. NÃO PERCA A VISÃO GERAL. Não fique obcecado em comer bem todos os dias, preocupe-se em comer bem toda semana.

As oito regras seguintes, que resumem algumas das dietas principais que aparecem em *A cozinha da saúde*, foram reproduzidas aqui para facilitar a digestão do livro:

2. OS ALIMENTOS NÃO SÃO O INIMIGO. Não existem alimentos bons e alimentos ruins, mas existem maneiras boas e ruins de comê-los.

3. COMA MAIS VEGETAL E MENOS ANIMAL. As dietas mais saudáveis são ricas em produtos de origem vegetal e baixas em açúcar, sal e gorduras animais.

4. SEJA MAIS ANIMAL DO QUE VEGETAL. Os animais se mexem, as plantas, não. Pratique atividades físicas.

5. NÃO PENSE SÓ EM PESO, PENSE EM SAÚDE. Não fixe objetivos impossíveis. Corrigir o peso sempre melhora a saúde, mesmo sem chegar a uma silhueta de modelo.

6. NÃO DEIXE QUE DECIDAM POR VOCÊ. Se deixou a sua relação com os alimentos nas mãos da indústria alimentícia, que preza mais os lucros do que os benefícios à sua saúde, recupere já o controle do que você come.

7. CRIANÇAS NA COZINHA. Ensinar as crianças a conhecer e a preparar os alimentos é assentar as bases de uma alimentação saudável para toda a vida.

8. PENSO, LOGO COMO. Olhe para o seu espelho interior. Veja se existe algo que induz você a comer mal e como você pode solucionar isso.

9. TOME UM BOM CAFÉ DA MANHÃ. Comece bem o dia: um bom começo é o princípio de um bom final.

E aqui termina o decálogo. Vocês devem ter percebido que esse é um decálogo de nove regras e isso não é um erro. Quando Rosa perguntou a Juan se ele havia esquecido uma regra, ele respondeu que gostava da ideia de acabar com um bom final. Ele apreciava o fato de a lista acabar com uma mensagem positiva. Transmitir que nunca é tarde para aprender a ter uma alimentação saudável e desfrutar o que é comido.

– Mas, então – insistiu Rosa –, porque você não adicionou outra regra no meio do decálogo e deixou o final bom para o final?

– Bom, é que há também outro motivo – admitiu Juan. – É que, quando se trata de alimentos, não há uma solução única para todo mundo. O que faz bem para uma pessoa pode não servir para outra. Cada pessoa tem que descobrir o que é melhor para ela.

E, depois da avalanche de ideias que recebe para seu manual de sobrevivência no restaurante, Juan optou por deixar algumas linhas em branco, a regra número 10, para que qualquer um de seus amigos e colegas ou leitor deste livro possa escrever o seu próprio conselho para desfrutar uma refeição saudável.

10. _____.

Bibliografia comentada

Capítulo 1. Bom dia!

A composição do café da manhã de Carla e a liberdade que Juan lhe dá para segurar a colher e tocar na comida com os dedos estão baseadas nas recomendações do pediatra Berry Brazelton, expostas no livro *Touchpoints: the Essential Reference* (Addison-Wesley, 1992).

Capítulo 2. Café da manhã completo

O café da manhã alimenta o cérebro. A relação entre o café da manhã e o rendimento escolar observado em estudos realizados nos Estados Unidos, Reino Unido, Espanha, Chile, Peru, Jamaica, Índia e Israel. Uma síntese de parte desses estudos pode ser encontrada no artigo "Breakfast and Cognition: an Integrative Summary", publicado em 1998, na revista *American Journal of Clinical Nutrition*, por pesquisadores da Universidade da Califórnia em Davis. Na Espanha, os dados se originam do estudo Enkid, que analisou a alimentação da população espanhola entre 2 e 24 anos.

A cozinha da saúde: hábitos e receitas para uma vida saudável

Um bom desjejum previne o excesso de peso. O estudo da Universidade de Minnesota sobre a importância do desjejum na prevenção do sobrepeso foi publicado em março de 2008 na revista *Pediatrics*, no artigo "Breakfast Eating and Weight Change in a 5-year Prospective Analysis of Adolescents: Project EAT". O estudo que analisou especificamente o fenômeno na população infantil no Canadá se chama "Breakfast Skipping is Associated with Differences in Meal Patterns, Macronutrient in Takes and Overweight among Pre-school Children", publicado na revista *Public Health Nutrition*, em 12-12-2009.

Prevenção desde a infância. Este importante aspecto é descrito em detalhe no documento do Institute of Medicine (National Academie of Science), intitulado "Promoting Cardiovascular Health in the Developing World. A Critical Challenge to Achieve Global Health", de V. Fuster e B. Kelly, publicado em junho de 2010. A relação entre excesso de peso na infância e sobrepeso ou obesidade em idades posteriores baseia-se em dados do Reino Unido, apresentados em janeiro de 2009 pela revista *Pediatrics*, no artigo "Contribution of Early Weight Gain to Childhood Overweight and Metabolic Health: a Longitudinal Study".

Dois grandes estudos confirmaram a relação entre peso na infância e doenças cardiovasculares em idades posteriores. Um realizado na Dinamarca, com 276.835 pessoas ("Childhood Body-mass Index and the Risk of Coronary Heart Disease in Adulthood", publicado em *The New England Journal of Medicine*, em 6-12-2007), e outro nos Estados Unidos, com 4.857 pessoas ("Childhood Obesity, other Cardiovascular Risk Factors, and Premature Death". Em *The New England Journal of Medicine*, em 11-2-2010).

Os dados citados sobre prevalência do sobrepeso e a obesidade infantil na Espanha foram retirados do Programa Piloto Escolar de Referencia para la Salud y el Ejercicio contra la Obesidad (Perseo), desenvolvido pela *Agencia Española de Seguridad Alimentaria*.

O que devemos saber sobre os carboidratos. A recomendação de que os carboidratos complexos predominem numa dieta equilibrada se baseia em documentos da Associação Americana do Coração, "Diet

326

and Lifestyle Recommendations Revision 2006" (4-7-2006) e "Defining and Setting National Goals for Cardiovascular Health Promotion and Disease Reduction" (2-2-2010), publicados na revista *Circulation*. Grande parte das recomendações feitas no decorrer deste livro sobre a composição da dieta foi fundamentada nesses documentos.

Prós e contras do leite. A recomendação sobre ingestão de cálcio e lácteos deriva de um informe do Comitê de Nutrição da Academia Americana de Pediatria, apresentado em fevereiro de 2006, pela *Pediatrics*, no artigo "Optimizing Bone Health and Calcium Intakes of Infants, Children And Adolescents". Os dados sobre o declive do consumo de leite na Espanha estão disponíveis no *site* do Ministerio de Medio Ambiente, Rural y Marino.

O café, hoje reabilitado. Os efeitos da cafeína sobre a saúde foram sintetizados na série Café, publicada em 2008, na revista espanhola *Medicina Clínica*, na qual seis artigos sucessivos analisaram o impacto do consumo de cafeína no fígado, o risco de câncer, diabetes, Parkinson, a memória e o rendimento esportivo. Uma descrição detalhada da ação da cafeína sobre os receptores de adenosina é encontrada no artigo "Adenosine Receptors as Therapeutic Targets", publicado em *Nature Reviews Drug Discovery*, em março de 2006.

Capítulo 3. Compra inteligente

Os truques do supermercado. A Confederación de Consumidores y Usuários de España realizou, em 2008, um estudo sobre estratégias comerciais em supermercados. Os resultados foram resumidos no jornal espanhol, de Barcelona, *La Vanguardia*, em 9-10-2008, no artigo de Maite Gutiérrez, "Mirar el precio por kilo y no dejarse llevar por el 3 × 2".[*]

---

[*] Artigo disponível em www.lavanguardia.com/vida/20081009/53556586375/mirar-el-precio-por-kilo-y-no-dejarse-llevar-por-el-3x2.html. Acesso em 3-5-2011. (N. T.)

Aprendendo a ler rótulos de informação nutricional. As atitudes dos consumidores diante dos rótulos nutricionais foram realizadas pelo pesquisador Brian Wansink, da Universidade de Cornell da Pensilvânia (Estados Unidos), no capítulo "Papinha de frutas" de seu livro *Mindless Eating* (Bantam Books, 2006).

Uma clara e concisa introdução aos aditivos alimentares é encontrada no artigo "¿Qué significan los códigos E de los aditivos alimentarios", que aparece no livro *¿Sabemos lo que comemos?*, coordenado pela professora catedrática de Nutrição e Bromatologia da Universidade de Barcelona M. Carmem Vidal Carou e editado por RBA em 2003. Uma informação mais completa sobre o mundo dos aditivos pode ser encontrada em *Léxico científico-gastronômico: as chaves para entender a cozinha de hoje*, organizado por Alicia & El Bullitaller (São Paulo: Senac São Paulo, 2008).

O que devemos saber sobre as gorduras. Múltiplas pesquisas estudaram os efeitos dos distintos tipos de gorduras da dieta sobre a saúde. Um resumo dos efeitos das gorduras ômega 3 do peixe pode ser encontrado no artigo "Cardiovascular Effects of Marine Omega-3 Fatty Acids", publicado na revista *Lancet*, em 14-8-2010.

Os efeitos das gorduras trans aparecem detalhados em "Trans Fatty Acids and Cardiovascular Disease", publicado em *The New England Journal of Medicine*, em 13-4-2006.

Os dados de composição de alimentos foram extraídos do livro *Tablas de composición de alimentos: el pequeño Souci-Fachmann-Kraut* (Acribia, 1999) e do *European Guidelines on Cardiovascular Disease Prevention in Clinical Practice* (European Society of Cardiology, 2007).

A qualidade dos congelados. Os motivos pelos quais alguns alimentos se prestam mais do que outros ao congelamento e como a razão de alguns alimentos se conservarem mais tempo do que outros no congelador podem ser encontrados nos artigos "Alimentos bajo cero, ¿la calidad a salvo? y Congelar, descongelar y recongelar", de

M. Carmen Vidal Carou, no livro *¿Sabemos lo que comemos?* (RBA, 2003).

Benefícios e perigos do peixe. Múltiplos estudos analisaram a presença de contaminantes em diferentes espécies de peixe e em diferentes pontos de venda, com resultados às vezes desconcertantes. As concentrações de contaminantes variam amplamente não apenas de uma espécie para outra, mas também dentro de cada espécie, segundo o lugar e a época das capturas. Um resumo dos benefícios e riscos do peixe pode ser encontrado em "Fish Intake, Contaminants and Human Health", publicado pela revista norte-americana *Jama (Journal of the American Medical Association)*, em 18-10-2006.

Na Espanha, a presença de contaminantes no peixe tem sido exaustivamente pesquisada pelo toxicologista Josep Lluís Domingo, da Universidade Rovira i Virgili en Réus, Tarragona.

Peixe e meio ambiente: atum hoje, fome amanhã. A perspectiva futura das populações de peixes e mariscos caso a exploração dos recursos marinhos continue no ritmo atual está detalhada no artigo "Impacts of Biodiversity Loss on Ocean Ecosystem Services", publicado na revista *Science*, em 3-11-2006.

As possibilidades de recuperação dos ecossistemas marinhos com estratégias de pesca sustentável são apresentadas em "Rebuilding Global Fisheries", publicado na revista *Science*, em 31-7-2009. A pesquisa prova que, nos mares onde foram introduzidos critérios de pesca sustentável, o setor pesqueiro é beneficiado.

Benefícios e perigos da carne. Os dados sobre a domesticação dos primeiros animais de granja foram extraídos de *Guns, Germs, and Steel* (Norton, 1999), livro de Jared Diamond, homenageado com o prêmio Pulitzer, que explica por que sociedades diferentes tiveram uma evolução histórica diferente.

Carne e meio ambiente: o custo real da carne. A relação entre o consumo de carne e emissões contaminantes foi sintetizada no jornal *La Vanguardia*, de Barcelona, em 13-9-2007, no artigo de Antonio Cerrillo "Comer menos carne ayuda a proteger el clima".

Capítulo 4. Como guardar os alimentos

Por que os alimentos estragam (e como evitar). Os motivos da deterioração dos alimentos, assim como grande parte do que se explica no decorrer desse capítulo, estão detalhados no livro *Ciencia de los alimentos*, de Normon Potter e Joseph Hotchkiss (Acribia, 1999).

A arte de congelar e descongelar. Para saber mais sobre a correta manipulação dos alimentos, as obras de referência são os livros *Control e higiene de los alimentos*, de Ildefonso J. Larranãga, Mariana Carballo e Maria del Mar Rodríguez (McGraw-Hill, 1998) e *Food Processing Technology*, de Peter Fellows (Oxford University Press, 2006).

O perigo de anisakis: precauções com o sushi feito em casa. Os riscos do consumo de peixe com anisakis estão resumidos no artigo "Anisakiasis: a Neglected Diagnosis in the West", publicado na revista *Digestive and Liver Disease*, em janeiro de 2005. Os dados sobre o volume de peixe contaminado por anisakis nas peixarias espanholas foram publicados pela *Agencia Española de Seguridad Alimentaria*.

Capítulo 5. Na cozinha

Receitas fáceis e saudáveis. Uma ampla seleção de receitas acessíveis pode ser encontrada em duas obras anteriores de Ferran Adrià: *Cocinar en 10 minutos con Ferran Adrià* (El Corte Inglés, 1998) e *Cocinar en casa con Caprabo y Ferran Adrià* (elBullibooks, 2003). Também pode ser consultada a coleção de DVD, *La cocina fácil de Ferran Adrià* (produzido por elBullimedia, 2004).

Crianças na cozinha. Os benefícios de ensinar a cozinhar desde a infância estão sintetizados no artigo "Beyond Cupcakes: Children in the Kitchen", escrito por Tara Parker-Pope e publicado no *The New York Times*, em 9-12-2008 [disponível em www.nytimes.com/2008/12/09/health/09well.html. Acesso em 3-5-2011].

Métodos de cozimento. As vantagens e limitações dos distintos métodos de cocção estão descritas no livro de Harold McGee, *On Food* *and Cooking*, um manual enciclopédico, porém fácil sobre o mundo dos alimentos (Scribner, 2004). Em espanhol, o livro *¿Sabemos lo que comemos?*, coordenado por M. Carmen Vidal Carou, compara os diferentes métodos de cocção nos artigos "¿Cómo cocer la verdura: hervida, al vapor, en olla a presión...?", "Patatas fritas, ¿asadas o hervidas?", "Las propiedades de la carne, ¿varían según el punto de cocción?", "¿Por qué algunas carnes pierden agua al freírlas?" e "¿Pueden ser perjudiciales los alimentos asados a la brasa?".

Diga-me como você cozinha (e eu direi como come sua família). A descrição dos diferentes perfis de cozinheiros desenvolvida por Brian Wansink, diretor do Laboratório de Alimentos e Marcas da Universidade de Cornell (Estados Unidos), encontra-se no artigo "Profiling Nutritional Gatekeepers: Three Methods for Differentiating Influential Cooks", publicado na revista *Food Quality and Preference*, em junho de 2003. As porcentagens concretas dos diferentes tipos de cozinheiros estão detalhadas em seu livro *Marketing Nutrition* (University of Illinois Press, 2005).

Capítulo 6. Pôr a mesa

O tamanho (do prato) ou o formato (do copo) importam sim. As pesquisas que relacionam as variáveis no modo de dispor a mesa com o comportamento dos comensais estão descritas por Brian Wansink no livro *Mindless Eating: Why We Eat More Than We Think* (Bantam, 2006).

Os mitos da água: quanto se deve beber? A relação entre consumo de água e risco de câncer de bexiga está descrito no artigo "Fluid Intake and the Risk of Bladder Cancer in Men", publicado na revista *The New England Journal of Medicine*, em 6-5-1999.

A influência do consumo de água na sensação de saciedade aparece no artigo "Agua: ¿antes, durante o después de las comidas?", da professora catedrática em nutrição da Universidade de Barcelona,

M. Carmen Vidal Carou, publicado no livro *¿Sabemos lo que comemos?* (RBA, 2003).

Os dados científicos sobre a quantidade de água que se deve beber por dia estão sintetizados pelos pediatras Aaron Carroll e Rachel Vreeman no livro *Don't Swallow Your Gum! Myths, Half-truths, and Outright Lies About Your Body and Health* (Saint Martin's Griffin, 2009), no qual refuta o mito de que se deve beber oito copos de água por dia.

Água da torneira ou engarrafada? O conteúdo mineral dos diferentes tipos de água engarrafa tem sido pesquisado no hospital Clínic de Barcelona como parte da pesquisa "Aporte de calcio, magnesio y sodio a través del agua embotellada y de las aguas de consumo público: implicaciones para la salud", publicada na revista *Medicina Clínica*, em 21-11-2008.

Os prós e os contras da água de torneira e da engarrafada estão descritos no artigo "¿Qué es mejor: agua embotellada o del grifo?", da professora de nutrição da Universidade de Barcelona, Teresa Veciana, publicado no livro *¿Sabemos lo que comemos?* (RBA, 2003).

Sal na mesa, não. Seu lugar é na cozinha. Múltiplos estudos analisaram a relação entre o consumo de sal e a pressão arterial, com resultados às vezes contraditórios. Uma síntese dos conhecimentos atuais sobre essa relação pode ser encontrada em dois artigos publicados na revista *The New England Journal of Medicine*: "The Hypertension Paradox: more Uncontrolled Disease Despite Improved Therapy" (27-8-2009) e "Compelling Evidence for Public Health Action to Reduce Salt Intake" (18-2- 2010).

Pão engorda? A história da descoberta do pão e de sua evolução desde a Antiguidade até a produção em escala industrial está magnificamente explicada no livro de Harold McGee, *On Food and Cooking* (Scribner, 2004). O processo de elaboração dos pães na atualidade está detalhado no artigo do farmacêutico Roberto Xalabarder "¿Era mejor el pan de ayer que el de hoy?", publicado no livro *¿Sabemos lo que comemos?* (RBA, 2003). As diferenças nutricionais entre os diferentes tipos de pão estão detalhados no mesmo livro, no artigo de M. Carmen Vidal Carou "¿Qué pan escoger: blanco, integral, multicereal, de nueces...?".

Servir os pratos na cozinha. A observação de que, quanto mais acessíveis estiverem os alimentos, mais se come, está descrita em diferentes artigos como "Food Accessibility and Food Choice", publicado em *Archives of General Psychiatry*, em outubro de 1980, e "Effect of Effort on Meal Selection and Meal Acceptability in a Student Cafeteria", publicado na revista Anglo-americana *Appetite*, em agosto de 1994.

Capítulo 7. Refeições em família

A que horas comer? Um resumo técnico da influência dos horários das refeições sobre os relógios biológicos internos do corpo humano é encontrado no artigo "Feeding the Clock", escrito por David Suter e Ueli Schibler, da Universidade de Genebra (Suíça), e foi publicado na revista *Science*, em 16-10-2009. Uma explicação mais acessível para leigos está no artigo "¿Horario de comida mediterráneo o anglosajón?", escrito pelo médico especialista em nutrição Jaume Serra e publicado no livro *¿Sabemos lo que comemos?* (RBA, 2003).

Comer sem televisão. As provas de que estar com a televisão ligada é contraproducente para as conversas entre pais e filhos foram apresentadas no artigo "Audible Television and Decreased Adult Words, Infant Vocalizations, and Conversational Turns", publicado na revista *Archives of Pediatrics and Adolescent Medicine*, em junho de 2009. As de que induz a comer mais estão no artigo "Environmental Factors that Increase the Food Intake and Consumption Volume of Unknowing Consumers", publicado no *Annual Review of Nutrition*, em 2004.

Como regular o apetite e a saciedade. Os mecanismos que regulam o apetite e a saciedade se converteram em um dos campos de pesquisa mais dinâmicos da biomedicina desde que Jeffrey Friedman, da Universidade Rockefeller de Nova York, descobriu o hormônio leptina em 1994. O ponto no qual se encontram atualmente essas pesquisas está incrivelmente resumido pelo próprio Friedman no artigo "Causes and Control of Excess Body Fat", publicado na revista *Nature*, em 21-5-2009.

As dificuldades para controlar de maneira consciente os impulsos do apetite e da saciedade e as estratégias para dominá-los estão explicadas no livro *The End of Overeating: Taking Control of the Insatiable American Appetite*, escrito pelo pediatra Robert Kessler (Rodale, 2009).

Quanto tempo dedicar às refeições? A pesquisa que demonstrou que um sinal do intestino transmite ao cérebro o sinal de saciedade foi publicada, em 29-8-1980, na revista *Science*, com o título "Feeding: Satiety Signals from Intestine Triggers Brain's Noradrenergic Mechanism". Desde então, múltiplos estudos analisaram a relação entre o tempo que se dedica à refeição e as quantidades ingeridas de comida. A pesquisa da Universidade de Rhode Island citada no texto foi apresentada, em julho de 2008, na revista *Journal of the American Dietetic Association*, com o título "Eating Slowly Led to Decreases in Energy Intake within Meals in Healthy Women".

Os dados da Organização para a Cooperação e o Desenvolvimento Econômico (OCDE) sobre o tempo que é dedicado às refeições e as taxas de obesidade em diferentes países se encontram em *Society at a Glance*, 2009. *OECD Social Indicators.*

É mais saudável ser vegetariano? Um resumo da função das proteínas numa dieta equilibrada está em *The Merck Manual Home Health Handebook*, editado pela empresa Merck, em 2009 [versão integral disponível em português em http://mmspf.msdonline.com.br/pacientes/manual_merck/secao_00/sumario.html. Acesso em 3-5-2011].

Uma revisão exaustiva dos benefícios das dietas vegetarianas e das recomendações para segui-las corretamente encontra-se no livro *Vegetarian Nutrition*, de Joan Sabaté, professor catedrático da Universidade de Loma Linda, Califórnia, Estados Unidos (CRC

Press, 2001). Há uma edição espanhola, *Nutrición vegetariana* (Safeliz, 2005).

Como conseguir que as crianças comam de tudo. Os conflitos entre pais e filhos em torno da comida e as estratégias para resolvê-los estão deliciosamente analisados no livro das pediatras Laura Jana e Jennifer Shu, *Food Fights: Winning the Nutritional Challenges of Parenthood Armed with Insight, Humor, and a Bottle of Ketchup* (Academia Americana de Pediatria, 2008).

A relação entre as atitudes dos pais diante da comida e do comportamento alimentar dos filhos tem sido pesquisada exaustivamente pela psicóloga Leann Birch, da Universidade da Pensilvânia (Estados Unidos).

Capítulo 8. Sesta: como o corpo humano processa os alimentos

Os efeitos reparadores da sesta têm sido pesquisados por uma equipe da Universidade de Harvard na qual participaram os espanhóis José Luis Cantero e Mercedes Atienza. Os resultados da pesquisa foram apresentados no artigo "The Restorative Effect of Naps on Perceptual Deterioration", de julho de 2002, na revista *Nature Neuroscience*. A descrição da digestão é parcialmente extraída do *The Merck Manual Home Health Handbook* (Merck, 2009).

Capítulo 9. Papinha de frutas

Alimentos importantes e que convêm evitar durante a gravidez. Múltiplos estudos têm tentado analisar a relação entre a dieta da mãe durante a gravidez e a saúde posterior do filho. Um resumo das questões mais importantes encontra-se no artigo "Dietary Guidelines for Pregnancy: a Review of Current Evidence", publicado em abril de 2001, na revista *Public Health Nutrition*.

Os riscos do déficit de ácido fólico e as recomendações de como deve ser suplementado se encontram no documento "Folic Acid for the Prevention of Neural Tube Defects", que reflete a posição oficial da Academia Americana de Pediatria, publicado na revista *Pediatrics*, em agosto de 1999.

Os riscos do déficit de ferro estão descritos no artigo "Anemia and Iron-deficiency Anemia: Compilation of Data on Pregnancy Outcome", publicado em 1994, na revista *American Journal of Clinical Nutrition.*

Os riscos do aumento excessivo de peso em mulheres grávidas para a saúde posterior das crianças foram descritos nos artigos "Early Risk Factors for Obesity in Childhood: Cohort Study", publicado, em 20-5-2005, na revista *British Medical Journal*; "Gestational Weight Gain and Child Adiposity at Age 3 Years", publicado no *American Journal of Obstetrics and Gynecology*, em abril de 2007; e "Childhood Obesity and Metabolic Imprinting: the Ongoing Effects of Maternal Hyperglycemia", publicado em *Diabetes Care*, em setembro de 2007.

"Bebedores passivos" de álcool. As consequências para o embrião e o feto do consumo de álcool durante a gravidez estão explicados no volume *Fetal Alcohol Syndrome: Guidelines for Referral and Diagnosis*, editado em julho de 2004, pelo Centro de Controle e Prevenção de Doenças dos Estados Unidos e subscrito pela Academia Americana de Pediatria, pelo Colégio Americano de Obstetras e Ginecologistas, pela ONG de saúde infantil March of Dimes e pela ONG de luta contra a síndrome alcoólica fetal NoFAS.

Mitos e verdades sobre a amamentação. A duração ideal da amamentação foi analisada em um projeto da organização *Cochrane*, que sintetizou os dados científicos disponíveis. A Organização Mundial da Saúde (OMS) publicou os resultados do projeto em *The Optimal Duration of Exclusive Breastfeeding: a Systematic Review*, editado em 2001. Uma versão sintetizada, com o mesmo título, apareceu em 2004 na revista *Advances in Experimental Medicine and Biology.*

Na Espanha, os benefícios da amamentação materna sobre o desenvolvimento imunológico e intelectual das crianças foram exaustivamente estudados pela equipe de Jordi Sunyer no Institut Municipal d'Investigació Mèdica de Barcelona.

Primeiras papinhas. As recomendações básicas para uma alimentação correta nos primeiros anos de vida estão detalhadas no documento conjunto da Associação Americana do Coração e da Academia Americana de Pediatria "Dietary Recommendations for Children and Adolescents: a Guide for Practitioners", publicado, em 27-9-2005, na revista *Circulation*, e em 2-2-2006, na revista *Pediatrics*. As recomendações para fazer a transição da dieta de lactente para a dieta de uma criança maior, no segundo ano de vida, encontram-se no artigo "Nutritional Guidance is Needed During Dietary Transition in Early Childhood", publicado na revista *Pediatrics*, em julho de 2000.

Capítulo 10. O espelho e a balança

Parte deste capítulo está baseado em três documentos: American Heart Association Scientific Statement, "Interventions to Promote Physical Activity and Dietary Lifestyles Changes", publicado na revista americana *Circulation*, em 7-8-2010; National Lung and Blood Institute Statement, *We can! Ways to Enhance Children's Activity & Nutrition*, publicado em 3-4-2010; e *European Guidelines on Cardiovascular Disease Prevention in Clinical Practice*, publicado em 2007.

Chocolate não causa acne. As explicações e recomendações sobre a acne citadas no texto estão baseadas no documento *Acne in Teens: Ways to Control It*, editado pela Academia Americana de Médicos de Família.

Transtornos alimentares. As recomendações de prevenção de transtornos alimentares citadas no texto se baseiam nos documentos: *10 Things Parents Can Do to Help Prevent Eating Disorders* e *Eating Disorders Can Be Prevented!*, editados pela Associação Nacional de Transtornos Alimentares dos Estados Unidos; *Eating Disorders:*

Facts for Teens, editado pela Academia Americana de Médicos de Família; *Eating Disorders*, editado pela Fundação Nemours dos Estados Unidos; e *Prevention of Eating Disorders*, editado pelo Centro Nacional de Informação de Transtornos Alimentares do Canadá.

O estudo do hospital Clínic sobre a imagem corporal subjetiva de meninas adolescentes e mulheres jovens, intitulado "Subjective Body Image Dimensions in Normal Female Population: Evolution through Adolescence and Early Adulthood", foi publicado, em 2004, na revista *International Journal of Psychology and Psychological Therapy.*

Como saber se a criança está com peso adequado. O cálculo do peso adequado nas fases de crescimento é um tema controverso, já que o índice de massa corporal conveniente varia segundo a idade, o gênero e o ritmo de crescimento. Além disso, o ritmo de crescimento de crianças e adolescentes atualmente não é o mesmo que se registrava uma ou duas gerações atrás. Um resumo das recomendações atuais para estimar se uma criança tem peso adequado, fundamentado nos resultados de mais de trezentos estudos publicados desde 1995, encontra-se no artigo "Assessment of Child and Adolescent Overweight and Obesity", publicado na revista *Pediatrics*, em dezembro de 2007.

Como tratar o excesso de peso em crianças. As recomendações da Academia Americana de Pediatria para prevenir o sobrepeso e a obesidade infantil estão detalhadas no artigo "Recommendations for Prevention of Childhood Obesity", publicado na revista *Pediatrics*, em 4-12-2007.

Os resultados dos estudos para tratar do excesso de peso em crianças foram descritos no artigo "Effectiveness of Weight Management Interventions in Children: a Targeted Systematic Review for the USPSTF", publicado na revista *Pediatrics*, em 2-2-2010.

Dietas para reduzir o risco cardiovascular. Os benefícios oferecidos pelos diferentes tipos de dieta para a proteção cardiovascular são analisados no artigo "Optimal Diets for Prevention of Coronary Heart Disease", publicado na revista *Jama*, em 27-11-2002.

Dietas para perder peso. As pesquisas mais completas que comparam a eficácia de diferentes tipos de dieta para perder peso estão apresentadas na revista *The New England Journal of Medicine*, nos artigos "Weight-loss with a Low Carbohydrate, Mediterranean or Low-fat Diet", publicado em 17-7-2008, e "Comparison of Weight-loss Diets with Different Compositions of fat, Protein and Carbohydrates", publicado em 26-2-2009. Na Espanha, a Sociedad Española para el Estudio de la Obesidad (Seedo) aprovou um documento de consenso para unificar os critérios de diagnóstico e tratamento do excesso de peso: "Consenso Seedo 2006 para la evaluación del sobrepeso y la obesidad y el establecimiento de criterios de intervención terapéutica", publicado em 10-2-2007, na revista *Medicina Clínica.*

Capítulo 11. Quilômetros contra calorias

Parte deste capítulo está baseada em três documentos: American Heart Association Scientific Statement, "Interventions to Promote Physical Activity and Dietary Lifestyles Changes", publicado na revista americana *Circulation*, em 7-8-2010; National Lung and Blood Institute Statement, *We can! Ways to Enhance Children's Activity & Nutrition*, publicado em 3-4-2010; e *European Guidelines on Cardiovascular Disease Prevention in Clinical Practice*, publicado em 2007.

Recomendações. As recomendações básicas sobre a prática de atividades físicas para a população adulta estão detalhadas em um documento conjunto da Associação Americana do Coração e do Colégio Americano de Medicina Esportiva: "Physical Activity and Public Health: Updated Recommendation for Adults from the American College of Sports Medicine and the American Heart Association", publicado nas revistas *Circulation* e *Medicine and Science in Sports and Exercise*, em agosto de 2007. As recomendações para as pessoas de idade mais avançada, também acordadas entre as duas sociedades médicas e publicadas nas mesmas revistas, em agosto de 2007, estão detalhadas no documento "Physical Activity and Public Health in Older Adults: Recommendation from the American College of Sports Medicine and the American Heart Association".

Qual atividade física escolher. Os dados das calorias que se gastam fazendo diferentes tipos de atividade física foram extraídos do *The Merck Manual Home Health Handbook* (Merck, 2009).

As recomendações para começar a atividade física após anos de sedentarismo e as explicações sobre os benefícios cardiovasculares que oferece estão ampliadas no livro *La ciencia de la salud*, escrito por Valentín Fuster e Josep Corbella (Planeta, 2006).

Exercício oculto. O nutricionista e endocrinologista James Levine, da Clínica Mayo, em Rochester (Minnesota, Estados Unidos), lidera as pesquisas sobre as calorias queimadas com os movimentos do corpo quando não se pratica atividade física de maneira deliberada. Seus resultados mais importantes, que abriram esse novo campo de pesquisa, foram apresentados na revista *Science*, em 28-1-2005, no artigo "Interindividual Variation in Posture Allocation: Possible Role in Human Obesity". Desde então, Levine desenvolveu essa linha de trabalho com diferentes estudos, entre os quais "Sedentariness at Work: How Much Do We Really Sit?", publicado em *Obesity*, em 17-11-2009, no qual analisa a relação entre o tempo que uma pessoa passa sentada no trabalho e o excesso de peso, e confirma os benefícios de caminhar.

Prevenção de câncer. Os dados científicos sobre a relação entre atividade física e câncer estão sintetizados no documento *Physical Activity and Cancer*, editado pelo Instituto Nacional do Câncer dos Estados Unidos, em 22-7-2009.

Como queimar calorias. Diferentes estudos observaram que as pessoas que praticam atividade física de maneira habitual queimam calorias com maior eficiência e regulam melhor o nível de açúcar no sangue do que as pessoas sedentárias. Alguns dos resultados mais importantes foram apresentados nos artigos: "Maximal Oxygen Uptake and Muscle Fiber Types in Trained and Untrained Humans", publicado em *Medicine and Science in Sports and Exercise*, em 1978;

Bibliografia comentada

"Mechanism of Enhanced Insulin Sensitivity in Athletes", publicado em *The Journal of Clinical Investigation*, em 1993; e "Increased Substrate Oxidation and Mitochondrial Uncoupling in Skeletal Muscle of Endurance-trained Individuals", publicado no periódico *PNAS*, em outubro de 2008.

Mais bem-estar psicológico. Os experimentos com camundongos que se tornaram menos vulneráveis ao estresse quando praticavam atividade física foram apresentados no Congresso Anual da Sociedade de Neurociência dos Estados Unidos de 2009 e foram descritos no artigo de Gretchen Reynolds "Phys Ed: Why Exercise Makes You Less Anxious", publicado no *site* do *The New York Times*, em 18-2-2009 [Disponível em http://well.blogs.nytimes.com/2009/11/18/phys-ed-why-exercise-makes-you-less-anxious/. Acesso em 3-5-2011].

Maior rendimento intelectual. Um resumo geral dos benefícios da atividade física no rendimento cognitivo aparece no artigo "Be Smart, Exercise Your Heart: Exercise Effects on Brain and Cognition", publicado na revista *Nature Reviews Neuroscience*, em janeiro de 2008.

O estudo sueco citado no texto, que relaciona a atividade física durante a adolescência com o rendimento intelectual aos 18 anos, foi publicado na revista *PNAS*, em dezembro de 2009: "Cardiovascular Fitness is Associated with Cognition in Young Adulthood".

Ossos robustos. Os benefícios da atividade física para manter boa saúde óssea estão descritos no documento *The 2004 Surgeon's General Report on Bone Health and Osteoporosis*, publicado pelo governo norte-americano em 2004.

Antienvelhecimento celular. A pesquisa realizada na Alemanha, que detectou que pessoas fisicamente ativas mantêm suas células mais jovens do que pessoas sedentárias, foi apresentada na revista *Circulation*, em 15-12-2009, no artigo "Physical Exercise Prevents Cellular Senescence in Circulating Leukocytes and in the Vessel Wall".

Capítulo 12. Lanche antioxidante

Atividade física para pessoas mais velhas. As recomendações essenciais para orientar pessoas mais velhas na hora de fazer exercício estão descritas no artigo "Promoting and Prescribing Exercise for the Elderly", publicado na revista *American Family Physician*, em 1º-2-2002.

Os benefícios da atividade física sobre as funções cognitivas na velhice foram investigados nos estudos "Physical Activity and Incident Cognitive Impairment in Elderly Persons" e "Resistance Training and Executive Functions", ambos publicados, em 25-1-2010, na revista *Archives of Internal Medicine*.

Antioxidantes e radicais livres. Um resumo exaustivo do conteúdo de polifenóis em alimentos pode ser encontrado no artigo "Polyphenols: Food Sources and Bioavailability", publicado na *American Journal of Clinical Nutrition*, em maio de 2004.

O estudo mais importante, que alertou sobre os possíveis riscos do excesso de antioxidantes, é "The Effect of Vitamin E and Beta Carotene on the Incidence of Lung Cancer and other Cancers in Male Smokers", publicado em 14-4-1994, em *The New England Journal of Medicine*.

As recomendações médicas básicas sobre o consumo de antioxidantes estão detalhadas nos documentos da Associação Americana do Coração (AHA): *Antioxidant Vitamin Supplements and Cardiovascular Disease*; *AHA Science* Advisory e *Vitamin and Mineral Supplements*; *AHA Scientific Position* [disponíveis no *site* da revista *Circulation* http://circ.ahajournals.org/. Acesso em 3-5-2011].

Uma dieta contra o câncer. O documento *Common Questions about Diet and Cancer*, editado pela Sociedade Americana do Câncer (ACS), explica de maneira breve e rigorosa as relações cientificamente comprovadas entre dieta e câncer.

Uma análise mais exaustiva sobre os riscos das carnes vermelhas são encontradas no estudo "A Prospective Study of Red and Processed Meat Intake in Relation to Cancer Risk", publicado, em dezembro de 2007, na revista *Plos Medicine*. Uma análise específica dos benefícios do brócolis contra o câncer de próstata está no estudo "Broccoli Consumption Interacts with GSTM1 to Perturb Oncogenic Signaling Pathways in the Prostate", publicado, em julho de 2008, na revista *Plos One*.

Chocolate. Um resumo dos estudos que analisaram os efeitos do consumo de chocolate sobre a pressão arterial pode ser consultado no artigo "Effects of Cocoa and Tea Intake on Blood Pressure: a Meta-analysis", publicado na revista *Archives of Internal Medicine*, em 9-4-2007. Uma advertência sobre as amplas diferenças que se dão entre diferentes chocolates quanto a seus efeitos sobre a saúde apareceu no editorial "The Devil in the Dark Chocolate" da revista *The Lancet*, editado por Elsevier, em 22-12-2007.

Uma dieta contra infecções? Uma síntese dos dados científicos disponíveis sobre a relação entre a capacidade da vitamina C para prevenir ou tratar infecções respiratórias aparece no artigo "Vitamin C for Preventing and Treating the Common Cold", publicado em 18-7-2007, na revista *Cochrane Database of Systematic Reviews*.

Alimentos para o cérebro. Os dados científicos sobre a relação entre dieta e função cognitiva estão resumidos no artigo "Brain Foods: the Effects of Nutrients on Brain Function", publicado por Fernando Gómez-Pinilla, da Universidade da Califórnia, Los Angeles, na revista *Nature Reviews Neuroscience*, de julho de 2008. Uma análise específica dos benefícios da dieta mediterrânea para prevenir a deterioração cognitiva em pessoas idosas está no estudo "Mediterranean Diet and Mild Cognitive Impairment", publicado na revista *Archives of Neurology*, em fevereiro de 2009.

Capítulo 13. Pipocas e refrigerantes

Pipocas: cheias de calorias. A história de como o milho se converteu em alimento básico em muitas sociedade urbanas modernas é explicada no livro *The Omnivore's Dilemma*, de Michael Pollan

(Bloomsbury, 2006). A história da pipoca está explicada no livro *Popped Culture: the Social History of Popcorn in America*, de Andrew Smith (University of South Carolina Press, 1999).

Os estudos do Centro para a Ciência no Interesse Público (Center for Science in the Public Interest) sobre o conteúdo nutricional das pipocas foram detalhados no artigo "Big: Movie Theatres Fill Buckets and Bellies", publicado em dezembro de 2009, na revista *Nutrition Action Health-letter*.

O efeito porção nas pipocas de cinema – quanto maior for a porção, mais pipocas serão comidas – foi estudado por Brian Wansink, da Universidade de Cornell, em experimentos explicados no livro *Mindless Eating: Why We Eat More Than We Think* (Bantam, 2006).

Refrigerantes: calorias vazias. Os efeitos do consumo excessivo de refrigerantes sobre a saúde de crianças e adolescentes estão descritos no documento da Academia Americana de Pediatria "Soft Drinks in Schools", publicado na revista *Pediatrics*, em janeiro de 2004. O aumento do consumo de refrigerante registrado nas últimas décadas foi analisado no estudo "Increasing Caloric Contribution from Sugar-sweetened Beverages and 100% Fruit Juices among US Children and Adolescents, 1988-2004", publicado na revista *Pediatrics*, em julho de 2008.

Pressão de grupo: drogas e sexo. As estratégias para resistir à pressão de grupo citadas no texto estão fundamentadas nos seguintes documentos: *Peer Pressure* e *Dealing with Peer Pressure*, da Fundação Nemours, uma ONG dedicada a proteger a saúde de crianças e adolescentes; *The Right to Resist*, editado pelo Instituto Nacional de Abuso de Álcool e Alcoolismo dos Estados Unidos; *Substance Abuse Prevention. What Every Parent Needs to Know* e *Puberty: Information for Girls*, da American Academy of Pediatrics.

Capítulo 14. Comer bem fora de casa

Conselhos básicos. Um conjunto de recomendações práticas sensatas para pessoas que comem com frequência fora de casa pode ser encontrado no documento *Eat well, be well*, editado pela Food Standards Agency, do Reino Unido.

Afrodisíacos, mito ou realidade? O estudo realizado na Itália sobre o efeito do consumo de chocolate na atividade sexual foi apresentado, em 2006, na revista *The Journal of Sexual Medicine*, com o título "Chocolate and Women's Sexual Health: an Intriguing Correlation". Uma visão histórica dos afrodisíacos está no artigo "Aphrodisiacs Past and Present: a Historical Review", publicado em outubro de 2001, na revista *Clinical Autonomic Research.*

O sabor, experiência multissensorial. As enormes diferenças na sensibilidade dos sabores, observadas mais em algumas pessoas do que em outras, foram investigadas por Linda Bartoshuk, que apresentou alguns de seus resultados mais importantes nos artigos "PTC/PROP Tasting: Anatomy, Psychophysics and Sex Effects", publicado em 1994, na revista *Physiology and Behavior;* e "Sweetness: History, Preference and Genetic Variability", publicado, em 1991, na *Food Technology*. Análises mais amplas da percepção dos sabores podem ser encontradas nos artigos "Receptors and Transduction in Taste", publicado em 13-7-2001, na revista *Nature*; e "Taste Receptor Genes", publicado em 2007, na *Annual Review of Nutrition.*

Comer à noite engorda mais? Os estudos científicos que analisaram se jantar tarde da noite induz a ganho de peso foram sintetizados pelos pediatras Aaron Carrol e Rachel Vreeman no livro *Don't Swallow Your Gum! Myths, Half-truths, and Outright Lies About Your Body and Health* (Saint Martin's Griffin, 2009). Os estudos realizados na Suécia, que analisaram a relação entre as horas em que são feitas as refeições e o aumento de peso, são "Meal Patterns in Obese and Normal Weight Men: the Gustaf Study", publicado em outubro de 1996, na *revista European Journal of Clinical Nutrition*; e "Meal Patterns and Obesity in Swedish Women: a Simple Instrument Describing Usual Meal Types, Frequency and Temporal Distribution", publicado na mesma revista, em agosto de 2002.

O estudo mais amplo realizado até hoje sobre a questão é *"Eating Patterns and Dietary Composition in Relation to BMI in Younger and*

Older Adults", publicado na revista *International Journal of Obesity*, em abril de 2007.

Capítulo 15. O álcool e seus mal-entendidos

Antes das escrituras sagradas, já existia o álcool. Um excelente resumo da história das bebidas alcoólicas é encontrado no livro *On Food and Cooking*, de Harold McGee (Scribner, 2004).

Efeitos do álcool no cérebro. Centenas de pesquisas estudaram os efeitos do consumo de álcool sobre os diferentes aspectos da saúde. Se os efeitos do consumo abusivo são conhecidos, os efeitos do alto consumo (no limite entre o consumo moderado e o excessivo) não são tão conhecidos. Uma síntese dos danos no cérebro estão no artigo "Alcohol's Damaging Effects on the Brain", publicado em outubro de 2004 na revista *Alcohol Alert*, editada pelo Instituto Nacional de Abuso de Álcool y Alcoolismo dos Estados Unidos. As provas de que o consumo contínuo e excessivo de álcool reduz o tamanho do cérebro foram apresentadas nos estudos "Association of Alcohol Consumption with Brain Volume in the Framingham Study", publicado em 2008, na revista *Archives of Neurology*; e "Drinking Alcohol Associated with Smaller Brain Volume", publicado em 14 de outubro de 2008, em *Jama*. Uma análise dos limites entre consumo saudável e consumo excessivo encontram-se no artigo "Alcoholism Damages the Brain, but Does Moderate Alcohol Use?", publicado em *The Lancet Neurology*, em março de 2004.

Álcool e câncer de mama. A relação entre o consumo de álcool e o risco de câncer de mama está sintetizada no artigo "Alcohol and Breast Cancer in Women: a Pooled Analysis of Cohort Studies", publicado em *Jama*, em 18-2-1998.

Álcool e sistema cardiovascular. Mais de cem estudos prospectivos detectaram relação entre o consumo moderado de álcool e a redução de risco cardiovascular. Uma síntese dos resultados relevantes pode ser encontrada no artigo "Wine and your Heart: a Science Advisory for Healthcare Professionals from the Nutrition Committee, Council on Epidemiology and Prevention, and Council on Cardiovascular Nursing of the American Heart Association", publicado na revista *Circulation*, em 2001. A explicação de como o álcool induz a esse benefício está descrita no artigo "Mechanism by which Alcohol and Wine Polyphenols Affect Coronary Heart Disease", publicado em *Annals of Epidemiology*, em 2007. O limite entre consumo moderado e consumo de risco para o sistema cardiovascular é analisado nos artigos "Alcohol Consumption and Mortality in Patients with Cardiovascular Disease" e "Alcohol and Cardiovascular Mortality: Common Sense and Scientific Truth", ambos publicados na revista *Journal of the American College of Cardiology*, em 2010.

Resveratrol, antioxidante da moda. Os possíveis benefícios do resveratrol estão resumidos no artigo "Therapeutic Potential of Resveratrol: the in Vivo Evidence", publicado por David Sinclair, pesquisador de referência no estudo dessa substância, na revista *Nature Reviews Drug Discovery*, em 2006.

Índice remissivo

abacate, 51, 74, 83, 86, 168, 291-292
abacaxis, 86, 168, 292
abaixo do peso, 206, 213, 214
abdominais, 221
abóbora, 241, 242
abobrinha, 115
abrunho, 308
abuso de álcool, 187, 311, 312, 313, 314
acidentes cardiovasculares, 89. *Veja também* infarto de miocárdio
acidente vascular cerebral, 226
  ácido
  araquidônico, 69-70
  fólico, 21, 48, 179, 180, 247, 255, 260-261, 282
  linoleico, 69-70
  úrico, 159
ácidos graxos, 52, 191, 259, 260
acne, 199-201
açúcar, 35, 48, 137, 156, 157, 158, 173, 267, 268
aditivos, 49
adolescentes
  álcool, 277
  cálcio, 38
  drogas, 272-278
  educação em saúde, 29-30
  educação sexual, 275-276, 278-281

aeróbico, 221, 222, 224, 230, 234, 238
afrodisíacos, 169, 291-294
água, 49-50, 127-130, 132, 198, 287
aipo, 84, 261
alcachofra, 79, 111, 131, 168, 261
álcool, 127, 137, 185, 186-188, 259, 276-278, 301-318
  calorias, 313-314
  consumo moderado, 307, 308
  diferença entre sexos, 305-306
  gravidez, 186-188
  lactação, 192
alcoolemia, 305, 306, 307
alcoolismo, 310-312
alecrim, 111, 136, 261
alergias alimentares, 48, 194
alface, 55, 56, 82-86, 247
alho, 84, 104, 198-199
alimentos
  funcionais, 253-255
  ideais no vapor, 103
  vegetais, 13, 33, 84, 216, 246
alta gastronomia, 54, 289
Alzheimer, 233, 234, 240, 259-261, 308, 309
  café, 41
amêndoas, 51, 253
amendoim, 194, 253
aminas heterocíclicas, 115

A cozinha da saúde: hábitos e receitas para uma vida saudável

aminoácidos, 160, 174
  essenciais, 38, 89, 162
amoras, 86, 241, 242
anchova, 52, 53, 63, 81
anemia, 162, 180-181, 186, 203-204
Anisakis, 81-82
anorexia, 201-202, 203-204
ansiedade, 27, 230-231
ansiolíticos, 317
antibióticos, 317
anticoagulantes, 317
antidepressivos, 317
anti-histamínicos, 317
antioxidantes, 49, 85, 175, 239-244, 247, 248, 249-250, 260, 308-310
antocianinas, 241, 242, 243, 309
apetite, 27, 149-153, 215, 216, 275, 281, 313
aquavita, 303
aquicultura, 65
arenque, 64, 81
Arnau de Vilanova, 303
arritmias, 52, 132, 250, 313
arroz, 33, 35, 46, 101, 103, 131, 161, 170, 172, 286, 288, 294, 295, 297, 298, 303
artérias, 41, 50, 133, 156, 174, 212, 226, 250, 278, 294, 307, 308, 313, 315
arteriosclerose, 264
artrose, 206
asma, 178, 190, 205-206
aspargos, 84, 191, 192, 291, 292
aspirina, 317
ataques de gota, 159
atividade física, 13, 20, 25, 27, 38, 41-42, 128, 134, 149, 203-204, 209, 218, 219-238, 243, 269, 281, 282, 294
  aeróbica, 221, 229, 230-234, 235, 243
  de resistência, 221-222
  para crianças, 209
  para perder peso, 224-226
  pessoas mais velhas, 239-240
  saúde óssea, 38
atletismo, 220-222, 226-227, 236
atum, 63, 64-65, 109
autoestima, 276
AVC, 156, 226-227, 317
aveia, 140-141, 161
avelã, 51, 251, 253

azeite de oliva, 51, 52, 53, 104, 107, 259, 261
azeitonas, 130, 194

bacalhau, 51, 55, 64, 65, 81, 184
Baco, 302. *Veja também* Dionísio
banana, 33, 74, 86
  conservação, 82-83
basquete, 227, 236
batata, 33, 84, 103, 105, 108, 111, 115, 118, 158, 161, 168, 177
batata-doce, 241, 242
batatas fritas, 54-55, 90, 91, 142, 166, 199, 287, 289, 290
BDNF, 232
bebidas
  açucaradas, 266-269
  alcoólicas, 126, 129
  energéticas, 266-269
benzopireno, 246
berinjela, 83
betacaroteno, 242, 243
beterraba, 179, 247
bifenil policlorado (PCB), 63, 246
blueberry, 240, 241, 309, 320
boca seca, 198
bolachas, 33, 44-45, 50-51, 90, 135
bolos, 50-51
bonito (peixe), 81
brasa, 113-115
brie, 185
brócolis, 37, 168, 241, 247, 248, 249
bulimia, 202, 204

cação, 62, 184
cacau, 241, 249-250, 252, 292, 294-295
cadeia de frio, 56
café, 40, 41, 182, 296
  gravidez, 185-186
  lactação, 192
café da manhã, 19-42, 199, 291, 298
  excesso de peso, 24-26
  falta de tempo, 30-33
  ideal, 19-22
  rendimento escolar, 22-24
cafeína, 41, 269

350

Índice remissivo

cálcio, 37, 38, 41, 48, 89, 132, 159, 162, 180, 235, 236
cálculos biliares, 308
cálculos renais, 128
caldo, 102
calorias, 35-36, 50, 52, 107, 129-130, 158, 220-221, 223-224, 228-230, 263-269, 298-299
   do álcool, 313-314
   vazias, 267
camarão, 72, 184, 290
camembert, 185
caminhar, 221, 223-224, 227, 236
câncer, 220, 242, 244-249, 316-317
   colorretal, 50, 228, 314
   de bexiga, 127
   de boca, 247, 314
   de cólon, 36, 140, 206, 227, 246, 247, 248
   de endométrio, 190, 227, 246
   de esôfago, 246, 247, 314
   de faringe, 247, 314
   de fígado, 247, 314
   de laringe, 314
   de mama, 50, 190, 206, 227, 246, 247, 314-315
   de ovário, 190
   de próstata, 206, 227, 248
   de pulmão, 227, 243, 246, 247, 248
   de rim, 246
canela, 198
capacidade de concentração, 23, 274, 277-278
carboidratos, 20, 33-35, 160, 172, 174, 229
   complexos, 33-35, 138-139, 157-158, 161, 173, 192, 287, 306
   simples, 35, 158, 173
cardápio infantil, 289-291
cardiomiopatia dilatada, 313, 317
carne, 52-53, 65-68, 107, 108, 114, 159, 161, 162, 241, 252, 259, 260, 294
   bovina, 50, 56, 66, 67, 76, 245
   conservação, 74-76
   geladeira, 74
   gravidez, 182-183
   idades de crescimento, 66
   meio ambiente, 67-68
   moída, 74-76

carnes
   processadas, 245
   vermelhas, 48, 137, 162, 182, 245
carotenoides, 241, 242
Casanova, Giacomo, 291, 292, 293
cavala, 63, 81
CCK, 151
cebola, 84, 115, 191-192
células, 49-50, 175, 193, 237-238, 240
cenoura, 37, 83, 84, 241, 242, 243, 245, 292
centeio, 140-141
cereais, 33, 132, 158, 162, 173, 179, 182, 235, 259, 261
cereais integrais, 36, 137, 216
cerebelo, 315
cérebro, 22-24, 35, 169, 183, 191, 192, 230, 232-234, 259-261, 275, 277-278, 295, 315
cereja, 241, 242
cerveja, 192, 302-303, 304, 306, 307, 310
cevada, 140-141, 161
ceviche, 81
chá, 40, 182
Charaka Samhita, 302
chiclete, 198
chocolate, 152-153, 199-201, 241, 249-253, 291-294
chuleta de cordeiro, 114
churrasqueira, 113, 115
ciclismo, 221-222, 227, 236
cigarros, 274
cintura, 201, 212, 215
circunferência de cintura, 212, 215
cirrose, 41, 313, 314
coagulação, 51-52, 212, 307-308
cocaína, 274, 276-278
colesterol, 51, 70, 140, 143, 156, 159, 162, 216, 217, 286, 287, 307
   fibra, 36-37
   HDL, 50, 226, 250
   LDL, 50, 226, 250
colón, 227. *Veja também* câncer, de colón
comer depressa, 153-155
comidas com chocolate, 251-252
como preparar pratos combinados e equilibrados, 161
congelados, 54-57
   perda de água, 55

351

validade, 56
congelamento, conselhos, 79
conselhos
    básicos para cozinhar com lógica, 94
    básicos para fazer compras usando a lógica, 58
    para congelar, 79
    para cozinhar no vapor, 103
    para introduzir hortaliças na dieta das crianças, 168
    para se obter uma boa fritura, 106
    para utilizar o micro-ondas, 112
conservantes, 49
contaminantes, 63-64
    orgânicos, 183-184, 246
copo, 124-127
corantes, 49
cordeiro, 50, 56, 74, 76
córtex pré-frontal, 234
couve, 191-192, 248
couve-de-bruxelas, 248, 296
couve-flor, 163, 248, 296
cozido em água, 100-103
cozidos, 99
cozinha, conselhos básicos, 94
cozinhar no micro-ondas em poucos minutos, 111
cozinha tradicional, 288-289
cozinheiros, 116-118
creme de leite, 50
crianças
    aceitar as verduras, 96-97, 165-166
    ajudar em casa, 42, 121-122
    apetite, 166
    aprender a cozinhar, 93, 95-98, 100
    atividade física, 209
    dieta variada, 96-97, 164-166, 177-178, 192-195
    disciplina à mesa, 16
    educação para a saúde, 29, 59
    excesso e obesidade, 24-30, 166
    introduzir alimentos novos, 97
    obrigatoriedade de alimentação, 97
    proibir alimentos, 90-91, 211
    recompensa com alimentos, 91
    rejeição de comida, 163-167, 297
crocodilo, 53

cromossomos, 237
crucíferas, 248

dançar, 209, 236
dano cognitivo, 259-261
demência, 259
depressão, 230-231, 260, 316
descongelamento, 80
desenvolvimento neurológico, 52, 63, 179, 182
desnutrição, 191, 203-204, 268
DHA, 52, 63, 260
diabetes, 36, 41, 48, 51, 140, 156, 162, 173, 190, 299, 206, 226, 230, 255, 308, 309
dieta
    Atkins, 216
    baixa em carboidratos, 216
    contra a hipertensão, 137
    equilibrada, 21, 157-158, 161, 210
    mediterrânea, 154, 216, 217, 218, 259-261
    para emagrecer, 203, 215-218
    pobre em gorduras, 216
digestão, 153, 170-175
Dionísio, 302. *Veja também* Baco
dioxinas, 63, 246
diuréticos, 128, 205
doces, 157, 199
doenças cardiovasculares, 36, 41, 48, 50, 89, 134, 140, 156, 159, 206, 212, 243, 249, 307, 313, 315
    café, 41
dopamina, 231-232
dor, 81, 204, 313, 314, 316, 317
dormir, 23, 31, 192, 232, 269
dourados, 100, 108, 110, 138, 141, 184
drogas, 29, 185, 197, 272, 274, 276, 277, 279, 281, 282, 304
duas receitas ricas em antioxidantes, 245

educação sexual, 278-281
embalagens para alimentos, 85
embolia, 226, 307, 308
embutidos, 199
é melhor cozinhar em água quando..., 103
endívia, 168, 247
endocanabinoides, 275

Índice remissivo

endorfinas, 231-232
endotélio, 156
envelhecimento, 235, 236-238, 259-261
enzimas, 56, 170, 172, 303
EPA, 52
epidemia, 194
ervilha, 179, 247
espinafre, 179, 182, 241, 247, 296
espumante, 306
espumas ao alcance de todos, 118-119
esqui, 220, 221, 236
esquizofrenia, 274
estômago, 150-151, 170, 204, 219
estresse, 220, 230, 231
etileno, 86
excesso de pesca, 64
exercício, 38, 188, 209, 210, 219-238, 243

fast-food, 43, 284, 285
fatores de risco, 156, 193
feijão, 99, 161, 247
feniletilamina, 292, 293
ferro, 48, 162, 172-173, 180-183, 186, 246, 264-265, 291, 321
fibra, 36-37, 56-57, 129, 130, 140, 141, 160, 193, 250, 264
fígado, 170, 171, 172, 173, 305, 307, 313, 314, 315, 316
figo, 83, 292
flambados, 304
flavonas, 309
flavonoides, 249-250
flexões, 221
formas de beber café, 41
forno, 108-110
fornos gratinadores, 113
fósforo, 39, 139, 291, 321
frango, 52-53, 56, 67-68, 137, 182
    peito, 74
frangos no espeto, 114-115
freezer, 76-78, 82, 99
fritura, 55, 104-108
fruta(s), 36, 37, 158, 167, 168, 173, 175, 241-242, 246, 247, 251-252, 258, 259, 267, 268
    amadurecimento, 86
    cascas, 36

cítricas, 86
climatéricas, 86
conservação, 82-86
fibra, 36-37
secas, 36, 37, 51, 137, 194, 240, 241, 248, 249-250, 253-254, 261
vermelhas, 83, 86, 241-242
frutose, 20
frutos silvestres, 242
fumar, 199, 271, 273, 274, 277, 278
funcionamento intestinal, 36
futebol, 236

gaspacho, 49, 168
gastronomia, 139, 284
geladeira, limpeza, 85-86, 185
geleias, 34
    enriquecidas, 34
genética, 39, 133, 230, 296, 297
gim, 126, 301, 305, 307, 310, 318
glicose, 22, 27, 35, 84, 146
glicuronolactona, 269
glucagon, 173
glúten, 139
golfe, 227
gordura
    abdominal, 212
    subcutânea, 212
    visceral, 212
gorduras, 33, 47, 48, 49-53, 56, 57, 137, 158, 162, 172, 174, 229, 259, 294
    animais, 156
    hidrogenadas, 51
    insaturadas, 51, 52, 74
    trans, 50-51, 52, 53
    vegetais, 50-51
gota, 159
granola, 33, 36
grão-de-bico, 99, 131, 161, 177, 247
gravidez, 48, 63, 64, 162-163, 179-189, 316
aumento de peso, 188-189
grelhas, 113-115
grelina, 150-151
gripe, 185, 256
groselhas, 241-242
guaraná, 269
guloseimas, 90-91, 195, 211, 267

353

hálito, 197-198, 198-199
hambúrguer, 75, 143, 284, 285
    de verduras, 168
HDL, *veja* colesterol, HDL
hemoglobina, 180
hemorragia cerebral, *veja* AVC
heroína, 277
hidratos de carbono, *veja* carboidratos
hidrocarbonetos aromáticos policíclicos
(HAP), 115, 246
hidrossolúveis, 242
hipertensão, 48, 51, 128, 129, 132-137, 156,
162, 180, 193
hipocampo, 234, 261, 315
horário de refeições, 145-147
hormônios, 150, 151, 153, 173, 280
hortaliças, 179, 185, 241, 247, 256
    conservação, 82-86

ideias
    para cozinhar com sabor e o mínimo de
    sal, 136
    para espetinhos de frutas, 258
    para preparar o peixe, 62
    para saladas originais, 131
    para sucos de frutas, 34
    para tempero, 131
    para tirar vantagem dos produtos lácteos, 40
imagem corporal, 201-203
índice de massa corporal, 137, 188-189,
205-207, 208, 211-215
    em adultos, 213-214
    em meninos e meninas de 2 a 18 anos, 208
infarto do miocárdio, 156, 226
infecções alimentares, 75, 80
inflamação, 212, 261, 312, 314
insuficiência
    cardíaca, 128, 133
    renal, 199
insulina, 51, 146, 156, 157, 173, 212, 216,
226, 228, 238, 308
intestino
    delgado, 151, 170-172
    grosso, 171
intolerância ao álcool, 317
iodo, 63
ioga, 221

iogurte, 40, 44, 45, 180, 254, 257
isoflavonas, 255

jantar, 298-299
jet lag, 147

kiwis, 68, 83, 86, 182, 241, 256

lactação, 39, 63, 177, 179, 184, 189-192
lactase, 39-40
lácteos, 37-40, 132, 137, 182, 235, 259
Lactobacillus casei, 257
lactose, 20, 37-40
    intolerância à, 39-40
lagosta, 54
laranja, 83, 86, 241, 242, 256
L-arginina, 250
LDL, *veja* colesterol, LDL
legumes, 33, 37, 101, 137, 154, 158, 161,
166, 168, 179, 180, 191, 210, 246-247, 249,
255, 259, 261, 267
leite, 37-40, 41, 52, 97, 160, 180, 194, 246
    desnatado, 39
    integral, 39
    materno, 189-192
    semidesnatado, 39
lentilhas, 33, 35, 131, 161, 163, 164, 165,
166
leptina, 149-151, 216
lesão física, 225
licopeno, 242, 243
light, 45-46
limão, 86, 108
linfócitos, 256
língua, 135, 193, 199, 296
linguado, 65, 103, 109
linguiça, 111
lipossolúveis, 242
lista de compras, 42
listerias, 184-185
lóbulo parietal, 234
lóbulo temporal, 234
lula, 81
luteína, 261

maçã, 33, 83, 86
    fibra, 36-37

Índice remissivo

macadâmia, 253
maconha, 270-271, 273, 276, 277, 278
magnésio, 132, 261, 291
maionese, 185
malformações articulares, 205-206
mamão, 242
manga, 242
manteiga, 34, 50, 265
manteigas originais, 34
marisco, 162, 241, 248
marmita, 287
massa, 33, 54, 101, 128, 161, 295
massa corporal, *veja* índice de massa corporal
medicação, 128, 134
medicina ayurvédica, 302
melancia, 83, 242, 243
melão, 31, 34, 83, 252
memória, 22-24, 35, 233, 234, 259, 260, 261, 274, 275, 315, 316
menta / hortelã, 261
mercado, 57-59
mercúrio, 63, 64, 183-184
merluza, 42, 52, 55, 64, 81, 103, 136, 304
metabolismo, 83, 85, 178, 243, 286-287
metabolização do álcool, 305-307
mexilhões, 62, 103, 131, 162
micronutrientes, 55, 63, 131, 141, 158, 193, 282, 321
micro-ondas, 82, 108-113, 265
milho, 161, 264
minerais, 20-21, 39, 69-70, 101, 102, 103, 128, 130, 139, 140, 158, 172, 241, 255, 269, 291, 321
mitocôndrias, 229-230
molho, 287
Montezuma, 292, 293
morango, 74, 83, 86, 241, 252, 292
morte súbita, 61, 313
mostarda, 248
motivação, 274, 275

natação, 221, 227, 236
neurônios, 179, 232, 234, 260, 277, 295
NMDA, 292, 293
nozes, 132, 253

obesidade, 137, 138, 143, 144, 149, 154, 162, 190, 193, 206, 210, 211, 213-214, 215, 216, 246, 268, 299
infância, 24-29
infantil, 144, 194, 205-206, 207-211
ofertas, 46
óleo
de coco, 265
de colza, 265
de girassol, 52, 53, 107
de milho, 107
de soja, 107
reutilização, 107-108
vegetal, 51, 241
ômega 3 e 6, *veja* gorduras
orégano, 261
organoclorados, 183-184
orientação espacial, 233, 261, 315
ossos, 38, 180, 235-236
osteoporose, 41, 159, 204
ostras, 291, 292
ovos, 52, 69-73, 108, 160, 161, 162, 182, 185, 194, 241
baixos em colesterol e gorduras, 72
colesterol, 69-70, 72
rápidos, 72
oxidação, 75, 85, 107, 174-175, 260
oxigênio, 35, 36, 73, 74, 75, 84, 85, 88, 174-175, 180, 221, 229
oxitocina, 190

pães integrais, 140
pâncreas, 170, 171, 173, 314, 315, 316
pancreatite, 314, 318
panela de pressão, 101-102
pão, 33, 54, 128, 137, 137-141, 161, 287
conservação, 87-88
resfriamento, 87
paracetamol, 317
Parkinson, café, 41
Pasteur, Louis, 303
patinar, 221
pato, 51, 52-53
pectina, 36-37
peixe
azul, 61, 63, 109
branco, 52, 63, 109
defumado, 184

355

peixe-espada, 60, 63, 184
peixes, 51-52, 61-65, 103, 108, 109, 110, 114-115, 132, 138, 159, 161, 183, 184, 185, 191, 216, 235, 241, 248, 259, 260, 294
   chiques e acessíveis, 62
   conservação em geladeira, 61
   cru, 81-82
   efeitos benéficos, 61
   fresco, 59-61
   gravidez, 183-185
   odor, 60
   pele, 60, 64
pele, 127, 158, 199-200, 212, 312, 316
pera, 83, 86, 112, 252
percepção
   do tamanho, 125
   dos sabores, 294-297
peso
   ideal, 206
   normal, 188-189
pêssego, 86, 90, 112
pimenta, 191-192
pimentão, 83, 111, 168, 241
   verde, 261
pinoles, 253
pipoca, 263-266
pistaches, 253
polifenois, 241-242, 249-250
porção, 123-124
porco, 52-53, 56, 65-66, 67, 74, 76
potássio, 39, 139, 204
pratos, 122-124
preço, 53-54
pré-cozidos, 56-57
pré-hipertensão, 129, 134
pressão arterial, 48, 52, 132-137, 143, 193, 203, 207, 212, 226, 238, 250, 255, 282, 286, 313
   máxima, 133, 137
   mínima, 133, 137
pressão de grupo, 270-273, 281-282
probióticos, 257
proteínas, 33, 63, 66, 138-139, 158, 159-160, 161, 172, 173-174, 182, 246
pular corda, 236
pulso, 221
PYY, 151

queijo, 40, 185, 199, 241
   conservação, 88-89
   efeitos para a saúde, 90
   ralado, 89
quinua, 161

rabanete, 84, 96
radicais livres, 175, 240-244, 254
reações de Maillard, 104
receptores
   canabinoides, 275
   de adenosina, 41, 186
refeição
   farta, 146, 157
   um ato social, 147-148
refogado, 304-305
refrigerantes, 211, 245, 266-269
regras básicas para preparar saladas apetitosas, 131
regulação epigenética, 178
reguladores de acidez, 49
relógios biológicos, 146-147
rendimento intelectual, 232-234
resfriado, 256, 257
respiração, 85, 150, 175, 239-240
restaurante, 135, 155-156, 284-289
Resveratrol, 308-310
riboflavina, 264-265
rim ao xerez, 304
rins, 128, 159, 187
rótulos de informação nutricional, 47-49

sabor, 294-297
saciedade, 36, 129-130, 147-155, 195, 267-268
sal, 56-57, 100, 132-137, 265-266
salada, 129-130, 131, 155, 161, 242-243
salmão, 52, 56, 62, 109, 184
Salmonella, 71, 184, 185, 253-254
salmonetes, 184
salsão (aipo), 84, 261
salsicha, 113, 245, 287
salsinha, 198
sanduíche, 31-33, 168
sanduíches originais, 32
sardinha, 52, 62, 63, 184
saúde óssea, 132, 180, 220, 235

Índice remissivo

sedentarismo, 210, 220, 228-238
selênio, 63, 241, 248
sensação de sede, 128
sentido do gosto, 295
serotonina, 231-232
sesta, 169-175
sexo, 29, 197, 203, 272, 276, 278-291, 282, 292, 293
sexual, 202, 275, 278-281, 291-294
Síndrome Alcoólica Fetal, 187
síndrome metabólica, 48
sinusite, 199
sistema digestório, 171
sistema imunológico, 178, 190, 191, 194, 228, 255-257
sobremesas, 157, 158, 160
sobrepeso, 36, 48, 89, 107, 121, 129, 137, 138, 140, 141, 142, 143, 149, 152, 166, 189, 206, 207, 209, 211, 212, 215-216, 223, 246, 268, 281, 286, 314
   café da manhã, 24-26
   infância, 26-29
sódio, 48, 132, 133, 134, 135, 265
soja, 182
somatostatina, 173
sono, 22, 30-31, 147, 298
sopa, 128
   de tomate, 168
sorvetes, 166, 250, 295
   e molhos, 119
steak tartar, 75
suco de laranja, 242, 245, 256
sucos de frutas, 30, 34, 266-269
superdegustadores, 296, 297
supermercado, 45-47
sushi, 81-82, 184

tabaco, 276-278, 294
tabagismo, 156, 198
tai chi chuan, 239-240
tamboril, 52, 54, 103, 109
taninos, 309
taquicardia, 317
taurina, 269
telômeros, 236-238

temperatura, 50, 51, 53, 70, 73, 75, 80, 83, 87, 88, 101, 104, 105, 106, 113, 147, 258, 264, 296, 304
temperos, 131, 136, 151, 168, 287
tênis, 219, 236
testosterona, 292
tevê, 149, 209, 269-270
tiamina, 264, 315
tigela, 123
tomate, 83, 86, 179, 241, 242, 243, 247
tomilho, 261
torradas, 33, 87
torradeira, 113
transgênicos, 48-49
transtornos
   alimentares, 201-205
   do sono, 205-206
triglicérides, 51, 156, 157, 226, 313
triptofano, 292, 293
trombo, 156, 226
truques para cozinhar alimentos, 99
tubérculos, 173
Tutancâmon, 302

uísque, 303
um bom chá gelado, 40
usuários de risco, 312
uva, 86, 308
uva-passa, 152

vapor, 100-103
veganismo, 162
vegetais, 175, 179, 259, 260-261, 294
   de folha verde, 36, 179
vegetariano, 160-163
verdura, 101-103, 132, 137, 154, 161, 165-166, 168, 246-247, 259
   congelada, 56
vesícula biliar, 170, 171
vício, 45, 274, 278, 311, 316, 317
videogame, 270
vinho, 302, 303, 304, 305, 306, 307, 308-310
vitamina, 143
vitamina A, 39, 89, 241, 243
vitamina B1, 264-265, 315
vitamina B12, 162
vitamina B2 ou riboflavina, 49

357

vitamina C, 49, 182, 241, 242, 255-257
vitamina D, 38, 63, 162, 235
vitamina E, 107, 241, 250
vitaminas, 102, 140, 142-143, 158, 160, 172-173
    do grupo B, 264-265

lipossolúveis, 50

wasabi, 248

york, presunto, 135
zinco, 241, 282, 292